本书为国家社科基金一般项目“优化制度环境与激发社会组织活力研究”（14BSH099）的最终成果。

优化制度环境与激发社会组织活力研究

刘春湘 著

Optimizing Institutional Environment for the Vitality of Chinese Nonprofit Organizations

中国社会科学出版社

图书在版编目（CIP）数据

优化制度环境与激发社会组织活力研究／刘春湘著．—北京：中国社会科学出版社，2021．1

ISBN 978－7－5203－7713－3

Ⅰ．①优… Ⅱ．①刘… Ⅲ．①社会组织管理—研究 Ⅳ．①C916．1

中国版本图书馆 CIP 数据核字（2020）第 264342 号

出 版 人 赵剑英
责任编辑 王 琪
责任校对 闫 萃
责任印制 王 超

出 版 中国社会科学出版社
社 址 北京鼓楼西大街甲 158 号
邮 编 100720
网 址 http://www.csspw.cn
发 行 部 010－84083685
门 市 部 010－84029450
经 销 新华书店及其他书店

印刷装订 三河弘翰印务有限公司
版 次 2021 年 1 月第 1 版
印 次 2021 年 1 月第 1 次印刷

开 本 710×1000 1/16
印 张 19．5
插 页 2
字 数 281 千字
定 价 108．00 元

序　言

社会组织活力是社会领域健康发展的前提和基础，是国家治理体系和治理能力现代化的内在诉求。“创新社会治理体制”“激发社会组织活力”不仅成为学术界和业界的共识，亦逐步成为党和政府的治国策略，社会组织的健康可持续发展被纳入中国特色社会主义体系。党的十八大以来，党中央明确提出“走中国特色社会组织发展之路”，制度设计密集出台，党的十九届三中全会通过的《中共中央关于全面深化改革若干重大问题的决定》中进一步指出“推进社会组织改革，激发社会组织活力”，展示了党和国家建设与发展社会组织的远见卓识。

为什么社会组织被赋予社会治理主体地位？为什么激发社会组织活力被纳入治国策略？答案在于中国社会组织四十年稳步发展并在经济社会发展中扮演着不可替代的角色。社会组织高举公益或互益的大旗，活跃在全国城乡各个角落，在政府与市场之外发挥着不同程度的动员和组织社会资源的作用，为启迪心智、升华灵魂、呵护健康做出了重要贡献。

应该看到，一方面社会组织的社会治理主体地位不断强化；而另一方面社会组织整体活力不足，仍然面临着制度性困境。整体上而言，社会组织人才匮乏、资金不足、服务能力不足，规范性不足、社会认同度较低，长期不活动、名存实亡的僵尸型社会组织大量存在。如何激发社会组织活力，仍是21世纪的重大课题。

近几年来，社会组织活力问题引起了学术界的广泛关注。目前，学界已形成一种广为接受的理论观点，即现有的中国社会组织的生存环境暗含诸多约束性机制，在激励不足的制度环境下，社会组织呈现缺乏活力、强体制依附性特征。研究者强调激发社会组织活力的关键在于制度环境的适宜，消除妨碍社会组织发展的制度阻碍。

本书是刘春湘教授长达五年的国家社会科学基金项目“优化制度环境与激发社会组织活力研究”的结晶。基于对中国社会组织发展的现实困境的关照，她认为制度环境与激发社会组织活力是息息相关的。她探讨的核心问题是：中国社会组织面临的制度环境的结构如何分析？制度环境如何影响着社会组织活力的激发？她的研究超越已有的一般化理论假设和单纯的宏观制度变量研究，构建了一个更具逻辑性、解释性和科学性的系统理论框架，在宏观、微观和制度执行三个层面探究制度环境对社会组织活力的影响。

本书认为社会组织活力的构成要素包括社会组织的社会认同度、参与公共服务的积极性、资源动员能力以及社会组织的竞争力。纵观中国社会组织的成长历程，可以发现社会组织活力状况随着制度环境的变迁处于动态变化的过程中，不同历史时期下的不同的制度环境决定着该时期社会组织的生存和发展状况。

本书综合社会学、经济学、管理学、法学等多学科的理论视角，运用国家与社会关系理论、治理与协同治理理论、制度主义与新制度主义理论等理论视角，结合中国社会组织活力特征及其所面临的现实制度环境，建构了制度环境与社会组织活力的规范模型，并以实证分析为依据探索了制度环境对我国社会组织活力的影响机制，数据主要来源于刘春湘教授领导的研究团队历时 20 个月对广东、湖南和青海三省 357 家社会组织的大规模正式问卷调查和跟踪访问，最终以理论创新和优化对策为落脚点。本书主张从优化宏观制度环境、微观制度环境以及执行环境三个层面着手，加强三个层面的协同性。宏观层面强调切实转变国家层面对社会组织的认知、判断与态度，呼吁完善以一部基本法为核心，多项单行法一同运行的法律体系。微观层面主张完善社会组织登记、管理、监督与人才制度，期望破解社会组织具体制度的碎片化现象，增强各具体制度间的契合性和一致性。在执行层面主张构建动态立体、分层运行的政策执行协同机制，推动社会组织制度环境的协调优化。

刘春湘教授自2002年攻读中南大学管理科学与工程博士学位以来，一直在社会组织领域辛勤耕耘、长期积累、厚积薄发。本书作为第一部围绕制度环境与社会组织活力展开系统探索的著作，通过定性研究与实证分析相结合进行模型建构与检验、学理阐释与政策建议，无疑有助于开拓社会组织研究的新视域，从而推进社会组织研究的本土化进程。本书的应用价值在于，通过塑造一种现代国家与社会组织良性互动的制度格局，中国的社会组织将有可能以更为积极的形态在社会治理中发挥重要作用，有助于增强社会治理能力。由此，笔者认为本书是社会组织领域有代表性的最新成果，故欣然为之作序。

陈晓春

2020年7月7日

目　　录

第一章

导　论

一　研究缘起与研究意义

（一）研究缘起

时至今日，中国的改革已经进入了这样一个时期，如果没有社会领域的深刻变革，那么市场化改革和社会主义民主建设都将无法获得进一步的发展。社会领域的变革已经成为推进中国整体改革事业的关键因素。社会组织是社会领域的治理主体，社会领域的状态主要取决于社会组织的状态，① 因此，充满活力的社会组织是社会领域健康发展的前提和基础。② 要“创新社会治理体制”，就必须“激发社会组织活力”，党的十九届三中全会通过的《中共中央关于深化党和国家机构改革的决定》中进一步指出“推进社会组织改革，激发社会组织活力”，充分展示了党和国家建设与发展社会组织的雄心和远见。赋予社会组织社会治理的主体地位，并将社会组织的活力激发纳入国家战略规划之中绝非偶然，而是其四十年的快速发展和在我国经济社会发展中具有不可替代作用的必然结果，社会组织的磅礴活力已经成为我国社会活力和国际影响力的重要源泉。社会组织高举公益或互益的大

---

① 王守文：《“SCC”理论：中国社会组织评估机制研究》，博士学位论文，华中科技大学，2013 年。

② 谭志福：《创新社会治理与新型政社关系中地方政府的多重角色》，《中国行政管理》2016 年第 3 期。

旗，在政府与市场之外发挥着不同程度的动员和组织社会资源的作用，为改善民生、推动经济发展、促进社会和谐做出了重要贡献。没有充满活力的社会组织，国家治理的现代化、政府公共服务质量的提升、社会保障体系的完善以及社会管理的改革就失去了牢固的基石。因此，如何激发社会组织活力，是21世纪的重大课题。

一方面社会组织的社会治理主体地位不断强化，而另一方面社会组织活力不足，仍然面临着制度性困境。近几年来，随着国家涉及“激发社会组织活力”的政策法规密集出台，社会组织活力问题也引起了学术界的广泛关注。目前，学界已形成一种广为接受的理论观点，即现有的中国社会组织的生存环境暗含诸多约束性机制，在激励不足的制度环境下，社会组织呈现缺乏活力、强体制依附性等特征，[①] 整体上而言，社会组织人才匮乏、资金不足、服务能力不足、规范性不足、社会认同度较低。调研发现，长期不活动、名存实亡的僵尸型社会组织并非分布于局部区域的个别现象，大量存在于全国各地的僵尸组织已经成为社会组织活力缺乏的有力佐证。为探求社会组织发展困境的深层原因，学界已进行了大量有益的研究（王名，2001；吴玉章，2004；黄晓春，2016；李友梅，2017）。石国亮发现，制度是社会组织发展的保障，而制度构建的滞后与制度缺陷已成为我国社会组织发展的主要障碍。[②] 以此为据，研究者认为激发社会组织活力的关键在于制度环境的适宜，消除妨碍社会组织发展的制度阻碍，[③] 以制度和政策来增强社会组织活力（贾西津，2005；何增科，2006；俞可平，2006；严振书，2010；邓国胜，2013）。

要保证“激发社会组织活力”总体政策目标实施的成效，要使相关的制度和政策更有效，首先需要明确社会组织活力的要素，其次需要准确地判断我国社会组织的活力状态。目前，关于社会组织活力状

---

① 黄晓春：《当代中国社会组织的制度环境与发展》，《中国社会科学》2015年第9期。

② 石国亮：《中国社会组织成长困境分析及启示——基于文化、资源与制度的视角》，《社会科学研究》2011年第5期。

③ 黄晓春：《当代中国社会组织的制度环境与发展》，《中国社会科学》2015年第9期。

态的专门研究尚不多见，现有研究对我国社会组织活力状态的判断多基于经验判断、理论演绎或出自官方公布的数据，因而对社会组织活力的描述的视点亦存在很大的差异。[①] 比如，有学者研究指出我国社会组织缺乏资金、缺乏人才、缺乏持续发展的能力、服务质量不高、效率低下以及违背非营利准则、贪污腐败现象严重。[②] 有学者研究认为我国社会组织缺乏专业服务管理人才、资金短缺、能力不足以及社会支持不足。[③] 有的学者指出我国社会组织活力不足具体表现为社会组织服务品质差、运行效率与竞争能力不高、自主性低、缺乏创新能力、规范性不足、运行效率低、竞争能力差、社会价值引领力和贡献水平不足。[④] 社会组织的社会服务和资源动员是研判社会组织活力的两个重要维度。2016 年，我们对广东、湖南和青海三省 357 家社会组织的问卷调查结果表明，被调查者对当前社会组织的整体活力状态持谨慎乐观态度。48.9% 的被调查者认为中国社会组织整体活力较好，仅 14.9% 认为整体活力状态好，35.1% 认为活力一般，1.1% 承认活力不佳。而在这些做出乐观评价的社会组织当中有 48.4% 的社会组织参与公共服务次数平均每个月不到一次，有 5.7% 的社会组织一年当中一次公共服务都没有。调查数据反映出一个问题，那就是社会组织受困于资金和人才，很难持续地提供公共服务，更谈不上高品质服务。不难看出，无论在学术界还是实务界都有廓清社会组织活力概念的旨向，否则，核心概念歧义较大，既不利于讨论的深入，也不利于制定合理的法规和政策。

厘清活力的要素和研判活力的状态绝非本研究的终点，而是为进一步探寻社会组织活力状态背后的制度因素打开一扇窗户。制度完善

---

① 刘春湘、兰青、郭梓焱：《社会组织活力：经验测量及其政策意义》，《江西社会科学》2019 年第 3 期。

② 邓国胜：《非营利组织评估体系研究》，《中国行政管理》2001 年第 10 期。

③ 严振书：《现阶段中国社会组织发展面临的机遇、挑战及促进思路》，《北京社会科学》2010 年第 1 期。

④ 关信平：《当前我国增强社会组织活力的制度建构与社会政策分析》，《江苏社会科学》2014 年第 3 期。

需要超越单一层面进行的理论假设和结构分析，构建一个综合的、多层次的总体性分析框架对中国社会组织制度环境进行全景式解读。许多迹象表明，镶嵌于中国社会转型时代脉络中的社会组织的发展是一个极为复杂的问题，其中不仅涉及对国家与社会关系的调适（顾昕，2004；康晓光，2008；邓国胜，2010；江华，2011），而且还涉及对当前中国社会特殊主义行为逻辑的反思与超越，这种行为逻辑具体表现为中国社会组织领域制度政策执行的复杂性（Spires，2011；黄晓春、嵇欣，2014；纪莺莺，2016），因而中国社会组织的可持续发展不是一种线性的改革思路，不能一蹴而就式推进，需要科学理性的整体性制度设计，这就涉及社会组织所处制度环境的系统整合问题，研究路径也必须超越既有研究单纯在宏观的“国家与社会”层面进行的结构分析，进入多结构层次的探究，从而构建一个总体性分析框架对中国社会组织制度环境进行合理诠释。目前，在中国社会组织制度环境研究视域，采用综合、多层次理论视角分析的研究尚不多见，既有研究多集中在两个方面。一是采用结构割裂式的分析，如单纯的国家与社会层面的宏观制度政策分析。二是结构功能式分析，如把社会组织制度环境分为组织内、外部制度结构和宏观、中观、微观制度结构开展分析。这两种对中国社会组织制度环境的解读本质上都是整体主义和结构决定论导向的，预设了宏观政策文本能够作为整体被直接作用于社会组织这一前提条件，而这种视角所得出的解释近年来在经验和理论层面都陷入困境，在制度层面仍然存在一些未被观察到的机制在隐蔽地影响着社会组织。[①] 社会组织的制度环境是什么，如何测度？制度环境如何影响社会组织活力？其影响机制是什么？优化社会组织制度环境的路径是什么？回答上述问题，较为准确地把握优化社会组织制度环境的方向、策略、途径，不仅是激发社会组织活力的根本，也是对当代创新社会治理体制理论和实践需求的一种积极回应。

① 黄晓春：《当代中国社会组织的制度环境与发展》，《中国社会科学》2015 年第 9 期。

（二）研究意义

本书的理论意义在于，试图超越已有的一般化理论假设和单纯的宏观制度变量研究，构建一个更具逻辑性、解释性和科学性的系统理论框架，在宏观、微观和制度执行三个层面对社会组织行为及其运行机制进行有效的解释和研判，有助于开拓社会组织研究的新视域，从而推进社会组织研究的本土化进程，进而丰富社会组织和社会治理理论。

本书的应用价值在于，通过观测社会组织运行中的实际问题，深刻理解影响新时代中国社会组织生存和发展的我国独特的制度环境，提出一套可复制可推广的制度优化框架，为社会组织发展和制度创新寻找连接点，使中国的社会组织以更为积极更具活力的形态在社会治理中发挥重要作用，从而促进中国社会组织的良序发展和国家治理能力水平的提升。

二　国内外研究现状与述评

（一）国外研究现状

国外关于社会组织的研究，从话语建构的角度来看多是在“第三部门”“非营利部门”“免税机构”“慈善机构”“志愿部门”“公民社会”的话语体系下展开的。以 Web of Science 核心合集为数据库来源，检索第三部门国际研究协会（ISTR）资助的 *Nonprofit and Voluntary Sector Quarterly* 期刊以及国际研究非营利组织专业学术期刊 *Voluntas* 的学术论文，发现 2008 年以来社会组织受到广泛关注，研究呈现快速增长的态势（见图 1—1）。美国在第三部门领域的研究异常活跃，且处于领军地位。高校是该领域的主要研究力量（见表 1—1）。伴随着社会组织研究的深入，社会组织活力问题开始走进研究者的视野。

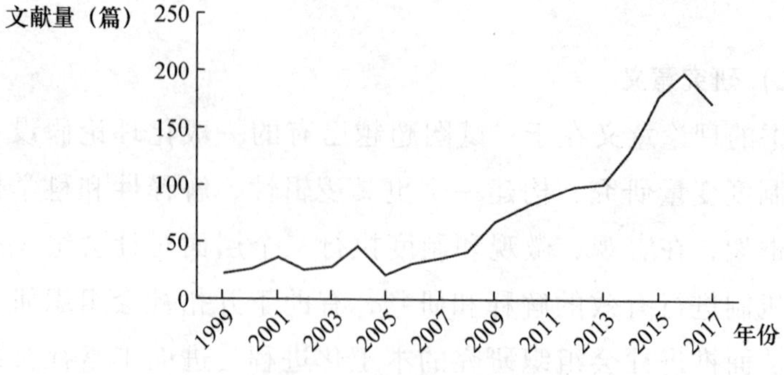

图1—1　NVSQ & VOLUNTAS 文献增长趋势

资料来源：作者据相关资料总结。

表1—1　　发文量排前20位的机构

序号	机构	篇数（篇）	国别	类型
1	INDIANA UNIVERSITY	43	美国	高校
2	PURDUE UNIVERSITY	34	美国	高校
3	UNIVERSITY PENN	30	美国	高校
4	UNIVERSITY WASHINGTON	23	美国	高校
5	RADBOUD UNIVERSITY NIJMEGEN	21	荷兰	高校
6	UNIVERSITY N CAROLINA	20	美国	高校
7	UNIVERSITY SO CALIF	20	美国	高校
8	ARIZONA STATE UNIVERSITY	19	美国	高校
9	GEORGIA STATE UNIVERSITY	18	美国	高校
10	TEXAS A M UNIVERSITY	17	美国	高校
11	UNIVERSITY MISSOURI	17	美国	高校
12	RUTGERS STATE UNIVERSITY	15	美国	高校
13	UNIVERSITY GEORGIA	15	美国	高校
14	UNIVERSITYMINNESOTA	15	美国	高校
15	HARVARD UNIVERSITY	14	美国	高校
16	DEPAUL UNIVERSITY	13	美国	高校
17	UNIVERSITY LOUISVILLE	13	美国	高校
18	UNIVERSITY MICHIGAN	13	美国	高校
19	UNIVERSITY WISCONSIN	13	美国	高校

资料来源：作者据相关资料总结。

1. 社会组织活力研究

国外学术界研究社会组织活力近一个世纪，其理论已趋于成熟化，形成了目标导向模型（Cameron，1985）、开放系统模型（Steers，1976）、利害相关者满意模型（Connolly，T.，Conlon，E. J.，Deutsch，S. J.，1980；Zammuto，R. F.，1982）和社会建构模型（Herman and Renz，2004）等多种理论模型。目标导向模型认为组织活力最普遍的意义在于组织使命的实现程度，① 因而衡量组织活力需要比照组织是否达到起初所设定的目标。② 开放系统模型在目标导向模型的基础上发展而成。该模型认为，组织无论规模大小，是一个非常复杂且动态的系统。③ 组织为了生存发展，必须关注到组织内部活动是否协调一致、是否合理有效地分配其资源、组织结构是否合理，组织运行是否流畅。开放系统模型强调组织必须与环境保持良好的互动以求得生存和发展。在这种规范下，组织的活力取决于能否从其所处的工作环境和一般环境中获取到充足的资源。所以，衡量组织从环境中获取稀缺资源的能力，被认为是衡量组织活力的重要标准。通常情况下，这一模型把财务变量作为表征组织动员资源能力高低的晴雨表。值得一提的是，开放系统模型并不忽视对组织目标的追求，但将活力界定的重心置于组织的输入—转换—输出系统的平衡与可持续性。利害相关者满意模型作为目标导向和开放系统模型的修正和发展，将评价重心转向利害相关者的满意度。这一模型认为组织运行于一个由目标相异而且可能相互冲突的多元利害相关者构成的复杂动态的环境中。组织的各利害相关者在组织多重目标体系中对核心目标的选择上观点不尽相

---

① 刘春湘、刘格良、刘媛：《非营利组织效能评估体系研究》，《中南大学学报》（社会科学版）2014 年第 1 期。

② J. P. Campbell，“On the Nature of Organizational Effectiveness”，in P. S. Goodman，J. M. Pennings，Associates（eds.），*New Perspectives on Organizational Effectiveness*，San Francisco：Jossey - Bass，1977，p. 1355.

③ W. A. Martz，“Evaluating Organizational Effectiveness”，*Dissertation for the Degree of Doctor of Philosophy*，Western Michigan University，2008，p. 8997.

同，而且就同一目标的评估上也视点各异，但都是组织存在的合法性源泉，均对组织的生存和发展产生影响。因而，各利害相关者的满意程度可以作为衡量组织活力的重要标准，各利害相关者的满意度越高，意味着该组织所具有的活力越强。社会建构模型①在满意度模型的基础上走得更远。社会建构模型坚信，“现实世界是我们共同体创造的，而不是我们发现的”。从社会建构论视角来看，社会组织活力不过是人们的知识、信念和行动的产物。换句话说，不过是组织的各利害相关者基于一定的考虑建构起来的，是个人和团体偏好和价值判断的结果。社会建构模型作为利害相关者满意模型的变形，与后者将各利害相关者关于组织活力的定义及评价标准视作相对稳定并可以预期不同，它将组织活力置于不断变化的动态环境中。在这一过程中，各利害相关者对组织活力界定的权威性存在差异，或者说一些利害相关者对组织活力具有更多的影响。由于各利害相关者互动和协商的过程是不断变化的动态过程，组织活力也不可能静止固化，而是一个不断被建构的过程。为增强模型的适用性和可操作性，萨拉蒙和索科洛夫斯基提出了一种研判组织活力状态富有成效的方法，即根据能力、可持续性和影响这三个不同的维度确定社会组织活力综合指数。② 这些理论尽管在界定和研判社会组织活力方面存在分歧，相互间展开了激烈的批评，但一致认为：社会组织活力通常是与业内其他社会组织相比较而言的，是多层次、多维度的；评价社会组织活力的标准是多元的；在社会组织生命的不同时期，社会组织活力呈现出不同特征，社会组织的发展需要良好的制度环境。

2. 社会组织制度环境研究

在20世纪40—70年代新制度主义理论出现前后，探讨组织和制度相关性的理论视角主要有三大研究流派。一是以默顿与塞尔兹尼克为代表的哥伦比亚学派提出的制度模型。默顿表述了自己“作为规则

---

① W. R. Scott, *Institutions and Organizations*, Thousand Oaks, Cali: Sage, 1995, pp. 50 – 52.

② Lester M. Salamon, S. Vojciech Sokolowski and Associates (ed.), *Global Civil Society: Dimensions of the Nonprofit Sector*, 2004, Volume 2.

的组织超越作为工具的组织”的观点，描述了在科层组织中产生规则纪律，并把组织成员的行为引向一种有价值的规范秩序的诸多力量。[①]塞尔兹尼克明确提出组织不仅是技术生产系统，它同时还是适应性的社会系统，因为需要在其存在的环境中成长。在适应性的社会系统中，组织既是系统中的关键行动者，运用特定的策略争夺权力和资源以寻求生存和发展，同时它又以其特有的组织结构、组织特征和专有能力在系统中运行。因此，组织本身并非与系统对立，而是作为系统的一部分而存在，组织在运行中始终受到制度的影响和制约。尽管他们没有直接提出制度环境，但他们已经把关注点朝向外部环境的作用，他们观察人们的需求和从属关系带入组织的方式，认为这两方面的合力塑造了在那里形成的非正式社会系统的方式。[②] 由于组织社会环境的变迁，终将制约组织决策的选择和组织行为的轨迹。二是帕森斯的思想。帕森斯在其著作《社会行动的结构》中考察了行动在社会中的各种可能性，其理论的创造性在于将单元行动嵌入组织系统中，又将组织系统纳入更大社会母系统之中，行动的意义取决于系统，而不是来自于行动者的立场，行动被有机化，因为同获取目标联系在一起的行动者的行动动机，是由社会—文化系统的“需要”决定的。通过一般性的“文化—制度”观点运用于具体组织的分析，帕森斯认为一个组织的价值观系统，是通过组织与“不同功能背景”中的“各种主要制度模式”相联系而得以合法化的。[③] 三是组织社会学理论。社会学的制度理论起源于认知理论、文化理论、现象学与常人方法学。斯维尔曼是较早试图把制度主义引入组织研究的重要学者之一，他提出了一种组织“行动理论”，批评当时盛行的组织模型，包括权变模型，以及帕森斯和塞尔兹尼克所提出的结构—功能主义观点，认为这些模型

---

① 李学：《制度化组织：塞尔兹尼克组织与公共行政思想述评》，《公共行政评论》2014 年第 4 期。

② ［德］迈克·希尔、［荷］彼特·休普：《执行公共政策》，黄健荣等译，商务印书馆 2011 年版。

③ 范会芳：《舒茨与帕森斯社会学思想的分歧——两种不同范式的比较》，《郑州大学学报》（哲学社会科学版）2007 年第 1 期。

与思想太过于聚焦稳定、秩序、模式和系统的维持。他在继承前人思想的基础上，集中关注意义系统与组织在社会行动中被建构和重构的方式。他强调不仅应将资源供应系统和输出目标等同于组织环境，组织环境是个体成员关于组织意涵之本源。[①] 布迪厄则使用了“社会场域”这一概念，概指由独特的价值观与手段、方法所支配的社会网络。他强调社会场域内行动者与组织之间的冲突与竞争性，以及权力在解决这些角逐中的重要作用。[②] 在组织社会学的视野中，场域中的行动者依据制度带来的机会与约束来调整运作，制度成为指导行动者的“惯习”。在动态交互行动中，各行动者基于制度规范、行动逻辑、组织心态和符号采取不同的行动策略。

制度环境与组织之间的互动关系与相互形塑的理论和实证研究成果，基本上归功于20世纪60年代的新制度经济学。它以制度为研究对象，已成为西方经济学中一个颇有影响的理论分支，成为诸多社会科学中对制度分析和研究的基本范式。新制度学派把制度概念的内涵和外延予以拓展，用进化或演进的眼光看待外界事物，用制度变迁的视角和方法研究社会现实。Ronald H. Coase（1937）提出了交易费用理论和产权理论，Selznick（1949）指出组织不是一个封闭的系统，它受到所处环境的影响，是一个制度化的组织，这一观点成为现代制度理论产生的重要学术背景。Meyer 和 Rowan（1997）从考察组织结构出发，强调组织面临技术环境与制度环境的影响，这两种环境都对组织产生着直接而重要的作用。“任何一个组织必须适应环境才能生存。如果我们要关注环境的话，不能只考虑组织所面对的资金、人才、组织结构与技术方面的微观环境，必须要考虑它的制度环境（institutional environment）”[③]，组织会受到外部制度环境的影响并进而产生一种

① 黄翔：《民营企业制度创业策略研究》，博士学位论文，吉林大学，2016年。

② ［法］皮埃尔·布迪厄、［美］华康德：《实践与反思——反思社会学导引》，李猛、李康译，中央编译出版社2004年版。

③ 邱梦华：《利益、认同与制度：农村基层社会组织生长问题研究》，《理论导刊》2012年第8期。

组织同构（Isomorphism）现象。[1] 技术环境要求组织遵从效率原则，追求以最低的成本获取产出的最大化。制度环境则要求组织将合法性机制置于优先地位。制度环境下的各种组织需要按照惯例和制度规范展开生产与运营，即便它们采取的结构与运行方式与效率原则相悖。DiMaggio 和 Powell 则进一步提出了导致组织形式和行为趋同的三个机制，即规范机制、模仿机制和强迫机制。[2] Tolbert 和 Zucker（1987）则通过对美国各城市政府公务员制度的研究拓展了制度影响的微观层面，研究组织在制度环境中的策略性选择。North（1990）将惯例和公约（Conventions）以及人们的行事准则（Codes of Conduct）和行为规范（Norms of Behavior）等都划入非正式约束的重要范畴，这些非正式制度都是在长期的文化实践中积累生成的。随后，North（1993）进一步将制度通俗地定义为“社会的游戏规则”，并认为其可以分为三种类型即正式制度、非正式制度以及这些制度的执行机制。Scott（2001）进而对各制度学派的思想进行了综合，认为制度包括为社会生活提供稳定性和意义的规则性、规范性和文化认知性要素，以及相关的活动与资源。Chiles 等（2007）与 North 在对制度的理解上大致相同。制度环境对组织影响的研究成果多源自制度环境与企业（营利性组织）的互动研究，但研究的触角并不仅局限于营利组织，而是延伸到公共组织（政府与社会组织）。从 Coston（1998）所建立的关于政府—社会组织关系模型中，可以窥见现存政策空间与社会组织可能履行的职能之间的关系。从研究的具体内容上看，国外对组织制度环境的研究虽区分了宏观与微观的差别，但却没有给予微观制度环境一个统一的界定。同时，研究多着眼于从制度变迁的角度展开，而针对组织与制度环境相互作用对组织发展所产生的影响的研究则相对较少。

---

① J. W. Meyer and B. Rowan, “Institutionalized Organizations: Formal Structure as Myth and Ceremony”, *American Journal of Sociology*, Vol. 83, 1977, pp. 340 – 363.

② Pual J. DiMaggio and W. Powell Walter, “The Iron Cage Revisited: Instiutional Isomorphism and Collective Rationality in Organizational Fields”, *American Sociological Review*, Vol. 48, 1983, pp. 147 – 160.

国外对于制度环境的研究尽管成果繁杂，相互竞争，不一而足，但均揭示一个浅显的命题，即任何组织都是在制度环境的多重压力下生存的，适宜的制度环境是组织成长的适宜土壤，能使组织从适宜的土壤中获取充分的能量而茁壮成长，体现出勃勃生机与组织活力。不适宜的制度环境下的组织就像在贫瘠土壤中的植物，因无法获得必要的养料和能量只能奄奄一息，难以生存和发展。对于社会组织而言，纵观世界，凡社会组织良性发展的国家，都有着适合自己国情的较为完善的法律和制度。如英国的《救济法》、美国的《联邦税法》、日本的《特定非营利活动促进法》等分别从不同的侧重点将社会组织纳入了国家的法律体系之中。无论是日本还是英美，都有着完善的社会组织法人制度。①

（二）国内研究现状

1. 社会组织活力研究

在国内，近年来学术界对社会组织活力问题产生了广泛关注，已有的研究成果主要集中在以下四个方面。

（1）关于社会组织活力的界定

关于什么是社会组织活力的问题，我国有很多学者对此进行了探讨，比较有代表性的观点如表1—2所示。

表1—2　　社会组织活力的代表性定义

来源	社会组织活力的定义
关信平②	它能多大程度上在复杂的社会环境中存活，并在多大程度上符合人的期望和维系社会功能
王思斌	为达成组织宗旨而具有的能力和行动，活力大小要看两个方面：一是能力，二是基于能力的实际行动

① 贾西津：《国外非营利组织管理体制及其对中国的启示》，《社会科学》2004年第4期。

② 关信平：《当前我国增强社会组织活力的制度建构与社会政策分析》，《江苏社会科学》2014年第3期。

续表

来源	社会组织活力的定义
陈雨微	组织内部事务的自主性和决策事权大小，抑或是从社会组织自身应具有的内在禀赋或职能而言，即服务能力和实现自我目标的能力
苏曦凌①	社会组织生命状态的基本范畴，是社会组织生命系统之有效性、自主性、回应性的统一
蔡　禾	社会组织活力是相对独立于政府的自主空间，是其“独立运作和自主管理的权利”
许小玲	提供公共服务、参与社会治理的能力素质，包括“规范性与自主性”“服务知识”“价值倡导和社会倡导力”等方面

资料来源：作者根据相关资料整理。

综合目前学界对社会组织活力内涵的界定，可以发现关于组织活力的界定主要存在两种不同的方向：①从静态的属性来考察社会组织活力，首先是“自主运营力”，即自身内部事务的自我掌控和决策能力；其次是“社会功德力”，即指参与社会治理和提供公共服务的能力；再次是“引导力”，即价值观的引领和公民社会良好氛围的塑造。②从动态的角度，将社会组织视作具有生命意义的社会有机体，社会组织活力兼具生存、成长、再生到生命终结的丰富内涵。社会组织的活力不仅体现在自身的运转上，还体现在和社会环境、其他组织实体的联系和交互作用上。对内，是否具有自适应机制、自组织机制、自激励机制以及自约束机制；对外，是否有平等对话地位、多元合作机制、双向评估机制，都涉及社会组织活力的重要方面。

（2）关于社会组织活力评估模式的研究

学术界涌现出了 APC 评估模式（邓国胜，2001）、三维综合评价模式（张玉周，2009）、四维评价模式（邓丽明，胡杨成，2009）、六维棱柱评估模式（罗文标，吴冲，2006）、六级指标评估模型（唐跃军，2005）以及针对草根社会组织的八维绩效评价模式（王智慧，陈

① 苏曦凌：《激发社会组织活力的政府角色调整——基于国际比较的视域》，《政治学研究》2016 年第 4 期。

刚，2011）等模式。总结归纳发现，这些研究多停留在理论层面，局限于构建评估框架，至于如何量化指标、怎样具体实施、模型有效性如何，都没有进行深入的探讨。

（3）关于社会组织活力的个案研究

有学者以浙江萧山社团为研究对象，对社会团体的功能、组织模式与利害相关者的关系及组织体制的变革进行了较为详细的个案分析（王颖，1993）；一些学者以希望工程为个案研究了社会组织的募捐机制和监督机制（周志忍，1999；孙立平，1999）；有学者从组织的产生和发展的背景、组织的构成及机制、组织的功能与活动、组织面临的问题及政策建议等方面对我国社会组织进行了广泛的调查，撰写了社会组织案例研究专集（王名，2001）。

（4）关于激发社会组织活力的路径分析

一些学者从政府与社会关系角度进行了探究（王名，2005；苏明，2010）；俞可平（2013）主张建设创新型政府，吸纳社会组织作为治理主体；吴玉章（2004）强调完善社会组织法律体系，提升社会组织合法性，从法律上为社会组织发展奠定基础；金锦萍（2010）认为完善非营利法人治理结构至关重要；王名（2005）呼吁取消双重管理体制，变直接管理、多头管理为扶持与监督；苏明（2010）等认为政府应通过购买公共服务来激发社会组织活力，逐步建立起社会组织和政府职能部门的契约关系（贾西津，2008），最终使政府与社会组织之间形成合作关系（何增科，2002）。部分学者从社会组织与企业关系角度关注社会组织与企业的优势互补，企业为社会组织提供人力、财力、物力、技术等支持，社会组织则有助于提升企业公益形象，通过社会组织与企业的战略联盟（乐为，2001），构建慈善家与社会企业家之间的公益伙伴关系（杨团，2007），进而促成双赢。

2. 社会组织制度环境研究

国内关于社会组织制度环境的研究主要遵循“国家与社会”的宏观理论逻辑，且形成了一种广为接受的理论观点，即现有的中国社会组织制度暗含诸多约束性因子，在此制度环境下，社会组织缺乏活力。

有些学者分析了社会组织发展面临的制度环境存在诸多缺陷与不足（苏力，1999）；另一些学者从宏观与微观两个层面分析了改革开放以来我国社会组织发展面临的机遇与挑战（邓国胜，2004）。殊途同归，都得出了社会组织需要通过制度调整与制度创新来为我国社会组织的发展提供制度保障的结论（石国亮，2011；孙素娟，2012）。有学者认为我国社会组织制度环境呈现鼓励与约束、发展与控制并存，重设计轻执行导致碎片化发展，选择性支持发展的特点（孙发锋，2016；陈遥，2014；张杰，2014；田凯；2016）；也有学者通过研究政府行为发现，目前我国社会组织领域的政策执行是多重逻辑、规避风险、弱化激励的“模糊发包”模式，致使社会组织发展具有迎合制度筛选、非稳定预期、公共性弱化、依赖地方行政的特征。[①] 以此为据，研究者认为激发社会组织活力的关键在于营造松紧有度的制度环境，以制度和政策来推动和增强社会组织活力（王名，2001；吴玉章，2004；贾西津，2005；何增科，2006；俞可平，2006；严振书，2010；邓国胜，2013；龚维斌，2013；黄晓春，2015、2016；李友梅，2017；陈成文，2018）。

（三）研究现状述评

综上所述，国外学术界关于激发社会组织活力的理论模型对于我国发展社会组织具有十分重要的启示意义。国内关于社会组织的研究亦不断形成热点。由于社会组织活动领域广泛，在组织性质、规模、活动范围、生命周期、运行机制等方面存在很大的差异性，国内关于社会组织活力的研究多侧重于现象分析，采取的是理论解释的进路。相比于国外关于组织活力和组织制度的理论已自成体系，为社会组织制度环境下的社会组织活力研究提供了理论支撑，国内学术界关于社会组织活力的研究尚处于起步阶段，总体来看，存在以下明显不足：一是从研究视角来看，或者倾向于从政府与社会关系视角展开宏大建

---

① 黄晓春：《当代中国社会组织的制度环境与发展》，《中国社会科学》2015 年第 9 期。

构，或者仅局限于组织的技术环境，少有立足于制度环境的研究成果；二是从研究内容来看，研究社会组织能力建设、诚信建设的居多，而研究制度创新与社会组织活力关系的居少；三是从研究方法来看，定性研究居多，个案分析居多，而定量研究居少，导致研究结论的解释力不足。因此，立足制度环境的分析视角，探讨社会组织活力的激发问题，仍然是一个有待深入开拓的学术领域。

三　研究思路与研究方法

（一）研究思路

1. 研究目标

本书立足制度环境的分析视角，试图运用规范的实证研究方法结合定性分析方法，探讨宏观、微观和制度执行三个层面对社会组织活力的影响及其内在机制，在此基础上为激发社会组织活力提供一套有咨询价值的制度环境优化方案，从而为推进社会治理体制创新提供理论支撑和经验数据支持。

2. 研究对象的界定

本书所指的社会组织有着与通用的非营利组织概念相同的内涵。“社会组织”一词在我国的官方文件《中共中央关于构建社会主义和谐社会若干重大问题的决定》中首次出现。[①] 在本书中，以上所指概念通用，之所以采用社会组织这一概念，主要是与当代中国语境保持一致。本书对社会组织界定基于国家与社会关系的定义，将之定义为政府、企业之外的领域中不以营利为目的、动员公共资源、提供公共服务、参与社会治理、解决社会问题的正式组织。根据王名的分类梳理，中国社会组织依照组织构成与制度特征分为会员制和非会员制组织，并进行了细分，如图 1—2 所示。[②]

---

① 刘春湘：《非营利组织治理结构研究》，博士学位论文，中南大学，2006 年。

② 王名、刘培峰：《民间组织通论》，时事出版社 2004 年版。

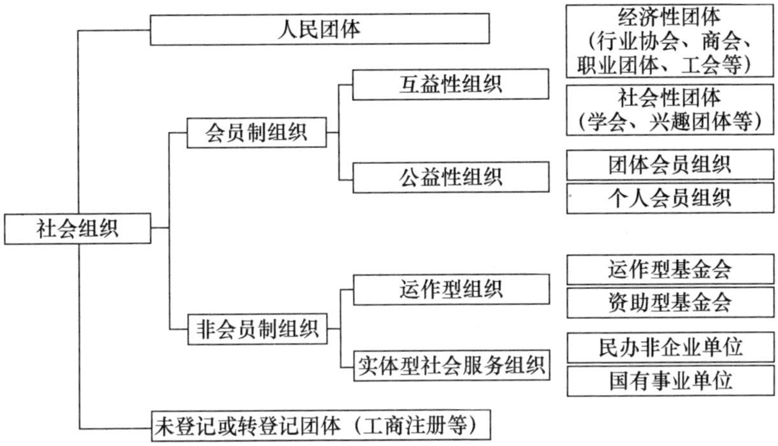

图1—2　中国社会组织分类

资料来源：作者根据相关资料总结。

受限于研究时间和精力，基于研究方便的原则，本书的调查对象定位于公益慈善和城乡社区服务两大类型的社会组织。

3. 研究路径

本书基于对中国社会组织发展的现实困境的观照，认为制度环境与激发社会组织活力是息息相关的。所谓社会组织活力，就是指社会组织的生命力，是组织通过自身素质与制度环境的交互作用，使员工的积极性、主动性及创造性得到充分发挥，在资源获取和服务提供的竞争中呈现出良性循环的自我发展状态。它是组织在一定制度环境中生存、发展和创造价值的能力。为推动中国社会组织的健康可持续发展，发挥其在国家治理现代化中的主体作用，本书探讨的核心问题是：

（1）中国社会组织面临的制度环境的结构如何分析？

（2）制度环境如何影响着社会组织活力的激发？

（3）用什么指标测量社会组织活力？

（4）制度环境影响社会组织活力的内在机制又是怎样的？

本书沿着提出问题—分析问题—解决问题的基本路径展开。为回答本书的核心问题，核心概念的界定构成了首要的挑战。在查阅了大量国内外文献和各种档案资料的基础上，完成核心概念的内涵与外延的定义。在清晰界定核心概念的基础上，基于理论和实证分析，形成本书的基本分析框架，深度挖掘社会组织活力的制度约束，探寻解决我国社会组织活力不足的方案。研究的主要任务如下：

（1）社会组织活力解析。社会组织活力属于开放性概念，首要任务是完成富有挑战性的概念界定，明确概念的边界与指向。其次把概念转化到操作层面，找出反映社会组织活力概念内涵的重要维度，设定每一个维度的一些具体指标，再把这些指标进行一一量化。最后对各维度指标进行标准化处理。

（2）分析社会组织活力数据，研判社会组织活力状况。

（3）解构社会组织制度环境，研判社会组织制度环境状况。本书基于文献研究，认为制度环境由宏观制度环境、微观制度环境和制度执行环境构成。通过对宏观制度环境、微观制度环境和制度执行环境的实证分析，探寻制度环境与社会组织活力的相关性。

（4）构建制度环境影响社会组织活力内在机制的理论分析框架，提出研究假设，并建立研究模型进行验证式和探究式检验。根据实证分析结果确定社会组织制度环境的优化路径。

（5）解析制度环境对社会组织活力的主要约束。

（6）提出优化社会组织制度环境方案。

本书具体研究思路和基本框架如图 1—3 所示。

（二）研究方法

本书以实证分析为依据，最终以理论创新和优化对策为落脚点，运用定量研究与定性研究相结合的方法进行。定量研究方法主要选择问卷调查法、半结构化访谈法等，收集数据开展建模分析等；定性研究法主要选择文献研究法、案例研究法和规范研究法等。

1. 文献研究法

本书问题的理论研究建立在对大量文献学习研读、总结归纳的基

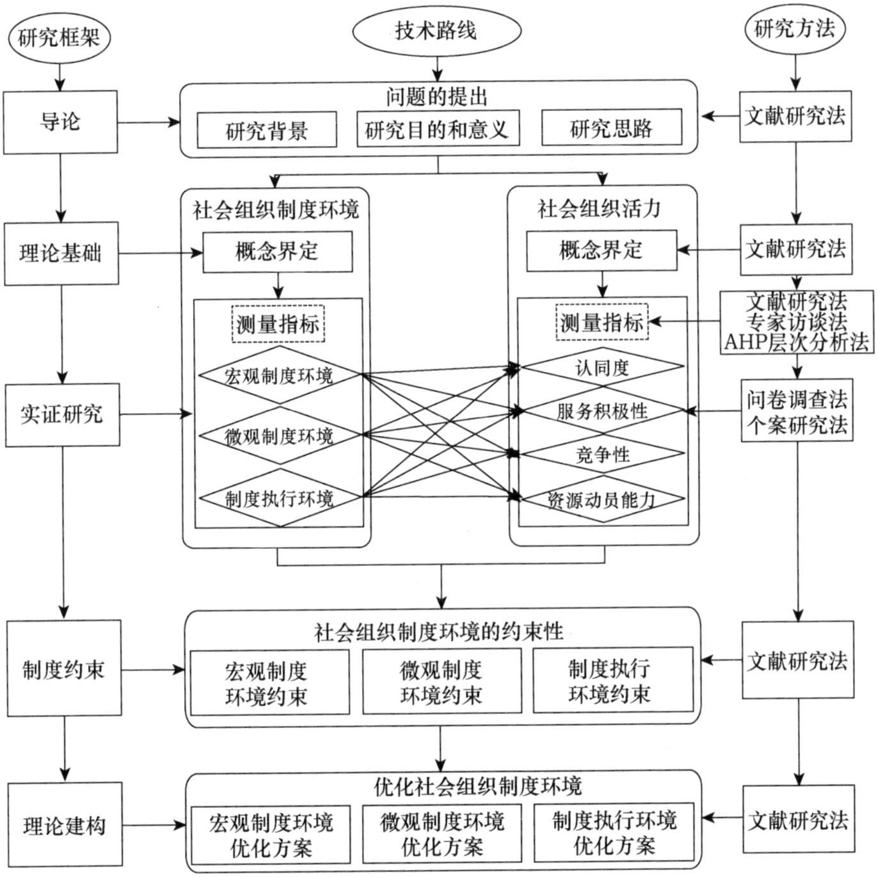

图1—3　研究思路和基本框架

础之上。通过对国内外社会组织能力建设、发展活力以及政策制度相关文献，包括研究著作、论文、相关法律法规与政策文件、统计年鉴、社会组织档案等进行大量收集、分析、归类和整理，厘清制度环境的内涵以及社会组织活力与制度环境的关系，为分析框架的构建和核心问题的解决提供了文献基础。

2. *规范研究法*

导论及前三章主要采用规范研究方法，综合社会学、经济学、管理学、法学等多学科的理论视角展开研究，运用国家与社会关系理论、治理与协同治理理论、制度主义与新制度主义理论等理论视角，结合中国社会组织活力特征及其所面临的现实制度环境，试图建构优化制度环境激发社会组织活力的规范模式。

3. 半结构化访谈法

半结构化访谈的对象主要是政府民政部门及其他相关党政部门、街道办与居委会、专家与社会组织负责人。与社会组织负责人的半结构化访谈，主要围绕以下几大问题进行：（1）社会组织的基本情况、组织治理结构与组织结构变迁、发展历程以及当前的发展状况、组织业务活动与日常管理活动、组织所遇到的困难和发展瓶颈、组织负责人对相关法规的知晓状况与对法律环境与其他制度环境的看法。（2）组织获得的政府直接支持、间接支持的情况，组织的资源获取情况及其组织合作关系，不仅限于与政府的合作关系，还包括与营利性企业、其他社会组织的合作关系与合作行动。（3）影响社会组织活力的根本因素，以及政府及社会组织负责人等各界人员对于如何从制度层面激发社会组织活力的观点和看法。

4. 问卷调查法

调查并访谈中国社会组织发展过程中的具体化、情境化行为与事件，能让人更好地理解所发生的具体情境和由此引发的思考。本书所调查的对象主要包括政府民政部门及其他相关党政部门、专家与社会组织负责人、社会组织捐赠者、志愿者以及受益对象等，从宏观、微观和制度执行等方面入手，获得全面的数据资料。

5. 案例研究法

根据贺雪峰的观点，以个案为基础的研究优势在于能够在各个看似不相关现象之间建立联系，对一些看似不可理解的现象提供解释。透过个案，能够对个案发生机制进行完整而细致的描述，进而能够透过现象看到本质。[①] 运用半结构式访谈法、参与观察法便于实地访谈，收集相关资料，实现研究问题的普遍性与特殊性的辩证统一，使本书

---

① 贺雪峰：《华中村治研究中的机制研究》，《云南行政学院学报》2016 年第 2 期。

通过理论分析和问卷调研得到的结论更加可靠，弥补问卷调查的不足。研究通过对广东、湖南、青海三省的社会组织典型案例进行经验的总结和升华，揭示制度环境与社会组织活力的相关性。

四 结构安排与创新之处

（一）结构安排

从研究内容看，包括导论在内全书共分七章；从框架结构看，主要从以下四个部分展开。

第一部分：导论。由本书的第一章构成：基于我国国家治理现代化建设的大背景、国家发展社会组织的治国战略以及当前社会组织活力不足的现实提出问题，通过文献梳理与文献分析对国内外关于社会组织活力和社会组织制度环境的研究现状做一较为清晰的简要描述，并进而提出研究思路与研究方法。

第二部分：分析框架。由本书的第二章和第三章构成：第二章对制度环境、社会组织活力等核心概念进行界定，并对制度环境的构成、社会组织活力要素、制度环境与社会组织活力之间的关联进行初步的理论阐释，从而为研究提供相应的概念基础。本章还运用三个基础理论——国家与社会关系理论、治理理论与资源依赖理论进一步阐明社会组织制度环境与社会组织的交互关系，为实证研究部分确定研究的基本框架和理论基础。第三章基于历史与现实分析社会组织活力的状况和形态，为激发社会组织活力的制度环境研究提供历史和现实的必要性和紧迫性。

第三部分：实证研究。由本书的第四章至第六章构成：分别从对影响社会组织活力的宏观制度环境、微观制度环境和制度执行环境进行实证分析，探寻社会组织制度对社会组织活力的影响机制，并提出优化制度环境的建议。

第四部分：结论与讨论。由本书的第七章构成：主要描述本书的局限性和后续研究的展望。

（二）创新之处

1. 研究视角新

本书立足制度环境的分析视角，把社会组织活力视为一个静态与动态相统一的社会系统，从整体上分析制度环境对社会组织活力的影响状况及作用机制，从而避免了以往研究的片面性、空泛性。

2. 研究框架新

本书将“社会组织活力”操作化为社会组织的社会认同度、社会组织参与公共服务的积极性、社会组织之间的竞争力和社会组织动员能力；将“制度环境”操作化为宏观制度环境、微观制度环境和制度执行环境。通过定量研究与定性研究相结合的方式，分析社会组织活力与制度环境两者的具体关系并提出可行性建议。

3. 研究方法新

本书采用严谨的实证研究方法，通过问卷调查、实地调研等方式收集第一手数据，结合数据分析与理论论证，对研究问题的认识更为全面、立体和深刻，从而避免了以往社会组织研究仅限于理论分析的不足。

第二章

核心概念与理论基础

一　制度环境

（一）制度

制度（Institution）这一概念在学界已被广泛使用，但是，对制度的定义却有着较多不同的描述。康芒斯（John Rogers Commons）指出："'制度'这个名词的意义不确定。"① 马克思基于整体主义方法论认为，制度是生产关系及其上层建筑所形塑的社会形态。新制度主义和制度主义关于制度的界定可以说一脉相承，在学界产生了巨大影响。在1918年汉密尔顿首次强调制度的约束作用后，凡勃伦、米切尔、克拉克、康芒斯等都被视为制度主义代表人物。他们均对制度做出了具有一定模糊性的界定，其中最具影响的当属凡勃伦。凡勃伦认为，制度实质上就是个人或社会对有关的某些关系或某些作用的一般思想习惯，是一种流行的精神态度或流行的生活理论。他的界定仅仅揭示了作为非正式规则的制度，而未将法律法规等正式规则囊括在其"制度"范畴之中。根据凡勃伦的论述，制度是由物质环境决定的，物质环境的变化牵动着制度的变迁，然而物质环境与制度并非同步变化。② 在康芒斯的眼中，制度则是"集体行动控制个人行动"。值得一提的是，康芒斯所指的控制，是通过所有权关系来实现的。霍奇逊提出

① ［美］康芒斯：《制度经济学》（上册），于树生译，商务印书馆1962年版。

② ［美］凡勃伦：《有闲阶级论》，商务印书馆1964年版，第139页。

“制度是建立和嵌入社会规则的一个持久体系，这些规则建构了社会互动的结构化”①，可见霍奇逊认为制度既限制了行为又促成了行为。

受西方学者的影响，我国学者大多把制度定义为“规则”。林毅夫认为，制度可以定义为一系列人为设定的行为规则。② 周雪光指出：“在社会科学研究中，制度通常指稳定重复的、有意义的符号或行为规范。在这个意义上，制度包括正式组织、规章制度、规范和社会结构等。”③

通过上述定义，可以发现学界对于制度作为一种行为规范和规则已达成较为普遍的共识。在学者间的分歧背后，反映出明显的系统性、规范性、普遍性、稳定性等共识性特征。值得讨论的一个问题是，制度的执行是否纳入制度结构的体系。诺思认为制度由正式规则、非正式规则和制度的执行三个部分构成。④ 1993 年，他在接受诺贝尔奖的演讲中又一次明确地将制度的执行作为制度的有机组成部分，他强调执行特征不能忽视。制度的执行往往与正式制度（如法律法规）配套，它能为执行者提供足够的信息，确保契约有效实施的一套强制性措施。显然，将制度执行看作制度结构的一部分的观点是合理的。尤其是正式制度安排，离开了制度的执行必将成为一纸空文。

基于上述，本书以为制度是在一定语境下具有不同地位和作用的正式制度、非正式制度以及制度的执行耦合而成的制度体系。

（二）制度环境

制度环境（institutional environment）是西方新制度经济学概念，由美国新制度经济学家戴维斯（Davis）和诺思（North）在《制度变

---

① ［英］杰弗里·M. 霍奇逊：《制度经济学的演化：美国制度主义中的能动性、结构和达尔文主义》，杨虎涛译，北京大学出版社 2012 年版。

② 林毅夫：《再论制度、技术与中国农业发展》，北京大学出版社 2000 年版，第 16 页。

③ 周雪光：《西方社会学关于中国组织与制度变迁研究状况述评》，《社会学研究》1999 年第 4 期。

④ 韦森：《再评诺斯的制度变迁理论》，《经济学》（季刊）2009 年第 2 期。

迁与美国经济增长》一文中提出。[①] 制度环境与制度在内涵与外延上重叠。制度概念在一般意义的情景下使用，制度环境则指涉行动主体所嵌入其中并对行动者构成约束的具有一定结构性的整体。换句话说，制度环境由一系列“规则”所组成，即组织和个体行为的约束网络和约束选择集。[②] 我国学者辛鸣在《制度论：关于制度哲学的理论建构》一文中曾指出，在制度的语用上，我们常把制度等同于制度环境进行使用，即把一种特定的社会结构与社会关系格局称为制度环境。与组织所面临的技术环境概念相对应，斯科特和迈耶将制度环境定义为：“单个组织如果想获得支持和合法性就必须遵从的规则和要求。”[③] 学者俞可平论述了公民社会的制度环境所蕴含的政治约束性，[④] 他进一步指出，制度环境对作为公民社会基础对社会组织的各个方面发挥着这样或那样的作用，塑造着公民社会的形态、特征和在社会政治生活中的角色。

由此，制度环境的分析是在组织和组织身处其中的制度的互动关系下展开，这也是旧制度主义与新制度主义的重要分野，尽管两者都强调制度所共享的客观信仰与认知体系，深藏于制度环境中，既有的规制性制度、规范性制度与认知文化的制度共存于组织的环境中且对组织构成约束或激励，因而都猛烈批判孤立地考察组织运行的观点，但后者强调制度环境中的组织是有着自己利益选择的积极行动者，他们在制度环境中的行动策略既受制于环境同时又影响着制度的变迁。以韦伯科层制管理理论为代表的古典管理理论将组织理解为一种高度理性化的组织形式，强调组织内部的协调性，因而从纯技术的观点看，

---

① L. E. Davis, and Douglass C. North, *Institutional Change and American Economic Growth*, New York: Cambridge University Press, 1971, p. 6.

② ［美］诺思：《经济史中的结构与变迁》，陈郁、罗华平译，上海三联书店、上海人民出版社 1994 年版，第 225 页。

③ Scott W. Richard, John W. Meyer, *The Organization of Societal Sectors*, in John W. Meyer, Scott W. Richard, *Organizational Environments: Ritual and Rationality*, Beverly Hills C. A.: Sage, 1983, pp. 129 – 153.

④ 俞可平等：《中国公民社会：概念、分类与制度环境》，《中国社会科学》2006 年第 1 期。

它是以高效率为核心的，但理性组织模式对组织结构的研究是孤立的，没有联系环境、战略、技术、规模等内外环境条件来进行，实质上将组织还原成了不受环境影响的人为理性设计的封闭体系。

基于对古典管理理论的反思，如前所述的早期制度学派的代表人物塞尔兹尼克阐述了外部环境的影响。他以美国宪法运行为例，批判了韦伯的理性组织模式。他指出，人们可以从文字上研究美国宪法，但是如果不了解美国的政党制度，不了解美国的利益集团是如何运作的话，就无法真正理解美国宪法是如何运作的。因为组织并不是一个简单的效率机制，而是受外在环境影响的。

在新制度主义产生之前，真正引领组织学走出韦伯式理性组织框架的是20世纪六七十年代的“权变理论”（Contingency Theory）。该理论的基本思想是组织的结构和形式取决于该组织的环境、技术、目标和规模等多重因素。组织的环境决定着组织应选择何种管理理念和技术。环境变量与管理变量之间的函数关系即权变关系。组织的外部环境可分为两类：一类包括宏观和中观层面的社会、技术、经济、政治和法律等；另一类由嵌入第一类环境中采取策略性行动的供应者、顾客、竞争者、出资者等利害相关者组成。①

自20世纪晚期，组织与环境的关系研究成为管理学、组织学等学科研究的热点。新制度主义（New Institutionalism）、种群生态学理论（Population Ecology）、资源依赖理论（Resource Dependence Theory）以及组织学习理论（组织决策过程理论）都在这一时期相继形成并发展。

如前所述，在组织与环境的关系问题上，新制度主义强调研究者必须从组织与环境的关系上去认知生活中的制度现象。其最基本的理由是任何一个组织必须适应环境才能生存，但任何组织并不是被动地机械反应式地适应环境，他们总是通过采取目的性、利益驱动行动和策略，引发合作和竞争乃至冲突性行为，进而引发制度化和去制度化

---

① 邓春：《基于权变理论的科技图书编辑组稿工作》，《科技与出版》2012年第10期。

现象，导致制度变迁。Meyer 等提出："首先，必须从组织环境的角度去研究、认识多样化的组织行为；其次，如果我们关注环境的话，不能只考虑技术环境，制度环境也应在考虑范围内。"① 显然，与权变理论不同，新制度主义明确指出了组织必须面对的技术环境和制度环境的差异，其中制度环境对组织起着制约、塑造、渗透和革新的作用。个体或组织必须适应制度环境才能获得合法性。具体来说，制度环境也就是一个国家或地区的制度安排及执行状况。一般而言，良好的制度环境能够为国家或地区的社会组织的活力和发展提供强大的制度支持，不完善或恶劣的制度环境则不利于社会组织活力的激发。由此，组织不再仅仅被视为一个孤立与封闭的生产系统，它同时被视为一种文化和生态系统。虽然制度环境从长期来看是一个动态的过程，但本书对制度环境的研究主要基于短期静态因素的分析。②

在描述中国社会组织的制度环境时，黄晓春等特别强调不同政府部门实际采用的各种"习惯性做法"。当这些做法或组织设计在一定范围内被社会组织接受并遵从时，它们就成为社会组织制度环境中的重要构成，指引或"诱导"这些组织采取相应的行动策略。③

因此，在梳理学界关于制度和制度环境概念的基础上，本书对所使用的"制度环境"做出如下界定：制度环境是在特定的社会范围内，规范或影响社会组织行为活动选择的一系列正式制度和非正式制度以及实施机制所构成的一个完整的复杂的系统，从结构上可分为宏观、微观和制度执行三类制度环境。

（三）宏观制度环境

对社会组织而言，宏观制度环境指在国家层面和基本框架体系层

---

① John W. Meyer and Brain Rowan, *Institutionalized Organizations: Formal Structure as Myth and Ceremony*, Newbury Park: Sage Publications, 1992, pp. 21 -44.

② 卢现祥、徐俊武：《制度环境评估指标体系研究——兼评湖北省的制度环境》，《中南财经政法大学学报》2004 年第 3 期。

③ 黄晓春、张东苏：《十字路口的中国社会组织：政策选择与发展路径》，上海人民出版社 2015 年版，第 52—53 页。

面对社会组织行为和活动构成规范、指导、激励与约束的制度集合体，本质上是国家对社会组织的价值判断和总体法律制度安排。具体而言，主要包括两个方面：一是国家层面对社会组织的认知、判断和态度。党和政府的决策和管理部门对社会组织的认识、判断和态度，直接关系到制定什么样的政策法规。[①] 党的十八大报告指出要“加快形成政社分开、权责明确、依法自治的现代社会组织体制”，“强化企事业单位、人民团体在社会管理和服务中的职责，引导社会组织健康有序发展”。党的十八届三中全会进一步指出“激发社会组织活力，正确处理政府和社会关系，加快实施政社分开，推进社会组织明确权责、依法自治、发挥作用”。党的十九大报告强调要发挥社会组织在协商民主、社区治理体系、环境治理体系中的作用。党的十九届三中全会再次强调“激发群团组织和社会组织活力”。党的代表大会的报告文本中关于建立现代社会组织体系、激发社会组织活力、发挥社会组织作用的表述，反映了共产党和中央政府对社会组织的宏观理念和社会组织建设的基本思路和战略。二是作为体系而存在的法律环境，包括国家宪法和其他法律法规对社会组织的相关制度安排。适宜的法律体系有助于从法律上赋予社会组织的合法性地位。我国宪法明确规定了公民有结社的自由，法律保护公民的结社权。在普通法层面，尽管尚无社会组织基本法，但已有多部专门针对特殊类型社会组织的法律，如《慈善法》《工会法》《红十字会法》《村民委员会组织法》等。一些法律的部分条款涉及社会组织，对其性质、特征以及相关法律问题做了具体的规定，如《民法总则》《企业所得税法》《公益事业捐赠法》等。在行政法规层面，建立了一套较为全面的社会组织行政法规体系，其中三大“条例”确立了双重管理体制的法律基础。

（四）微观制度环境

社会组织的微观制度环境是指直接规范社会组织行为和活动的具

---

① 陈成文、黄诚：《论优化制度环境与激发社会组织活力》，《贵州师范大学学报》（社会科学版）2016 年第 1 期。

体制度规范的集合体，本质上是国家和各级政府关于社会组织的具体制度安排。具体来说，主要包括社会组织的登记制度、管理制度、监督制度、人才制度等。登记制度方面，除法律法规规定可以免于登记的以外，依据三大条例的规定，达到成立条件的社会组织均需向县级以上民政部门进行登记。管理制度方面，主要包括双重管理、孵化培育、项目购买与财税制度。其中“双重管理”制度是我国政府对各类型社会组织实行的一项基本管理制度。[①] 分级管理和非竞争性原则，是我国社会组织登记管理制度上的两个重要原则。[②] 所谓分级管理是指对社会组织按照其开展活动的范围和级别，实行分级登记和属地管理。所谓非竞争性，是指为了避免社会组织之间的竞争，禁止在同一行政区域内设立业务范围相同或相似的社会组织。监督制度包括年检制度、信息公开、评估以及淘汰制度。人才制度方面，包括人才评价制度，如职业认定资格制度，以及人才激励制度，如薪酬制度和人才保障制度。[③]

登记、管理、监督、人才制度是保证社会组织良好运行的基本制度。登记制度决定社会组织注册登记的难易程度，是取得合法性和政府资源的必要前提。管理和监督制度约束社会组织的行为和过程，事关社会组织认同度和公信力。社会组织活力的终极源泉在于社会组织的人力资源，社会组织人力资源的开发与管理呼唤制度性激励。

（五）制度执行环境

制度环境绝非由国家依照单一治理逻辑而理性化生产出的制度体系，实践中制度所构成的环境即制度执行环境体现出复杂性和动态性特征。从本质的意义上说，制度执行环境指不同层级政府以及同级政

---

① 叶成臣、周丽：《制度变迁视角下的政府与社会组织关系：演变历程及其逻辑》，《安徽行政学院学报》2019 年第 1 期。

② 王名：《非营利组织管理概论（修订版）》，中国人民大学出版社 2010 年版，第 60 页。

③ 廖欢：《制度环境与城市社区服务类社会组织的活力研究》，博士学位论文，湖南师范大学，2017 年。

府不同部门在实施社会组织相关政策过程中所形塑的制度体系，实质上是社会组织生存和发展所面临的政治生态环境，具体包括纵向社会组织政策执行的层级治理环境和横向的部门协作环境。

层级治理环境是党和国家关于社会组织的顶层设计在地方政府和基层政府执行现状的体现。自党的十七大以来，社会组织作为国家治理主体之一多次出现在党的代表大会的报告文本中，其受重视程度可见一斑。党和政府将宏观制度和任务打包发给地方政府，地方政府需要因地制宜地实施社会组织的相关政策，但地方政府的社会组织政策执行可能大打折扣，实然状态下的政府层级治理环境最终可能形塑社会组织的发展格局和特征，造就社会组织活力的差异性。本书对社会组织制度执行的层级治理环境主要从制度执行的及时性、有效性、灵活性三个指标进行评估和判断。

社会组织制度执行的条块治理环境反映与社会组织相关的部门配合和协作程度。从中央到地方业务内容相同部门被称为“条”，如公安、绿化、民政等部门，不同职能部门组合而成的地方政府被称为“块”。由于“条”“块”部门对社会组织的认知取向和监管能力各不相同，因此在围绕社会组织的制度执行过程中倾向于采取不同的策略，如“条”上的政府部门倾向于推动政府目标导向的社会组织发展，而“块”上的政府部门则倾向于推动区域性社会组织发展，从而形成了社会组织发展的不同机会结构，进而影响社会组织的发展格局和特征。本书对部门协作环境的评判主要从部门之间的配合程度，部门之间的配合效率以及部门之间制度的衔接性三个方面加以综合考量。

二　社会组织活力

（一）社会组织的界定

在导论中，本书已经为社会组织做出了定义和分类，为使社会组织的界定更为清晰，需要理解社会组织的基本特性。萨拉蒙（Lester

M. Salamon）确认社会组织的七大基本特性[①]如下：（1）组织性（formal）。它具有某种程度的制度化及稳定的成员关系，且组织具有合法性。（2）民间性（nongovernmental）。它们不是政府行政部门的附属，与政府行政机构无直接隶属关系，具有独立的法人资格和责任能力。（3）非营利性（nonprofit distributing）。组织的存在非以营利为目的，盈利不得在利益相关者中分配。（4）自治性（self - governing）。组织具有独立的决策和运作能力，具有制度化的管理结构与管理程序，其经营与运作不接受来自外部的领导与控制。（5）志愿性（voluntary）。社会组织包括志愿人员一定程度的参与，特别是由志愿人员组成负责组织治理的董事会。（6）非政治性（nonpolitical）。不谋求组织或个人的政治利益，不参加竞选等政治活动。（7）非宗教性（nonreligious）。即不是宗教组织，不开展传教、礼拜等宗教活动。另一位美国学者沃尔夫（Wolf）认为，社会组织是合法建立的社会组织，以公共服务和非营利为目的，并根据有关法律享受免税待遇，其特点为：（1）必须承担公共服务的任务；（2）必须基于公益或非营利的目的而组成；（3）管理层排除个人利益和私人财物所得；（4）依法成立的合法组织并依法免税；（5）由特别法明确规定捐赠者享受减税。王名指出，社会组织，又称“民间组织”“非政府组织”，它们是那些在社会转型过程中由各个不同社会阶层的公民自发成立的、在一定程度上具有非营利性、非政府性和社会性特征的各种组织形式及其网络形态。这些组织中通常包括各种冠以“学会”“研究会”“协会”“商会”“促进会”“联合会”等名称的会员制组织，以及包括基金会和各种民办学校、民办医院、民办社会福利设施等各类公益服务实体在内的非会员制组织。[②] 可见，作为社会组织必须具有不同于政府和企业的基本特性，即社会组织虽需要营利（收入大于支出）以维系组织运行，但必须体

① 萨拉蒙所列七大基本特性第一次在联合国 CNP 统计项目（1994—1996 年）中使用，由此形成的定义被国际公认为社会组织的权威性阐释。

② 王名：《走向公民社会——我国社会组织发展的历史及趋势》，《吉林大学社会科学学报》2009 年第 3 期。

现其不以营利为目的的非营利性，其盈利不得在任何利益相关者中分配；必须具有服务公众的宗旨和提供公共服务的行动；具有一定志愿者和志愿服务的参与；虽然需要与政府、企业、其他社会组织、公众建立和维系良好的合作关系，但社会组织是具有独立行为能力，能够担负公共服务使命，承担实现组织使命的责任，并进行自主管理的正式组织，并基于社会组织的公益性、服务性和慈善性而享有减免税特权。

（二）社会组织活力的界定

汉语词典将活力定义为旺盛的生命力。“活力”用英语表示为“vigor”，意为身体或精神上的力量或能量。可见，活力是生命物体存在与发展的源泉和标志。组织作为一个生命有机整体，其生成、存在、发展与消亡体现组织活力的状态。正是在这个意义上，学术界对“组织活力”主要是从内在能力以及外在行为的功能和效果的角度进行理解和解释，现有研究成果多来自企业活力的探索。① 对“活力”的定义从内在能力来看，活力就是维持和发展自我的能力。② 这种能力体现在三个层面：（1）生存性：主要是指为了维护自身肌体健康，保持自身正常运转并反映“生命存在”；（2）成长性，主要是指通过资源的动员和获取、组织在规模、内涵上的扩张和服务领域与范围拓展等方式实现组织发展；（3）再生性：是指组织不断创新、变革以及特定的资源获取与集成，通过自我革命，实现自身的重生与超越，反映生命自我更新与再造进而在一定程度上克服生命周期限制的能力。从外在行为来看，将生命想象为与外部事物之间的互动，并采取相应策略的能力。李维安主张用组织活力作为企业生命状态和质量的一种测度和反映。

组织活力源泉来自何方？这可以从国内外学者对企业活力研究成果中得出这个问题的答案。国外学者关于组织活力源泉的研究主要形

---

① 张宝英：《社会活力研究》，博士学位论文，山东大学，2014 年。

② 同燕：《企业活力理性研究》，博士学位论文，西北大学，2010 年。

成了以下三种理论：（1）竞争优势理论，这种观点认为组织的活力来源于组织的竞争优势。组织的竞争优势是组织在激烈的竞争环境中脱颖而出，比其他竞争者更有效能和效率地提供产品和服务，满足消费者的动态需求，因而，获得竞争优势的组织彰显了组织应对挑战适应环境的活力。与此同时，因为竞争环境处于永恒的动态变化中，组织活力的维持和增强是一系列没有终结的过程，无法一蹴而就、一劳永逸。竞争的压力激发组织的创新，推动组织创造、获取和运用优势的要素，生成获得和保持相对优势竞争地位的综合能力，进而持续地为组织注入生命的活力。（2）组织核心能力理论，这种观点认为组织活力来源于组织所拥有的核心能力，核心能力属于难以复制难以模仿的无形资产，是组织持续拥有活力的源泉（Prahalad，Hamel，1990）。组织核心能力内嵌于组织的知识和技能当中，并通过持续的学习过程而得到不断的积累。学界对于组织核心能力的构成要素并未达成共识，迈耶和阿特拜克等强调研究与开发能力、生产与制造能力和营销能力；多西和提斯则相信组织核心能力可以分解为资源分配能力、交易能力、行政管理能力和技术能力，凡此种种，不一而足。尽管在构成要素的表达上多种多样，但都肯定了组织的核心能力构成了组织活力的源泉所在。组织如果缺乏核心能力，则无法有效面对面对复杂动态多变的环境，无法在激烈的市场竞争中生存、成长和发展。（3）组织生长动力理论。诚然，组织的活力源自组织竞争优势和组织核心能力，但竞争优势是如何形成的，组织核心能力是如何塑造的？探寻问题的答案催生了组织生长动力理论。组织生长动力理论包括组织活力外生论和组织活力内生论。组织活力外生论是指组织活力主要归因于组织外部因素。从梅森（E. S. Masson）和贝恩（J. S. Bain）的 SCP 范式，即结构（structure）—行为（conduct）—绩效（performance）到波特的产业竞争理论，无不强调组织活力的外生性，强调组织在其所处的生态系统内与其他组织的互动、组织间的竞争合作、组织与利益相关者的互动关系与行动策略不同程度地影响着组织的活力。组织活力内生论相信组织活力源自组织自身拥有的独特资源和能力，这种独特的资源和能力能持续地为组织注入生命的活力。活力内生论并不否认组织外部因素的影响，但认为组织所具备的特殊属性的资源和能力才是组织活力的真正源泉。组织独特资源和独特能力的有机结合和相互促进使组织不断累积组织的专有知识，组织专有知识能有效地开发资源，有效使用内部尚未使用的或者是未充分利用的资源，集聚与联接社会资本，而且组织专有知识具有体现组织核心价值（其价值不因使用而减损，反而因内部良好的信息共享与沟通而增强）、其他组织难以学习与模仿、难以替代的特性。①

国内学者对企业活力源泉的研究主要从结构性因素、非结构性因素和企业的生命周期因素等角度入手，认为组织活力的源泉在于该组织所处的特定内外环境的交互作用。组织作为处于与外在环境交互作用过程中的特殊生命有机整体，其活力的迸发首先在于自身健康的肌体所内在蕴含的强大生命力。与自身肌体健康同等重要的组织活力源泉是组织所处的包括制度环境在内的生存环境。② 组织的生存环境包括政治环境、经济环境、法律环境、科学技术环境、社会文化环境和自然环境，制度环境构成组织生存环境的核心。组织是应环境而生随环境而变的生命有机体，上述研究成果无疑为本书提供了基本的参照。

我国学者关于社会组织活力的研究成果尚不多见，多散见于对社会组织的生存和发展的研究之中。③④ 关信平用社会组织活力指代其在复杂的社会环境中生存、获得自身发展的状况。⑤ 他指出，一个经济组织（企业）的活力取决于能在多大程度上在竞争性的市场经济环境中生存和发展，以及在多大程度上对市场经济的发展做出贡献，相应

---

① 闫泽涛、计雷：《关于对企业活力产生的结构性基础因素分析》，《中国管理科学》2004年第6期。

② 同燕：《企业活力理性研究》，博士学位论文，西北大学，2010年。

③ 刘志辉：《政府与社会组织关系：从非对称性共生到对称性互惠共生》，《湖北社会科学》2015年第9期。

④ 蔡禾：《从利益诉求的视角看社会管理创新》，《社会学研究》2012年第4期。

⑤ 关信平：《当前我国增强社会组织活力的制度建构与社会政策分析》，《江苏社会科学》2014年第3期。

地，社会组织的活力则是指它能在多大程度上在复杂的社会环境中生存、获得自身发展，并在多大程度上对满足人的需要和维系社会功能做出贡献。[①] 王思斌（2016）提出社会组织活力是指社会组织实现自己的宗旨而具有的积极能力与行动。他认为，社会组织的生命力有两个方面：社会组织内在蕴含的能力和基于能力的实际行动。前者是基本素质问题，后者是现实表现。能力包括社会组织在本质上是否具有能力和在实际上是否能发挥积极作用，实际行动是实际地实现自己的宗旨和目标。能力的表现与自身条件和发挥能力的外部条件有关，而自身条件与外部条件密切地联系在一起。一个具有较好内在素质又具备环境条件的社会组织，其活力易于呈现；而二者之中任一方面较差，社会组织活力的发挥就会遇到困难。陈成文用社会组织自身的生存和发展概括了社会组织的生命力。

借鉴企业活力和社会组织活力研究成果，本书认为社会组织作为人类组织系统三足鼎立有其一，其活力内涵必有所有人类组织的共性，同时又具有区别于政府组织与营利组织的特性。

第一，社会组织活力是蕴藏在组织及其行为中实现公益使命提供公共服务的能力。组织能力的形成和发展过程，实际上也是组织活力的挖掘和激发的过程，换句话说，社会组织活力是社会组织能力得到有效发挥的表现与结果。两者互为前提，相互规定，主体没有活力，它的能力无法培养和实践；主体没有实现使命提供公共服务的能力，处于休眠状态或半休眠状态，也就无活力可言。因此，社会组织的活力体现在其实现自身向社会公然承诺的使命的过程中。

第二，社会组织活力即社会组织作为生命有机体所具有的旺盛生命力。为了自身的存续，组织需要与它赖以生存的环境保持良好的平等互动与能量交换关系，必须保持与外部环境相互作用的动态平衡状态。因此，社会组织的活力既体现为组织内部系统的良性运行，也体

① 关信平：《当前我国增强社会组织活力的制度建构与社会政策分析》，《江苏社会科学》2014 年第 3 期。

现为组织与其他社会组织、组织与政府、组织与企业等外部利害相关者的良好互动关系和合作伙伴关系。如果社会组织缺乏这种生命系统的动态均衡性，就没有组织生命的延续性和可持续性以及赖以生存的根基，组织活力便不复存在。可见，社会组织活力体现在适应环境以及回应环境需求以致力于合作并营造良好的组织生态系统过程中。

第三，社会组织的活力体现为组织在一定制度环境中所扮演的角色及其功能。它能从多方面满足社会需求，发挥社会治理主体功能，则个体社会组织与社会组织整体就是具有活力。由于组织的生存与发展离不开包括制度环境在内的外部环境，必须具有对外部环境输出信息和能量的某种功能，以体现自身的存在价值。这种功能通常在社会组织与政府、企业、其他社会组织的互动关系中，在社会组织与服务对象、员工、志愿者、合作伙伴等内外利害相关者交织构成的互动网络中以显性或隐性的方式存在。如果社会组织不能协调好组织内外关系，组织的功能不足或者组织功能不能正常发挥，组织将因此缺乏活力，陷入生存和发展的危机之中不能自拔。可以说，社会组织活力体现在发挥社会组织治理主体作用和创造组织价值和社会价值的过程中。

基于上述，本书认为无论内隐的能力还是外显的行动都不是孤立于制度环境的存在，其活力体现为能够践行组织使命，凸显社会服务和公益价值的能力。社会组织活力可以定义为在动荡而迅速变化的组织环境中确保组织可持续性和达成组织使命的能力以及相关联的行为、结果和影响的综合体现，在此意义上，活力与效能可以互换使用。[①] 组织能力是无形的和内隐的，这种内在的能力映射组织对外在环境的敏捷反应程度，内在能力的外在表现状态即组织生存和发展的状态和社会组织活力状态。在一定的社会组织活力状态下，社会组织在使命的旗帜下与外部环境进行信息能量交换和转化，持续获得发展动力和资源并维持组织持续成长，不间断地向环境输出公共服务。

---

① 刘春湘、刘格良、刘媛：《非营利组织效能评估体系研究》，《中南大学学报》（社会科学版）2014 年第 1 期。

（三）社会组织活力的要素分析

与活力定义的两个特点相适应，学界对活力要素的研究呈现两种走势。一部分研究从能力论、生命论、功能论和状态论的角度来界定组织活力的要素，从组织素质、能力以及经营成果等综合衡量组织活力。另一部分研究则开始从组织的内部与外部环境的交互行动来判断组织活力，研究者认为其是组织自身素质与外部环境之间发生作用，从而使组织的经营者和员工的积极性、主动性和创造力得以充分实现，并且在竞争中组织体现了强大而正确的决策权以及果断和及时采取行动的总体状态。[①] 本书认为，后一种对活力的诠释，更具有直接的启发和指导意义，理由在于它将组织置于一个超越自身的更大的系统中，任何组织都是一个具有自我成长、自我约束的与外界协调的有生命力的有机体，组织一旦离开它所赖以生存的环境，尤其是制度环境就像自然界的生命体离开空气和水，活力将不复存在。

正是将社会组织置于更大的环境系统中，关信平提出社会组织活力包括服务能力、运行效率与竞争能力、自主性、创新能力、规范性、社会价值引领力和贡献水平等基本要素。[②] 社会组织活力的要素是社会组织活力的具体内涵，显然他们关于社会组织活力要素的阐释或过于复杂难以测量，如大量的社区社会组织主要从事社区服务的提供，受限于资源和能力很难有效体现其社会价值引领力，或过于抽象而难于评价。本书基于前述关于社会组织活力的界定，并参照已有的研究成果，将社会组织活力的基本要素归纳为：社会认同度、参与公共服务的积极性、资源动员能力以及竞争力。

1. 社会组织的社会认同度

由于社会组织属于使命驱动型组织，需要从组织环境中动员和吸纳资源方能提供公共服务，因此，社会认同是社会组织的生命线，是

---

① 李维安：《知识管理：企业活力塑造的核心》，《南开管理评论》2002 年第 4 期。

② 关信平：《当前我国增强社会组织活力的制度建构与社会政策分析》，《江苏社会科学》2014 年第 3 期。

其生存和发展的基石，故本书视社会认同度为社会组织活力测量的基础性指标。社会认同度是指政府、合作伙伴、服务对象和公众等利益相关者对社会组织的认可度、信任度和满意度，本质上是社会组织公信力的体现。社会认同是一个认知评价体系，主要涉及社会组织的合法性、诚信度、使命感、服务能力等要素。社会组织的合法性是利益（害）相关者和公众社会认同的最基本底线，社会组织的诚信度是利害相关者和公众社会认同的实际底线。社会组织使用公共资金或社会捐赠向公众提供公共物品和服务，组织秉承使命状况，组织资源的处理和使用必须得到社会监督。[①] 社会组织必须建立良好顺畅的内部运行机制以及公开透明的财务预算、财务收支管理与财务审计。社会组织的使命感是利害相关者和公众社会认同的重要内容。社会组织需要有清晰的使命，清晰的使命是组织区别于其他社会组织的标志，是组织存在的价值和理由所在，也是组织凝聚力和动员政府和社会资源的源泉，因而，使命从根本上决定组织的社会认同度，可以说使命是组织活力的真正源泉。任何时候，社会组织都必须把使命感、责任感摆在首要的位置，让组织使命成为组织的行动指南和组织评估的依据。社会组织应以其价值理念点亮社会的心灯，应以其产品和服务改善大众生存和发展。社会组织不能依崇高的价值理念而成立，组织成员不能秉承使命而投身社会组织所追求的事业，这不仅仅降低了利害相关者和公众对该组织的社会认同度，而且损坏了社会组织作为第三部门的社会认同度。在一定程度上，社会组织的认同度表征社会组织的整体活力，表征社会组织是否结构健全，业务流程是否顺畅，整体运行是否良好。[②] 社会组织在社会的认可度越高，社会组织获得的社会支持就越多，将为客户提供更具针对性和高质量的服务，则社会组织具有更强的组织活力。由于各利益相关者对社会组织合法性、诚信度、

---

① 陈成文、黄诚：《论优化制度环境与激发社会组织活力》，《贵州师范大学学报》（社会科学版）2016 年第 1 期。

② 关信平：《当前我国增强社会组织活力的制度建构与社会政策分析》，《江苏社会科学》2014 年第 3 期。

使命感、服务能力、从业人员职业道德等要素的评价能被感知，社会认同度可以用社会组织高层对政府认同社会组织、公众认同社会组和服务对象认同社会组织的感知来测量。政府认同是社会组织社会认同度的核心组成部分。如果社会组织参与政府政策制定与执行的能力越强，社会组织参与政策制定与执行的程度越深，社会组织的政策建议被采纳的概率越高则表明政府对社会组织的认同度越高。从某种意义上，公众认同反映包括媒体、合作伙伴、第三方评价机构、捐赠者、社区等多元利益相关者的认同度。服务对象认同是社会组织存在的依据和社会组织社会认同度最根本的源泉，服务对象认同主要考量服务能力、职业道德、社会组织是否被信任和接受。

2. 社会组织参与公共服务的积极性

社会组织的服务能力是社会组织活力的核心要素，其外显于社会组织的公共服务实践。社会组织存在的价值在于提供政府和市场无力提供或不愿提供的公共产品和服务，因此，是否具有高效率的服务能力，既是政府、企业及其他社会组织选择合作伙伴的重要判断依据，又是公众是否愿意接纳并愿意为社会组织的事业做出奉献的基本判断标准。如果说社会组织的服务能力属于社会组织内在活力的源泉，那么社会组织参与公共服务的积极性则是外显的活力状态，因而社会组织参与公共服务的积极性是社会组织活力测量的重要指标。对于社会组织而言，项目与服务是实现社会组织公益使命的桥梁，没有项目和服务的组织就像没有CPU 的电脑，无法运行而成为空壳化组织，无积极性与活力可言。如果一个组织不能积极提供高品质服务，并借由高品质项目动员组织所需要的资源，组织就不能进入良性循环，社会组织服务提供系统就会中断，并进而影响筹资系统的运行。因此，本书通过社会组织参与公共服务的规模、频率、程度来测量社会组织服务积极性。社会组织参与公共服务的规模是社会组织在一定时间内向公众提供的社会公共服务的数量，社会组织提供的社会公共服务数量越大，说明社会组织参与公共服务的积极性越高。此外项目收入和参与项目服务人数亦是衡量社会组织服务规模和服务积极性的重要指标。社会组织参与公共服务的频率是社会组织在一段时期内参与公共服务的次数。因为社会组织大多提供的是无形服务，有些服务的效果和影响需要较长周期才能体现，而服务频率便是简单易行的测量组织服务积极性的指标。大概率而言，社会组织参与公共服务的频率与社会组织参与公共服务的积极性呈正相关关系。社会组织参与公共服务的程度是社会组织在参与公共服务中的角色位置及其嵌入深度。社会组织如果仅仅作为政府提供服务的附庸而存在则意味着其角色错置，无法深度嵌入。如果是作为政府提供服务的平等合作者，将有助于积极投身公共服务，独立承担责任。社会组织如果仅仅作为承接政府服务过程中的工具性载体，必然严重打击其参与公共服务的积极性，如果作为承接政府服务过程中社会公众的代表者、协商者，社会组织参与公共服务的角色位置就越重要，嵌入深度就越深入，社会组织参与公共服务的积极性将大大提高。

3. 社会组织的资源动员能力

社会组织依赖环境中的资源来实现组织使命，社会组织的资源动员能力越强，社会组织就越能有效获得自身运营所必需的资源。社会组织的资源越充足，社会组织就越有可能调动组织成员的积极性，开发人力资源，开展组织革新，提升服务品质，也就是说社会组织的服务能力和服务效能越强，社会组织就越有活力，在此意义上，社会组织资源动员能力是社会组织活力的重要测度指标。学界将资源动员定义为社会组织运用组织资源特质、能力及策略从社会中获取稀缺而有价值的资源以维持组织生命有机体存续实现组织使命的方式和过程。哪些因素影响到组织的资源动员行动呢？除了前述的社会认同度外，专业能力、资产规模、动员渠道和网络在很大程度上能反映社会组织的资源动员能力。专业化是一个综合性、全方位的概念，主要是指社会组织以使命为指南，使用专业化的工作方法，通过管理与服务内容的专业化体系实现服务的规范化、个性化和专业化。① 由于社会组织

① 朱健刚、陈安娜：《社工机构的NGO化：专业化的另一种思路》，《华东理工大学学报》（社会科学版）2014年第1期。

的专业化水平最终决定因素在于组织的人力资源，因而本书在测量专业化水平时主要考量社会组织专职员工的人数、职称、文化层次和技术水平。资产规模属于社会组织重要的资源特质，在一定程度上反映组织的经营状况和组织的运营能力，因而构成社会组织从环境中获取资源的基础和风向标。社会组织所需动员的资源存在于由利益相关者构成的社会网络中，社会组织合作网络的大小决定社会组织动员能力的大小。社会组织的动员能力还体现为采用何种手段和方法来获得资源，即资源动员技术。

4. 社会组织的竞争力

社会组织的基本行动可归纳为动员资源与提供公共产品和服务。一方面，为了能可持续地提供高品质公共产品和服务，社会组织之间为获得有限稀缺资源而展开竞争。另一方面，能否为公众提供高效、优质的公共产品和服务则又是社会组织进一步吸纳资源正当性的依据，社会组织之间围绕提供公共产品和服务而开展竞争也是必然的生存之道。在一定意义上，社会组织之间在资源获取和服务提供两方面展开的竞争程度映射出社会组织的活力程度。社会组织之间的竞争力可以通过社会组织的总体规模、自主水平及社会组织的合作能力来度量。竞争的形成需要具有一定规模独立自主的社会组织存在。社会组织的自主性是社会组织之间进行公平竞争的必要前提，社会组织必须是独立自主具有行为能力的公共服务提供者。如果失去了这一必要条件，社会组织不能自行决定其项目和服务，不能自主决定组织内部事务及其与其他组织的关系，内部事务包括人事任命、财务管理、项目设置等，外部联系的自主性包括合作伙伴选择、服务对象选择、志愿队伍招募等；在缺乏自主性的状态下，社会组织不可能真正地参与竞争，社会组织的竞争力也就无从谈起。在此意义上，社会组织自主水平越高，则社会组织之间的竞争力越强。本书根据组织是否根据制度环境的变化调整组织战略、项目、人员配置，组织的独立自主性是否越来越强，与政府的关系是怎样等问题的回答来测量社会组织的自主性程度。合作与竞争既对立，又统一。竞争是合作的动力，有竞争必有合作，合作也是竞争的必然，合作能带来强大的竞争力。一个组织的合作能力越强，一个组织的竞争能力就越强。社会组织自主地加强与政府、企业及其他社会组织（如业内其他社会组织、基金会、孵化组织等）的合作，将大大提升组织竞争能力。因此，考察社会组织的竞争力可以通过其合作趋势与合作形式来测量。与政府的合作方式能够从侧面反映政府与社会组织之间的合作关系。如果社会组织缺乏自主性，政府与社会组织的合作关系与合作实践不免使社会组织沦为政府的助手和附庸，在众多的合作形式中，政府购买服务由于允许一定程度上社会组织间的竞争，容易构建政府与社会组织二者之间的平等合作关系。可见，政府与社会组织间的合作方式越趋向于由政府出资购买服务，社会组织间的竞争力越强。

三　相关理论视角

（一）国家与社会关系理论

自国家出现后，“国家”与“社会”构成了人类社会发展史上两大基本领域，国家代表着国家政治生活的“公共领域”，而社会则代表不受国家任意干预的自主的经济生活与社会生活的“私人领域”，但两者并不存在永恒不变的清晰边界。“国家”与“社会”在不同的历史发展时期，两者的关系呈现不同的形态，大体上沿着从一体化到二元分离再到走向互动合作的轨迹不断演变。随着国家与社会关系的变迁，“国家—社会”作为一种分析框架逐步在学术界确立了自己的地位。20 世纪 80 年代末至 90 年代初，公民社会（civil society）理论被中国学界广为接受，并为中国的国家和社会关系以及中国社会发展等论题提供了一个新的理论框架或解释模式。[①] 该理论框架倡导的基本价值理念包括个人主义、多元主义、公开性和开放性、参与性、法治原则。（1）个人主义。个人主义的假设一直是公民社会理论的基

① 邓正来：《国家与市民社会：一种社会理论的研究路径》，上海人民出版社 2006 年版。

石。它假定个人是社会生活的基本单位，作为原子化的个人需要自主组织起来借由结社的力量才能保护自身的权益，公民社会和国家都是为了保护和增进个人的权利和利益而存在的，个人主义的时代背景在于社会结构的日趋复杂，社会分化日趋明显，利益集团不断涌现，政治文化经济呈现多元发展的模式。（2）多元主义。多元主义承认多元利益的相互竞争，肯定个人需求和生活方式的多样化、社团组织的多样性、思想的多元化。多元主义社会的维系依赖于宽容、妥协和开放的文化。（3）公开性和开放性。政务活动的公开化和公共领域的开放性是公众在公共领域进行讨论和进行政治参与的前提条件，公众合作精神与公共责任感的培育亦需要坚持公开性和开放性的原则。（4）参与性。强调公民参与社会政治生活和制约国家权力。在公民参与网络中，参与者内化的“普遍化互惠规范”和人与人之间的相互信任是解决公共问题和集体行动难题的密钥。（5）法治原则。强调从法律上保障公民社会与国家的分离，呼吁确立国家行动的界限，反对国家随意干预公民社会内部事务，从而保证公民社会成为一个真正自主的领域，塑造公民精神和法治思维。[①] 王名把公民社会视作社会组织发展及其所引起的相关社会变化的一种整体性概述。[②] 的确，社会组织作为一种组织制度形式，其与政府的关系从宏观上讲就是社会与国家的关系，在前资本主义社会，国家具有至高无上的权威，开始了国家对社会生活的全面渗透，社会被淹没在国家之中。早期西方社会组织的出现便是追逐自由经济和自治权利的资产阶级分割国家权力的结果，它成为国家主导的社会秩序衰落的基本象征。

怀特借助公民社会概念对中国社会组织的变化进行分析，指出中国社团的发展呈现出公民社会的组织化特征。[③] 鉴于中国的社会组织

---

① 何增科：《公民社会与第三部门研究引论》，《马克思主义与现实》2000 年第 1 期。

② 王名：《走向公民社会——我国社会组织发展的历史及趋势》，《吉林大学社会科学学报》2009 年第 3 期。

③ Gordon White, “Prospects for Civil Society in China: A Case Study of Xiaoshan City”, *The Australian Journal of Chinese Affairs*, 1993, No. 29.

没有可以绝对独立于国家政权之外的特殊情况，在对公民社会定义进行微调的基础上，学者们推出“国家领导的公民社会”（state led civil society）和“准公民社会”（semi civil society）等概念，探索适合中国情境的解释框架。“公民社会”理论的局限性，使得法团主义（corporatism）的研究开始兴起，学者们借此对中国社会组织发展进行解释。根据施密特（Schmitter）的经典定义，法团主义是一种利益代表体制，蕴含着有别于公民社会的观念、模式或制度结构，它试图将公民社会中的组织化利益整合到国家的决策结构中。在这种利益代表体制中，各个构成单位被组合成多个有明确责任（义务）的、数量有限的、强制性的、非竞争性的、等级化秩序且功能分化的部门中，这些部门得到国家的认可（如果不是由国家建立的话），并被授权给予在各自领域内的垄断性代表地位。作为交换，它们在需求表达、领袖选择以及组织支持等方面，受到国家的一定程度的干预。[①] 可见，法团主义视野中的社会组织具有以下特征：（1）有限的组织数量；（2）层级节制的社团组建方式；（3）非竞争的组织生态环境；（4）分化的社团功能；（5）国家直接组建，或由国家认可而取得的垄断地位；（6）国家在选择领袖、呈现利益、支撑组织等行为上对社团实行有限的控制。[②] 法团主义可区分为社会法团主义和国家法团主义。两者均具有法团主义的上述六大特征，但两者的区别不仅限于在共同特征的程度上的差别。[③] 受嵌于不同的政治体制的影响，国家法团主义是由于国家的强力卷入而形成，而社会法团主义则产生于相对宽松的政治体制。在国家法团主义模式中，国家凭借行政权力给予特定社团特殊地位，而无视其他具有竞争特质的社团身份的合法性。相反，对于社会法团主义来说，很多社团的强大出自优胜劣汰的竞争，环境的竞争程度并没有

---

① Philippe C. Schmitter, “Still the Century of Corporatism”, *The Review of Politics*, Vol. 36, 1974, pp. 85 – 13.

② Philippe C. Schmitter, *Military Rule in Latin America: Functions, Consequences and Perspectives*, Beverly Hills, C. A.: Sage Publications, Inc., 1973, pp. 86 – 94.

③ 顾昕、王旭：《从国家主义到法团主义——中国市场转型过程中国家与专业团体关系的演变》，《社会学研究》2005 年第 2 期。

受到法律限制，只不过毕竟国家力量仍很强大，新社团的兴起受到了已经被国家认可的社团所拥有的极大优势的挤压，无法在充满竞争的环境中很好地成长。

Chan 和 Unger 认为国家法团主义可以解释中国的国家—社会关系，更能反映社会组织的生存境遇。[①] 有学者指出，虽然中国的官办型社会组织体现出较强“国家法团主义”特征，但是至少已经开始出现由国家法团主义走向社会法团主义的趋势。[②] 以国家为主导，社会组织嵌于行政体系之中是法团主义的解释框架。此后，为了更贴合中国社会组织的实际状况，法团主义获得理论修正，“碎片化的法团主义”“地方法团主义”“层级性国家法团主义”等概念相继脱颖而出。这些颇具本土化特征的分析框架，为国家与社会关系的研究不断注入新的血液，其中有代表性的是“分类控制”理论。[③]

无论是公民社会理论、法团主义理论还是分类控制等理论分析框架，都为建构我国的国家与社会关系提供了一些切实可行的路径参考。这些分析模式都直面一个事实逻辑，即在中国这样一个政府主导的社会体制下，政府对社会组织的态度和相应政策是其成长的前提。基于“国家与社会”的理论框架，可以发现：现有制度暗含许多约束性条件致使社会组织发展呈现出缺乏活力的特征，因此当代中国社会组织健康发展的条件就是形成鼓励发展的新型政策思路。

（二）资源依赖理论

吉登斯把资源定义为“使事情发生的能力”。[④] 在科尔曼（James

---

① Chan, Unger, “A Revolution or Corporatism? Workers and Trade Unions in Post – Mao China”, *The Australian Journal of Chinese Affairs*, Vol. 29, 1993, pp. 31 – 61.

② 马秋莎：《比较视角下中国合作主义的发展：以经济社团为例》，《清华大学学报》（哲学社会科学版）2007 年第 2 期。

③ 康晓光、韩恒：《分类控制：当前中国大陆国家与社会关系研究》，《社会学研究》2005 年第 6 期。

④ Giddens Anthony, *The Constitution of Society*: *Outline of the theory of Structuration*, Berkeley: University of California Press, 1984, p. 170.

Coleman）看来，资源是能够满足人们需要的物品和非物品。[①] 以上两个定义均强调了资源对于行动者目标达成和利益实现中的作用。资源对于组织来说是极其重要的，也可以说是永远处于稀缺状态的。资源依赖理论指出了因为稀缺的资源能够造成组织对外在环境的依赖。斯科特认为，组织从来就不会自动地凸显出来，它需要资源的聚集和利用，这些资源包括物质、能量、信息和人员等。种群生态理论提醒我们注意各种形态的组织对稀缺资源的竞争。他们观察到，大量组织由于在特定环境下不能获得生存所必需的资源而走向死亡。菲佛（J. Pfeffer）与萨兰基克（G. R. Salancik）在 1978 年明确提出资源依赖理论，旨在简明地分析组织之间权力关系，明确外在环境要素的效应。资源依赖理论的重心在于，外在环境的必要资源为组织的存在和成长所依赖，[②] 资源的供给和获取建构着组织与环境的关系形态。Aldrich 与菲佛认为，没有一个组织可以创造自己所需的所有资源，它不得不从其他组织或者环境去寻找资源。组织为回应环境的限制，需要采取有效的应对策略，因此科学地解剖组织行为的切入点离不开考察其行为与外在环境的关联性。菲佛与萨兰基克认为处在高度竞争中的组织是为了生存不停求索和配置资源，最终形成资源聚合体。凡对资源的拥有、获得或决定资源的用途均为控制资源的方式，并提供权力或施加影响的手段。组织和外在资源的关系可以从两个方面深入理解：首先，环境是否能够决定性地影响组织取决于组织对环境中资源的依赖程度，而环境能够在多大程度上影响组织行为则取决于资源分布的情况（散落或者集中）。其次，组织的资源整合能力象征组织的行为能力，像凭借自我约束，形象经营等方式发掘资源是组织能力的一种体现；组织为获取资源主要通过控制需求的方式，如通过组织自律，对外宣传的方式获取资源，组织还可采取纵向合并或横向联合等战略，纵向合并可以削弱组织对外界核心生存要素（即重要资源）的依赖，

---

① ［美］詹姆斯·科尔曼：《社会理论的基础》，邓方译，社会科学文献出版社 1990 年版。

② ［美］杰弗里·菲佛、［美］杰勒尔德·R. 萨兰基克：《组织的外部控制：对组织资源依赖的分析》，闫蕊译，东方出版社 2006 年版。

横向联合旨在应对环境的变化及降低不确定性。如图 2—1 所示，社会组织的资金基本来源于资助和捐赠，但是其人力资源却和企业人力资源“同台竞技”，加上社会组织的资源收益与其产品提供并不直接挂钩，所以，社会组织为了获取资源必须耗去许多力量进行筹募和动员活动，同时也需要将其所获资源转化为公益成果，从而实现其公益目标和使命。所以，外在环境的资源稀缺性和不稳定性对社会组织的影响更为凸显。

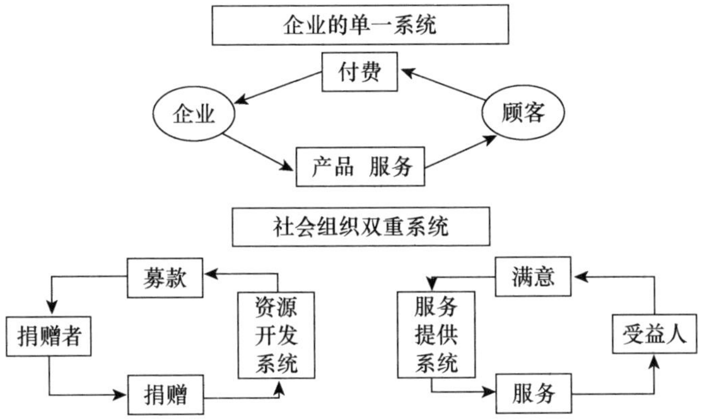

图 2—1　社会组织与企业不同的资源获取和服务提供系统

资料来源：作者根据相关资料整理。

资源依赖理论作为一种分析工具，在社会组织发展研究中，尤其是分析中国政府与社会组织关系时被广泛使用。大量资源依赖理论视角的研究表明，中国的社会组织在政策、人才、资金等方面过度依赖于政府，呈现出一种“依附式发展”特点。[①] 处在这种不对称依赖关系中的社会组织，其组织的自主性或独立性被弱化，组织行为受到限制，影响了社会组织的活力和功能发挥。

① 康晓光等：《依附式发展的第三部门》，社会科学文献出版社 2011 年版。

（三）治理理论

20世纪90年代以后，“治理”一词被广泛运用到社会经济领域，日益成为西方流行的学术用语。作为治理理论的重要首创者，美国学者罗西瑙（Rosenau）把“治理”视为一种不同于政府传统管理的、由共同目标支持的一种协作、互动和参与式的管理模式。[①] 罗茨（Rhodes）将治理定义为政府与民间、公共部门与私人部门之间的合作互动，强调各种机构、团体之间的资源、平等合作。[②]

从现实意义上看，论述政府和社会组织之间的关系，离不开对治理理论的研究。良好的治理状态，即善治（good governance）是治理的“终极目标”。“善治”就是指在处理公共问题的方面做到政府与社会组织合作。在这个意义上，充满活力的社会组织是实现善治的一大重要条件。[③] 基于这种基本逻辑，许多学者提出了“参与式治理”“合作治理”“协同治理”“整体性治理”[④] 等一系列既具理论亲缘性又具本土化特征的分析框架。纵观各理论框架，协同治理理论中的许多观点很好地契合了共治、共建、共享的社会治理格局。

协同治理理论是一门新兴的跨学科交叉理论，试图解决公共治理事务中跨界的联合行动问题。其理论渊源除了治理理论外，还包括自然科学领域的协同学理论，可以说，协同学理论造就了其在治理理论体系中的特色。协同学的核心思想是子系统之间的协同效应的激发源于外部能量的集中作用达到临界状态。从消极的角度来讲，子系统相互抵触、消极作用，会加速无序化，增加系统内耗，提高系统运行代价。由于高度的科学性和普适性，协同论对各个领域产生深远影响并与治理理论结合起来，形成协同治理理论。协同治理不但包括政府与

---

① ［美］罗西瑙主编：《没有政府的治理》，张胜军、刘小林等译，江西人民出版社2001年版。

② ［美］R. A. W. 罗茨、杨雪冬：《新治理：没有政府的管理》，《经济管理文摘》2005年第14期。

③ 俞可平：《治理与善治》，社会科学文献出版社2000年版。

④ 易承志：《跨界公共事务、区域合作共治与整体性治理》，《学术月刊》2017年第11期。

社会组织、企业的协同，也包括政府内部各部门的协同，其目的在于通过跨部门跨领域的行动者的相互关系协调和协同行动，共同面对动态而复杂社会公共事物和公共问题，以最低的成本实现整体功能大于各部分功能之和，实现公共利益和公共福祉的最大化。闫亭豫将协同治理机制的构成归纳为沟通、共识、信任、资源等要素。协同产生的基础在于审慎的沟通、资源的共享，以及各方达成的共识与信任。[①]那么，具体有哪些因素影响协同治理的运行绩效呢？朱春奎等在批评借鉴相关理论的基础上，提出了包括初始条件、结构、治理、过程、结果五个维度的跨域合作与协同治理的模型。[②] 郁建兴主张出于治理需要，应由政府主导，来将沟通参与平台予以制度化，发挥社会自主治理功能的同时实现协同治理。此间，政府对社会组织主体的地位和社会运行规则的尊重和保护必不可少，并综合运用多种方式，形成政府主导、社会协同、共享共治、井然有序充满活力的社会治理新局面。[③]

---

① 闫亭豫：《国外协同治理研究及对我国的启示》，《江西社会科学》2015 年第 7 期。

② 朱春奎、申剑敏：《地方政府跨域治理的 ISGPO 模型》，《南开学报》（哲学社会科学版）2015 年第 6 期。

③ 周定财：《基层社会管理创新中的协同治理研究》，博士学位论文，苏州大学，2017 年。

第三章

制度环境下的社会组织活力

一 制度变迁下的社会组织演变①

由于社会组织具有较强的西方话语背景，人们大多将社会组织视作西方舶来品，认为中国传统文化和政治体制不具有社会组织生存和发展的土壤，但应该看到在“家天下”的国家与社会关系模式中民间“结社”“结会”活动历史悠久。“社会”的活动因事而聚、因时而举，延至以后形成的社团、社会组织，与国家的关系始终是重合性，而非分权性的。“王权”享有至高地位，社会存在于王权许可的框架内，或者在王权所不能到达的领域进行活动；超出这个界线、具有较强独立性和权力抗衡性的组织，只能存在于一些秘密结社中，不具有正式制度上的合法性。追踪中国传统社会结社的思想渊源，可以发现三大源泉：一是以“仁”为核心的儒家文化的影响。绵延数千年的儒家文化以仁义为最高准则。对于“仁”的理解，孔子说“仁者，爱人。”从爱人的心怀出发，必然会促发博施济众的行为，所以善举也就是“仁”的体现，是爱人、助人的行为。明代高攀龙清楚地阐述了儒家的善观念：“夫善，仁而已。仁者，爱人而已矣。”古代许多“慈幼”“养老”“振穷”“恤贫”“宽疾”“安宫”等行为，都是儒家理念的实施。对“仁”之思想的具体化，有“利、义”之辩中的“义”。

---

① 刘春湘：《非营利组织治理结构研究》，中南大学出版社 2006 年版。

孔子有言："君子喻于义，小人喻于利。"所以中国的儒家传统是摒利取义的，它将利益、功利看作"人欲"的源流，是达到"仁"的障碍，要形成仁道的社会秩序，人们必须轻利益，行义举。这种"义、利"之辨，与公、私概念的发展密切相关。其实在春秋时期，功利思想和仁义学说是并举的，有着"言义必及利""仓廪实而知礼节，衣食足则知荣辱"的说法。只是在西汉以后，儒家地位独尊，尤其宋明理学，才使得"义""利"不容并立，形成"明天理，灭人欲"的道德伦理，以"义"为名的民间慈善盛行，如"义舍""义仓""义田""义庄""义聚""义学"等，具有互助安贫等性质。二是以佛教为代表的宗教慈善理念的传播。佛教对于慈善的强调，一直体现在戒律和实践中。慈善在众多佛教伦理规范中占据首要地位，也是三种积功德方法中的首要方法，乐善布施在佛教中被赋予特别的意义。回顾中国佛教的历史，其行善理念在南北朝时期开始得以实践，如供养父母老人的恩田、供养佛僧的敬田、施贫救病的悲田之"三福田"等，以后发展为居安院、安济坊等。宗教慈善从5世纪到9世纪非常兴盛，到唐代，民间寺院构成日益庞大的经济社会力量，引起政府的顾忌。至宋代，政府不再被动接收慈善组织活动，而主动建设一系列社会救济机构，成为慈善救济活动的主体。明末清初民间慈善再次兴起，明清以后慈善组织在思想渊源上大多融合了儒、释、道的精神，以善会、善堂为代表，普遍得以流行。他们从事施药、济贫、恤老、教幼、赈米、救灾、义扛、义冢、义学等善事，以通俗教化或救困扶危而达到劝善的目的。另外，由于清末基督教在中国的广泛传播，有些善堂也受到基督教的影响。关于基督教在中国传播的性质，杨念群的研究指出，西方基督教的传入是其自身内部理性裂变的结果，它带来了基督精神和科学理性的双重效果，也造成其在中国本土的紧张。[①] 三是民

---

① 杨念群：《西医传教士的双重角色在中国本土的结构性》，《中国社会科学季刊（香港）》1997年第5期。

间朴素的以扶贫救济为主导的“义”和“善”与守望相助观念。[①] 在儒家文化规范和宗教慈善理念的浸染下，民间社会在守望相助和谐邻里的实践中日积月累地沉淀了民间朴素的慈善观念和慈善习惯。中国民间慈善传统具有两个鲜明的特点：其一是伦理道德色彩很强，与“利”形成相悖的论证关系；其二是以救济为主导。相应地，在词汇上可以概括为“义”和“善”两个语词，或曰中国非营利的理念渊源是“义”“善”之行。这不同于西方在基督教理念之上的上帝子民之平等观的“慈善”，以及在个体利益基础上集合公共利益的“公益”。

在中国传统文化的土壤中，历史上社会组织的形态，大抵可以分为以下几种类型：

第一类，政治性结社，包括传统官僚政治中既有的朋党和延续发展起来的政治性结社。朋党主要指官僚士大夫的结党，如东汉时期的钩党、唐代的牛党、李党，北宋的熙丰党、元祐党，南宋的伪学党，明代的东林党、齐党、楚党等，也包括官僚士大夫之外的戚党、太子党、阉党等，是以同门、同道、同乡等为纽带结成的政治帮派。延续至明代，与科举制度相应，朋党与士绅活动相结合，逐渐趋向近代政党形式。清末民初政党勃盛，19 世纪末 20 世纪初出现改良、立宪性的政治性社团，以建立形形色色的学会为起始，如 1895 年设立的“强学会”，之后陆续设立的“保国会”“粤学会”，明确以君主立宪为目标的预备立宪公会（江浙，1906 年）、宪政会（日本，1907 年）、宪政公会（湖南，1907 年）等。[②]

第二类，文化学术性结社。文化学术性社团是中国传统结社中较为发达的一种。一般论者认为，严格意义上的学术社团兴起于魏晋之后的各种形式的文人结社，《魏氏春秋》中记载的“竹林七贤”，被看作最早的文人社团。不过，追溯文化学术社团的渊源可以看到，早在春秋战国时期，学术繁荣、百家争鸣，就有各种学术社团应运而生，

---

① 贾西津：《第三次改革——中国非营利部门战略研究》，清华大学出版社 2005 年版，第 9—31 页。

② 陈宝良：《中国的社与会》，浙江人民出版社 1996 年版。

只是到了魏晋以后，隋唐的科举制度发达，使得赋诗作文在文人士大夫中重要性增加，造成文学社团的繁兴。文化学术性社团包括许多类型：最发达的是以“诗社”和“文会社”为代表的文学社团，前者是文人雅士间崇尚风雅、以诗会友的文学团体，后者主要是在宋代科举制度盛行以后，士子共同研习经典、会客会文的社团；再者以讲学会为主的学术社团，宋元之间，与理学的兴起相关，书院盛兴，宋初遂有海内闻名的岳麓、嵩阳、白鹿洞、应天府四大书院，开创民间讲学论文的风尚。明代讲学会兴盛不衰，还演变出“读书社”“明经会”“经社”“读史社”“文艺会”“经济会”“博雅会”等各种形式。清乾隆以后，理学衰微，讲学会一度沉寂，至清末在西方思想的震动下，各种新式学会崛起，如“志学会”“教育会”“公法学会”“南学会”“强学会”等。讲学会乃至新式的各色学会，不仅聚集了知识阶层，而且通过大众化的教育、讲学，在传播思潮、教化民众等方面起到了不可忽视的作用，同时，在“学术持清议”的理念下，讲学会也是文人士子参与议政的重要机制；其他还有文艺社团，以宋元时期各种戏剧、曲艺人员结成的同业“书会”和各种“剧社”为代表，书会文人成分复杂，既有出身贵族的官僚文人，也有大量失意文人和倡优等，元代的书会首开了集体创作文艺作品的先河；娱乐性社团，如“谜社”“茶社”“酒社”、收藏结社等。

第三类，经济互助性结社。中国的小农传统使得农户的力量十分薄弱，农业基础脆弱。为维护相对的稳定秩序，民间很早便存在经济互助组织，最初的旧式经济合作制度就是“合会”，俗称“蟠桃”，是会员间相互救济的组织。各省还有“集会”“邀会”“请会”“聚会”“做会”“赊会”等称谓，又可通称“义助会”。合会出现于隋，在唐宋得到全面发展，并发展出多样形态，如自愿结合耕作的锄社，金融互助的钱会，共同轮充乡里职役的保正会，轮值社庙会饮的吃会、祭社，共同集资应酬婚丧嫁娶诸事的摇会，集资救济的义赊会等。所谓“合”，就是集众人之资办事，内容涉及劳作互助、金融互助、共同负担地方事务等，具有勤俭储蓄、相互保险、扶危济贫等多方面的功能，是民间自行组织应对无法独自承担的事务的方法。除民间互助组织外，自宋以后有士大夫贤士们设立义仓、社仓，以及借行义田、义庄、义役等，兼具济贫和维护家族声望的功能，成为家族互济制度的典范。经济互助型社会中另一种重要形式是行业性结社，主要是商业行业的会馆、行会、商会等。行会的雏形是春秋时代的“肆”，行会的形成大约在唐代、传统商人社团的发展历经了三个发展阶段：（1）明以前是传统的行会阶段，唐代的商业至少分有二十二“行”，同业内也已有细致的分工，宋代得到更大发展，但是这些行会对封建统治的依附性非常强，更类似于一种徭役组织；（2）明代出现商人会馆、公所等，前者多具有同乡会的色彩，后者为同业者的联盟，它们在规模和组织结构上更加具有独立的社团性质，其中明代中期“墟集会”的出现代表了商人社团的新气象，使之成为一种维护工商业自身利益并在一定程度上带有政治色彩的商人团体；（3）1904 年清政府颁布《商会简明纲要》，标志正式商会的出现，章程颁布后，上海首先在商务公所的基础上改设商务总会，各地陆续纷纷照章成立商会。商务公所演化为商会，是商人社团的质的飞跃，前者只是地区、同乡或同业的商业联盟团体，而后者却成为全国性的民主选举的工商统一组织。20 世纪初，各地同业工会和农会也普遍成立，代表经济结社发展的一个高潮。①

第四类，慈善团体。中国古代社会规模最大的慈善救济事业是国家救济的“荒政”制度，以及依靠家庭和宗族的力量实施的救济。佛教传入后，在“行善”的理念下推动了宗教慈善事业，如福田院、安济坊等。16 世纪以后的明代，一个特别具有意义的现象是同善会的兴起，这种明末的新型善会主要任务是济贫，但它具有一些以前的救济组织所不同的特点：它由地方上非官位的有名望人士推动，救济对象不拘泥于家族或者特定身份，面向世俗问题而不是宗教传教等。清代善会更加多样化，并建立更加固定的善堂，所行善举包括：育婴保婴、

---

① 陈宝良：《中国的社与会》，浙江人民出版社 1996 年版。

施棺掩骸、收容老病妇人及流民、义塾、惜字、教养、收养老病耕牛、寄柩、修葺道路、施医舍药、施粥、放生、恤老、收养体恤嫠妇等，多为诸善并举，也有单一职责的善堂如育婴堂，托养孤儿的广仁堂、贞节堂、留养堂、掩埋尸骨的义园，借钱的因利局，救灾的救生局等。鸦片战争前后，西方传教士将基督教传入中国，建立起新式救济制度，最主要是医药和慈幼、安老等救济事业，同时，绅商也兴办起协赈公所等救济事业，这些体现了传统救济向新型救济形式的转化。

第五类，秘密结社。民间各种秘密结社活动在先秦就存在，宋元有“会”出现，明代渐趋组织化，清代达到极盛。秘密结社的作用非常复杂，它们具有反映下层声音、团结和为下层平民谋求生路等作用，又带有一定的政治色彩，构成与政府的对抗性和对统治秩序的威胁，同时随着其自身势力的壮大也带来黑社会组织的种种弊端。

以上从发生渊源、理念基础和领域类型等方面考察了中国历史上的社会组织，从中可以看到民间结社的互助互利性，与政府（官方）的地位不对等性，和在宗教影响下公益慈善观念的发展。20 世纪的社会组织既受到传统的影响，又吸纳了许多西方的观念和思想，形成各种新式社团，包括学联、工会、妇联、青年团等革命性社团，和在抗战期间兴起的各种战地服务组织、救国会等政治性社团；各种“学会”“研究会”“学社”“协会”等新式学术文化社团，它们一部分是清末洋务运动时期思想启蒙和西学东渐的产物，另一部分是 20 世纪二三十年代五四运动和新文化运动的产物；从传统商会、行会延续而来，或者是伴随民族工商业的兴起而发展起来的新型行业组织；传统互助组织和慈善组织演化，或者外国传教士的传承基督教义的慈善机构；以及在动荡时局下活动的帮会和秘密组织。这些社会组织虽与传统社会的结社在内涵与形式上发生了变化，但这种变化并未改变中国社会与国家的同构性、同质性与互嵌性特征，即国家与民间社会的混沌和互渗的复杂关系，没有多少“现代性建构”的含义，因而也无所谓社会组织活力之说。

1949 年中华人民共和国成立以后，开启了国家与社会关系的新时期，社会组织的发展也随之演化。关于新中国社会组织的发展阶段划分，目前将改革开放作为社会组织发展的里程碑式事件已形成共识，但对改革开放后40年社会组织的发展阶段的划分尚存在分歧。学界普遍认为改革开放的40年，同时也是社会组织发展的40年。对于从1978年至今的社会组织发展轨迹，有学者倾注心血试图做一系统考察和分析，主要产生了以下结论：贾西津在分析中国社会组织发展的历史缘起的基础上，将1978年以来社会组织的发展分为两个时期，认为1978—1998年是第一阶段，属于社会组织复兴和结构调整阶段，自1998年始，进入发展的第二阶段，社会组织迈入多元化发展和法治化发展阶段。亦有学者以1995年第四次“世界妇女大会”为标志性事件，将改革开放后社会组织的发展分为两个时期，改革开放前期的社会组织发展属于“复苏崛起”期，开始被纳入“制度化”“规范化”的发展轨道，改革开放后期则属于“结构转型”期，他相信社会组织的发展将回归“民间化”“社会化”的发展本位。[①] 周浩集等基于中国共产党对社会组织的认识和领导，对社会组织发展的三个阶段做了如下划分：1978—1987年社会组织爆炸式增长阶段，这10年间党和政府对社会组织认识不足，管理滞后。1988—2000年社会组织走向规范化发展阶段，在这一阶段，由于国家需要更加规范的社会组织管理体制，所以走上了艰难的制度构建之路。2001—2012年社会组织的稳定发展阶段，在这一阶段，党和政府对社会组织的认识逐渐成熟，意识到充分发挥社会组织积极作用的重要性，开始实施培育发展和管理监督同时并重的政策。[②③] 王名则将改革后40年的发展划分为四个主要阶段，从改革开放之初到1991年为第一阶段，此阶段为社会组织的兴起阶段。第二阶段从1992年到2001年，此阶段为整体曲折的增长低

① 齐久恒、刘国栋：《历史与逻辑：当代中国社会组织发展脉络的重思》，《云南行政学院学报》2014年第6期。

② 周浩集：《改革开放以来党领导社会组织发展的历史考察》，《聊城大学学报》（社会科学版）2018年第9期。

③ 夏建中、张菊枝：《我国社会组织的现状与未来发展方向》，《湖南师范大学社会科学学报》2014年第3期。

迷期。自1988年和1989年相继问世的《基金会管理办法》和《社会团体登记管理条例》，我国的社会组织走上了一条艰难的制度构建之路。第三阶段从2002年到2007年，此阶段为民办企业单位、协会商会和其他新兴社会组织等全面兴起的新的增长高潮期。第四阶段从2008年至今，此阶段为社会组织体系形成的稳定发展期。在政治精英、知识精英、经济精英的推动下，社会组织不断向前发展，开展多种形式的公共服务、公益或共益服务、中介服务等，形成一个有别于国家体系和市场体系的日益庞大的公民社会体系。基于社会组织全程历史的考察和分析，王名得出的结论是社会组织作为一种制度形式渐趋规范且有序。① 王杨和邓国胜从政府与社会组织关系的角度切入，透过政府与社会组织关系的演进，描述了社会组织的发展过程。根据一些影响社会组织发展的国家重大历史事件节点做了如下划分：第一个阶段从1978年到1995年9月，第二个阶段从1995年9月到2004年3月，第三个阶段从2004年3月到2012年10月，第四个阶段从2012年10月至今。通过观察国家与社会关系的演变，他们认为，改革开放以来，社会组织的发展整体表现为一种不断学习演进的过程，社会组织通过自我发展和主动行动不断调整与政府的关系，已经从对政府的完全依附关系走向具有中国特色的与政府的新型协同合作关系。② 借鉴已有研究成果，将制度环境与社会组织活力纳入考量的范围，本书将改革开放后社会组织的发展分为三个阶段，由此自新中国成立，中国社会组织的发展经历了四个阶段。

（一）总体型制度环境下的社会组织

第一阶段，新中国成立以后至改革开放以前的社会组织建设阶段。新中国成立后，作为执政党的中国共产党通过单位制度、人民公社制

---

① 王名：《走向公民社会——我国社会组织发展的历史及趋势》，《吉林大学社会科学学报》2009年第5期。

② 王杨、邓国胜：《社工机构与社区居委会合作机制的理论解释——四个合作案例的比较分析》，《中国行政管理》2017年第11期。

度、户籍制度等制度，将整个社会成员整合成“总体性社会”（totalist society）。在总体性社会中，公共体制渗透于社会生活的各个领域，整个社会生活的运作呈现高度的政治化和行政化的特征，社会的政治中心、意识形态中心、经济中心重合为一，资源和权力高度集中，公共体制具有极强的社会动员与组织能力。总体性社会在国家与社会组织的关系上，表现为社会组织实质上是执政党与政府的附庸，是具有很强政治性的非独立组织。新中国成立后不久，一部分政治倾向明显的被定位为政党组织，如中国民主同盟、九三学社等；另外一大批带有封建色彩的互助组织、慈善组织，和宗教性、反动性组织等被取缔。在“文化大革命”期间，红卫兵、红小兵等组织异常活跃，构成中国社会组织发展历程中的一个特殊现象。①总体而言，新中国成立后的前 30 年，在计划经济的条件下，社会组织发展空间十分有限，这一阶段的社会组织基本为政府服务，行政倾向严重，缺乏独立性和自主性，他们虽然拥有社会组织称号，实际上却是半官方组织，具有浓厚的官方背景或政治色彩，大多由官方直接经办或发起并承担一定的公共职能，组织经费由财政拨款，组织领导人由政府主管部门批准任命。社会组织“具有官方编制，依靠官方财政，接受官员领导，体现官方功能”②，从而成为政府的延伸，成为执政党进行社会建构的有机组成部分。在国家权力社会性扩展的情况下，社会组织活力不可能彰显。

（二）经济转型与社会重组下的社会组织

第二阶段，1978 年至 1997 年，社会组织复兴阶段。在 20 世纪七八十年代“全球结社”的国际背景下，中国迎来了改革开放的新时期，社会分化加剧，个人权利意识和权利主张彰显，从身份关系转向契约关系，这无疑为具有现代意义社会组织的发展提供了基础

① 刘春湘：《非营利组织治理结构研究》，中南大学出版社 2006 年版。

② 詹轶：《社会组织治理中“同心圆”架构及其“委托—代理”关系——基于 S 市枢纽组织的研究》，《公共管理学报》2018 年第 3 期。

性条件。[①] 改革开放后，社会组织如雨后春笋一般，瞬时涌现。王颖等人曾对浙江省萧山市社会团体在 20 世纪 80 年代的发展做过统计，据他们的调查，在从 1978 年到 1990 年的 12 年间，该市的社会团体数量增长了近 24 倍，这个个案数据是整个中国 20 世纪 80 年代社会组织蓬勃兴起的一个局部反映。[②] 面对骤然兴起的社会组织，1988 年国务院授权民政部承担相关管理职能，随后，确立了由登记管理机关和业务主管单位共同负责的双重管理体制，使得在法律框架内的社会团体的数量增长趋于缓慢。1996 年 8 月由中共中央办公厅和国务院办公厅联合下发了《关于加强社会团体和民办非企业单位管理工作的通知》，要求所有社会组织都要接受检查、清理和整顿。清理和整顿直接带来了社会组织总量下降，在实际发展和分布结构上却已经发生了悄然的调整。草根性的社会组织发展呈现出一个高潮，它们中的许多由于受到登记管理条例的限制，并没有以“社会团体”的身份存在，而是在单位挂靠、工商登记等变通的方式下出现，但从功能作用而言，它们同样是社会组织的一部分。[③]

此阶段社会组织的发展与经济转型及社会重组相呼应，社会组织的发展不仅体现在数量的增长，还体现在社会组织的多元化发展倾向，从生成路径来看，既存在“自上而下”路径，即由政府主动组建或主导成立和发展官办型组织，也存在“自下而上”路径，即公民基于社会需求而自发自愿成立和发展起活动在各个领域的草根组织。但应该看到，多元化社会组织仍然是政府襁褓中的婴儿，对政府的依附性很强，尤其是官办型社会组织“行政化”和“官僚化”特征明显，草根型社会组织虽具有组织运作（如人员安排、业务活动开展等方面）的自主性，但合法性不足严重捆绑了它们的成长，肌体不健全，功能发挥有限，社会大众对社会组织的认识有限、认同度低，难以有效动员社会资

① 王向民：《中国社会组织的历史演变及其发生缘由》，《东岳论丛》2014 年第 10 期。

② 参见贾西津《第三次改革——中国非营利部门战略研究》，清华大学出版社 2005 年版，第 30—40 页。

③ 谢海定：《中国民间组织的合法性困境》，《法学研究》2004 年第 2 期。

源，人力资源和资金不足，服务能力不足。受限制竞争政策影响，社会组织在各自的专业领域中具有绝对的垄断地位，缺乏积极竞争的动力，几乎不存在组织间的竞争力，故此阶段的社会组织活力严重不足。

（三）初步规范化与法制化下的社会组织

第三阶段，1998—2012 年，社会组织的多元化和法治化发展阶段。经历改革开放 20 年社会组织量的快速发展时期，社会组织进入一个平稳发展的过渡时期。①

自 1998 年社会组织相关法律框架初步形成，与此同时，党和政府对全国社团管理工作与社会组织党的建设提出了方向性指导。1999 年，中共中央办公厅和国务院办公厅联合下发了《关于进一步加强民间组织管理工作的通知》，指出："改革开放以来，我国社会组织发展是健康的，作为党和政府联系群众的桥梁和纽带，在社会主义精神文明和物质文明建设中正发挥着越来越广泛的积极作用……但是，应当清醒地看到，目前我国民间组织的发展和管理工作仍存在不少值得注意的问题。"② 显然，此通知在肯定了社会组织的积极作用的同时，又保持着一份防止社会组织破坏社会稳定的警惕。根据通知的政策精神，民政部加大了对社会组织的清理整顿力度。

在这一阶段，随着社会主义市场经济体制渐趋成熟，党和政府对社会组织的认识更为深入，已经充分认识到社会组织的重要地位和作用，同时对社会组织的怀疑与不信任亦隐约可见，期望通过制度化建设和社会组织党的建设来引导社会组织健康发展的思路浮出水面。党的十六大以来，尤其是党的十六届六中全会党中央对社会组织的发展提出了新的要求，强调要健全社会组织，提升服务社会服务社区的服务功能。党的十七大指出增强社会自治功能，在此背景下，社会组织在数量和种类上都有了稳定增长，登记在册的数量从 2001 年的 21 万

---

① 周浩集：《改革开放以来党与社会组织的关系研究》，博士学位论文，中共中央党校，2010 年。

② 《中国社团发展史》，当代中国出版社 2001 年版。

多个增长到2012年的49.9万个。

制度环境和社会组织的互动塑造了这一阶段社会组织发展的基本特点：一是发展路径的制度化。[①] 2004年国务院颁布的《基金会管理条例》标志着社会组织的基本法律框架的确立，从而使社会组织的发展开始步入规范化发展轨道。二是多元化发展态势。在前期发展的基础上，此阶段多元化发展态势更加凸显，社区型组织大量生长。在社会组织的数量继续增加的情景下，民办非企业（非营利性服务组织）获得法律地位上的认可。三是社会组织活力初显。在中国长期中央集权的国家体制影响下社会组织的发育并不成熟，但由社会组织构成的中国第三部门正在形成，不断成长的自主性使得社会组织发挥了政府与企业无法替代的功能，为回应不断增长的社会需求，第三方评估体系逐步构建，进而推动中国社会组织自身能力的建设，在资源获取和服务提供两方面积极与政府、企业开展人才、资源、项目的竞争，竞争动力增强。由此，社会组织服务社会的能力不断增强。

（四）激励与约束同在的分类监管下的社会组织

第四阶段，2013年至今，社会组织策略发展阶段。2012年11月8日在北京召开的中国共产党第十八次全国代表大会对于社会组织的发展具有重要的意义。党的十八大报告首次明确提出加快形成“政社分开、权责明确、依法自治的现代社会组织体制”。2013年党的十八届三中全会针对如何“激发社会组织活力”的问题，明确提出了一系列具体的应对措施，要求公共服务若是可以由社会组织处理，就将它们移交给社会组织，限期实现行业协会商会与行政机关真正脱钩，从而对21世纪以来逐步形成的分类控制、培育与监管并举的社会组织政策以纲领性文件确定下来。[②] 在登记管理方面，2013年年底，民政部取消对社会团体和基金会设立分支机构的审批，同时将异地商会和基金

---

① 刘春湘：《非营利组织治理结构研究》，博士学位论文，中南大学，2006年。

② 李友梅、梁波：《中国社会组织政策：历史变迁、制度逻辑及创新方向》，《社会政策研究》2017年第2期。

会登记成立的审批权从省级民政部门下延到县级以上民政部门。从2014年起，“直接登记”制度开始执行，与此同时，行业协会商会的“一业多会”制度落地，社会组织之间的竞争在一定程度上得到鼓励。2015年，中央启动行政机关与行业协会商会的脱钩改革，推进“管办分离”[①]，政府在放松四类组织管制的同时，开始强调对社会组织过程的监管，[②] 明确了“异常名录”“黑名单”和联合执法制度，信息公开、信用监督受到格外重视。2016年《慈善法》颁行，以基本法的形式确定了对慈善类社会组织的直接登记制度。政府在加强对社会组织监管的同时，实施分类扶持政策。扶持政策的关键举措是项目购买（政府购买社会组织服务）。[③] 自2013年始，在20世纪90年代已经初见端倪的地方实验性政府购买社会组织服务的实践在全国范围内推广。2016年财政部、民政部联合下发《关于通过政府购买服务支持社会组织培育发展的指导意见》，明确要求地方政府凡适合社会组织提供的公共服务，尽可能交由社会组织承担。可见政府购买社会组织服务日渐制度化，成为国家与社会互动、社会组织发展的制度环境的重要组成部分。因为社会组织参与政府购买的基础意涵是社会组织具有独立行为能力，能够独立承担行为责任，具有专业服务能力，独立自主经营的行为主体，所以，无论从理论上还是从实践上，政府购买社会组织服务本质上是政府从事实上承认了社会组织的合作地位，用合作的行动宣告了社会组织的合法性。此外，通过购买服务，对社会组织的规范化建设、专业化建设与组织能力建设提出了更高的要求，社会组织不得不在更为广阔的舞台上展开与政府、企业及其他具有相似宗旨提供相似服务的社会组织的竞争。[④] 社会组织竞争力发展有助于增进

---

① 王兴彬：《社会组织改革发展迈入新时代》，《中国社会组织》2019年第4期。

② 曹旭东：《地方立法的制度创新及其重要性——以广东省社会组织立法为例》，《中山大学法律评论》2014年第12期。

③ 周俊：《走向“合规性监管”——改革开放40年来社会组织管理体制发展回顾与展望》，《行政论坛》2019年第7期。

④ 刘春湘、兰青、郭梓焱：《社会组织活力：经验测量及其政策意义》，《江西社会科学》2019年第3期。

公众的信任和认同度。

正是建立在以分类控制与分类扶持为特征的新时期制度环境下，社会组织进入了策略发展阶段，社会组织在数量上增速转缓而总量持续增长。在地方，社会组织直接登记亦在全国逐步铺开，学界大多预期直接登记制度后中国社会组织数量将出现“井喷式增长”，但出乎意料社会组织的发展在总量上并未出现大的波动，一方面，归因于国家在放松对四类组织的管制并加大了培育力度的同时，加强了对社会组织运行过程的动态监管；另一方面，社会组织开始进入策略式发展阶段，开始注重内涵式与规范化增长，有意识地提升组织能力，增强服务功能。各类社会组织广泛活跃在我国经济社会发展的各个领域，对促进经济社会协调发展、推动社会和谐稳定、巩固党的执政基础发挥了积极作用，已成为我国社会主义现代化建设的重要力量。[①] 此阶段社会组织发展的特点除了在总量和规模上稳步上升并达到了新的高度外，还呈现了两大基本特征：（1）组织的资源动员能力得到增强，但政府的拨款和经费支持仍然是社会组织非常重要的资金来源。[②] 政府掌握着社会组织生存和发展的必要稀缺资源，政府资源支持和政策扶持使社会组织的发展和活力得以维系，但过多地依赖于政府使得社会组织难以从社会其他渠道动员资源并自主提供服务。如果不能有效地从社会动员资源，将不可能有真正意义上的社会组织的健康发展以及社会组织活力的可持续迸发。[③]（2）社会组织类别众多，领域广泛，一个在政府、企业之外通过吸纳各种资源并动员广泛的志愿参与，以公益或互益的形式，提供多种形式的公共产品、公共服务和准公共服务，满足多样化的社会需求的第三部门初步形成，但在总体上社会组织从结构布局到功能发挥离日益增长的社会需求尚存在相当的距离。

---

① 参见中华人民共和国民政部门户网站（http：//www. mca. gov. cn/article/xw/mtbd/201904/201904000）。

② 杨艳文：《社会组织与城市社会基层治理转型研究》，博士学位论文，上海大学，2015 年。

③ 陈成文、黄诚：《论优化制度环境与激发社会组织活力》，《贵州师范大学学报》（社会科学版）2016 年第 1 期。

从结构上看，社会服务机构（民办非企业）占比独大，其次是各种社会团体，主要是各类学会、协会、商会等，在这一阶段，各种协会商会的比重呈显著增大趋势，专业性社会团体亦大幅增长，其他类型的社会组织未能得到同步发展。根据《中国社会组织报告》（2019）蓝皮书，在社会组织的庞大总量中，公益慈善组织数量占比并不多，慈善组织的形式包括社会团体、民办非企业单位（社会服务机构）、基金会。截至2019年4月8日，全国共有慈善组织5599家，约占全国社会组织总量的0.7%。[①] 从社会组织的空间布局来看，社会组织多集中在发达地区，欠发达地区的社会组织发展明显滞后。[②] 在现有制度环境下，社会组织为适应政府转型带来的机会，纷纷走策略式发展道路，承接政府移转职能，竭力争取项目购买资金，辅助政府开展公共事务治理。在功利性动机驱使下，中国社会组织服务性功能增强，但使命追求、价值维护、权利维护与倡导等功能弱化，社会组织出现价值性缺失。社会组织生态系统功能趋同化势必带来社会组织的合法性不足、社会认同度低、竞争不足与竞争过度并存等问题。因此，需要通过结构调整、功能互补和功能改进来激发社会组织活力，推动第三部门的形成。在未来社会组织的发展过程中，需要多类别、多领域、多功能社会组织的区域均衡协同发展。除了具有提供具体服务的社会组织之外，还需要其他功能互补型社会组织的同步发展，只有多元化的社会组织的相互竞争与合作，才能催生一个完整的社会组织生态体系，才能满足多样化的社会需求。简而言之，单有服务型社会组织的系统是不健全的，它不足以支撑起一个与政府部门、市场部门相并列的共生共存的独立部门。[③]

① 方晓彤：《中国社会组织：历史进程、现实状况与发展趋向》，《西南石油大学学报》（社会科学版）2017年第9期。

② 方晓彤：《中国社会组织：历史进程、现实状况与发展趋向》，《西南石油大学学报》（社会科学版）2017年第9期。

③ 陶传进：《社会组织发展的四阶段与中国社会演变》，《文化纵横》2018年第2期。

二　社会组织活力现状：经验判定与实证分析

社会组织镶嵌在改革发展和社会转型的整体发展脉络中，在构建共建共治共享的社会治理格局中扮演着不可或缺的角色。相应的资源整合量、领域分布面、组织及活动的活跃度、公众参与度、社会影响力等多项指标，无不体现着社会组织正逐渐融入发展主流。[①] 本书在上述对社会组织演变的梳理中，发现了镶嵌于制度环境下的中国社会组织不断成长的现实，也窥视了制度环境对于社会组织的至关重要性以及制度环境对社会组织发展的阻碍因素，但提出优化制度环境的方案首先需要明确社会组织的活力现状。当前社会组织的整体活力状态究竟怎样呢？为分析社会组织活力与制度环境的相关性，研究如何优化制度环境，提高制度和政策激励的有效性，本书基于对社会组织活力的界定，从社会认同度、资源动员能力、公共服务积极性与服务能力以及竞争能力来探析社会组织的活力现状。

（一）社会认同度较高

社会组织获得政府和公众的社会认同是其生存和发展的社会基础，是衡量社会组织活力的基础性指标。新时期社会组织的合法性现状如何呢？据中山大学公益慈善研究院在 2015 年所做的一项全国民间公益组织公信力调查显示，在受访组织中，有 20.40% 的组织尚未正式注册，另外有 8.20% 的组织是挂靠在其他机构之下，与该机构 2011 年所做的调查结果相比，随着直接登记政策的实施，有社会组织注册身份的比例提高了约 12 个百分点，但仍有约三成的受访组织没有正式注册身份。[②] 社会组织的诚信度是政府和公众社会认同的实际底线，但大部分社会组织的内部运行机制及其财务审计情况不透明，石国亮于

① 王名：《中国社会组织（1978—2018）》，社会科学文献出版社 2018 年版。

② 朱健刚、胡小军主编：《中国公益慈善发展报告（2015）》，社会科学文献出版社 2017 年版。

2015 年所做的一项名为“慈善组织公信力”调查显示，超过七成的被调查者认为慈善组织公信力存在的问题是“财务不公开、不透明、善款用途不明确”[①]。据搜狐网所做的一项调查显示，只有 12. 60% 的被调查者对当前我国社会组织的整体评价为非常满意，26. 78% 较为满意，而 43. 93% 表示不确定，明确表示不太满意和不满意者占比 28%。[②] 社会组织的使命感是政府和公众社会认同的重要源泉。社会组织从业人员是构成社会组织的核心主体，从业人员的价值认知能一定程度上反映社会组织的价值理念。据社会组织从业人员的一项随机抽样调查显示，只有 13. 30% 的被调查员工选择了组织价值或文化建设。[③] 大量调查结果说明，公众对社会组织的使命感的认同度明显不足。

社会组织的服务能力是政府和公众区别和选择社会组织良莠的基本标准。是否具有高效率的服务能力，既是政府选择合作伙伴的重要依据，又是公众是否愿意接纳并与之合作的基本标准。[④] 社会组织对经济社会发展所做的贡献是社会组织服务能力的最佳体现。据民政部《社会服务发展统计公报》[⑤] 显示，2015 年，在民政部门登记注册的社会组织累计收入 2929 亿元，支出 2383. 8 亿元，形成固定资产 2311. 1 亿元（2016 年以后未公布此三项数据）；截至 2018 年年底，全国共有社会组织 81. 7 万个，比 2017 年增长 7. 3%；2018 年有 1072 万人次在社会服务领域提供了 2388. 7 万小时的志愿服务。整体来看，我国社会组织创造的价值并不高。2015 年和 2018 年，我国在民政部门登记注册的社会组织平均吸纳就业人员分别为 11 人和 12 人，2018 年提供志愿服务的人占比 0. 8%。而据萨拉蒙等学者 1995 年对世界上 22 个主要

---

① 石国亮：《慈善组织公信力研究》，人民日报出版社 2015 年版。

② 《造成中国慈善事业落后的主要原因在线调查》（http：//news. sohu. com）。

③ 唐代盛、李敏、边慧敏：《中国社会组织人力资源管理的现实困境与制度策略》，《中国行政管理》2015 年第 1 期。

④ 陈成文、黄诚：《论优化制度环境与激发社会组织活力》，《贵州师范大学学报》（社会科学版）2016 年第 1 期。

⑤ 中华人民共和国民政部网站（http：//www. mca. gov. cn/article/sj/tjgb/）。

国家的统计，这些国家非营利部门的支出平均达到国内生产总值的4.6%，非营利就业占所有非农就业的近5%，占所有服务行业就业的10%。[①] 对比来看，我国社会组织创造的社会经济价值还很低。[②]

本书对社会组织社会认同度的调查结果显示：在政府认同方面，“关于社会组织参与政府政策制定与执行的能力与程度”题项，只有12.7%的填写人认为非常好，37.5%认为比较好，42.5%认为一般，6.2%认为不好，1.1%认为很不好。从“社会组织的政策建议被采纳的情况”题项来看，17.8%的填写人表示他们提出的政策建议基本上都采纳，42.9%回答部分被采纳，基本上不被采纳的回答占10.5%，从来没有提出过政策建议的占28.8%。在公众认同方面，从“公众对社会组织活动所持态度”题项的回答来看，37.8%的填写人认为，公众支持社会组织活动，并且能积极参与，53.8%认为，公众对社会组织的活动表示支持，但参与较少，7.3%认为公众对社会组织的活动持无所谓态度，1.1%认为公众对社会组织的活动不理解，甚至持反对的态度。关于“社会组织使命感”，54.1%的填写人对社会组织使命感给予很高的评价，27.5%给予较高的评价，13.7%给予一般的评价，2.0%给予较低的评价，2.2%承认其使命感十分缺乏。关于“社会组织公信力”，43.9%的填写人对社会组织的公信力给予很高的评价，31.5%给予较高的评价，19.2%给予一般的评价，2.3%给予较低的评价，3.1%承认其社会组织的公信力很低。关于“社会组织诚信度”，57.6%的填写人对社会组织的诚信度给予很高的评价，28.9%给予较高的评价，10.1%给予一般的评价，0.8%给予较低的评价，2.5%承认其社会组织的诚信度很低。在服务对象认同方面，关于“社会组织服务能力”的题项，44.4%的填写人对社会组织的服务能力给予很高的评价，35.7%给予较高的评价，15.7%给予一般的评价，2.0%给予

---

① ［美］萨拉蒙：《全球公民社会：非营利部门视界》，贾西津等译，社会科学文献出版社2007年版。

② 关信平：《当前我国增强社会组织活力的制度建构与社会政策分析》，《江苏社会科学》2014年第3期。

较低的评价，2.2%承认其服务能力很弱。关于“社会组织工作人员的职业道德”，58.1%的填写人对社会组织的工作人员的职业道德给予很高的评价，28.7%给予较高的评价，10.4%给予一般的评价，0.6%给予较低的评价，2.2%承认其工作人员的职业道德有问题。关于“社会组织得到了更多人的信任和理解的观点”，非常赞同的占26.6%，赞同的54.8%，不置可否的占16.9%，约1.4%的填写人不赞同，0.3%表示很不赞同这一观点。对于“社会组织会被越来越多的人接受的观点”，非常赞同的占29.7%，赞同的57.8%，不置可否的占11.3%，约0.8%的填写人不赞同，0.3%表示很不赞同这一观点。[①] 调查显示，社会组织的社会认同度略高于已有研究的结论，整体上达到较高的水平，个体社会组织间的社会认同度相对分散，提升空间较大。

（二）资源动员能力较低

资源获取的多少决定了一个组织的生命周期的长短，一个组织的社会动员能力大小决定了其在资源获取中竞争力的强与弱，社会组织的动员能力是社会组织活力的重要表征。动员能力的高低直接取决于社会组织的专业化水平、动员网络、动员技术。现今，中国社会组织的专业化水平如何呢？可以肯定，由于社会组织人力资源专业化程度不高，社会组织从业人员学历和实际工作水平较低，多数没有接受过系统的社会工作专业教育，工作手段和方法比较落后，无法有效应对新的、复杂的社会问题和多样化的社会需求，[②] 所以，社会组织专业化水平处于相对低下的状态。民政部公布的数据显示，截至2018年年底，全国持证社会工作者共计43.9万人，这意味着平均每2个正式注

---

① 刘春湘、兰青、郭梓焱：《社会组织活力：经验测量及其政策意义》，《江西社会科学》2019年第3期。

② 唐代盛、李敏、边慧敏：《中国社会组织人力资源管理的现实困境与制度策略》，《中国行政管理》2015年第1期。

册登记的社会组织只能共享1名社会工作专业人才。[①]

社会组织的动员能力还可以表现为组织在获取资源过程中所采用的具体手段和方法。有学者认为，合作治理、项目资助、媒体动员、向捐助人致谢等都是社会组织的资源动员方式和手段。[②] 目前尚无直接数据说明社会组织的资源动员能力，据《2018 世界捐赠指数报告（World Giving Index）》[③]，中国在2018年度被调查的145个国家中，捐赠指数总排名第142名（倒数第三），其中参与服务的志愿者人数8400万人（比上一年增加1700万人），志愿者捐赠时间率为7%，排名第133名（倒数第11名）。数据从侧面反映出公众的志愿服务热情并未点燃，社会组织的社会动员能力亟待提升。

本书的调查结果显示，在资源获取能力方面，从资产规模来看，70%的组织资产总规模在30万元以下，15.6%的组织在30万—100万元，9.8%的组织在100万—500万元，500万元以上的组织只占4.5%。关于资金来源渠道，除了政府拨付外，66.7%的组织具有自筹资金的渠道，35.6%获得了社会捐助资金，29.1%的组织收取服务费。在被调查的组织中，只有1家组织勾选了所有资金来源途径，33家组织勾选了三项，102家组织勾选了2项，213家组织只选1项，有8家组织不存在上述任何一项资金来源途径。[④] 显而易见，多半的社会组织所获资金都来源于政府的外包项目，渠道单一，缺少多途径的资金筹集渠道。所调查的357个社会组织2015年平均收入123万元，大部分组织收入在30万元左右，部分组织无收入。总体来看，政府拨款和

---

① 杨炼：《社会组织参与公共服务供给的现实情境》，《重庆社会科学》2016年第3期。

② 黄诚：《民间组织何以可能？——以“青护园”介入特殊未成年人保护为例》，《社会学评论》2015年第1期。

③ 注：《2018 世界捐赠指数报告（World Giving Index）》，是由全球慈善救助基金会（CAF）每年在全球140个左右国家开展慈善捐赠调研，关注三个核心问题，即在过去一个月你是不是做过以下行为：捐钱给慈善组织？为慈善组织做志愿服务？帮助陌生人？（资料来源：ht-tps：//wwwcafonline.org/about－us/publication/）。

④ 刘春湘、兰青、郭梓焱：《社会组织活力：经验测量及其政策意义》，《江西社会科学》2019年第3期。

政府购买的收入是我国社会组织的最主要的收入来源，所占比重高达58%，服务性收入和社会捐款亦是社会组织重要的收入来源。有近三成的组织不愿答题，跟踪回访发现不愿答题的主要原因可以归为两类：一是无收入，或者收入微不足道；二是收入涉及敏感问题，不愿公开。被调查的组织超过半数没有从政府购买公共服务项目中获得任何经费，约23.5%的组织获得10万元以内的购买服务经费，大约只有25.5%的组织平均每年获得10万元以上的购买服务经费。

在社会组织专业能力方面，从员工总数来看，70.1%的组织员工总数在10人以下，24.6%的组织员工总数在11—50人，员工总人数在50人以上的只占5.3%。从员工构成来看，79.2%的组织拥有5人以下的兼职人员，其中部分组织连兼职人员都没有，14.9%的组织拥有6—15人的兼职人员，5.9%的组织兼职人员在16人以上。73%的组织全职员工在5人以下，很大一部分组织完全没有全职员工，17%的组织全职员工人数在6—15人，只有10%的组织全职员工人数在16人以上。社会组织全职人员中，拥有大学学历的占66%，45%拥有专业技术职称，拥有研究生学历和副教授以上职称的全职人员不到1%。调查结果显示，与学界研究结论相吻合，社会组织资源动员能力整体上处于较低的水平，个体社会组织间的资源动员能力离散度较高。①

（三）服务积极性较低

如果一个组织能积极提供高品质服务，并借由高品质项目动员组织所需要的资源，组织就能进入良性循环而活力状况良好。因此，参与公共服务的积极性是社会组织活力测量的重要指标。社会组织参与公共服务的积极性可以通过社会组织参与公共服务的频率、规模、程度等具体维度来测量。实际情况是怎样的呢？

社会组织参与公共服务程度方面，据2015年广州市一项问卷调查

---

① 刘春湘、兰青、郭梓焱：《社会组织活力：经验测量及其政策意义》，《江西社会科学》2019年第3期。

的结果，居民对居住地社区家庭综合服务中心非常了解和比较了解的只占20.6%，认为家庭综合服务中心提供的服务与自己需要的服务符合程度比较符合和完全符合的只占29.4%，认为所在地的社区家庭服务中心专业服务质量水平非常高和比较高的只占35.3%。

本书调查结果显示，在社会组织服务频率方面，被调查的社会组织2015年平均参与公共服务近140次，53.6%的社会组织的服务次数在10次以下，少量组织未能提供一次公共服务。27.5%的组织的服务次数在11—50次，6.8%的组织服务次数在51—100次，12.1%的组织的服务次数超过100次。在社会组织服务规模方面，29.9%的填写人表示没有承接任何项目，37.2%的组织承接了5个以下的项目，15.2%的组织承接了5—10个项目，17.7%的组织承接了10个以上的项目。从项目收入来看，2015年项目收入在10万元以下的占79.8%，7.3%的组织项目收入10万—50万元，4.2%的组织项目收入在50万—100万元，8.7%的组织项目收入在100万元以上。从参与公共服务的人数来看，社会组织的公共服务吸引了大量的志愿者参与，65.8%的组织参与公共服务的人数在1000人以内，18.6%的组织服务人数在1000—5000人，只有3.8%的组织服务人数在5000—10000人，有11.8%的组织服务人数在1万人以上。在社会组织服务程度上，对于社会组织在参与公共服务中的角色，49.7%的组织在各类公共服务中充当了活动组织者的角色，嵌入程度深，44.3%的组织确认其在公共服务中只是充当了活动的合作参与者的角色，6%的填写人选择了“其他”角色。综合统计结果显示，社会组织服务积极性整体上处于较低的水平，个体社会组织间的服务积极性离散度较高。

（四）竞争能力一般

如上所述社会组织之间的竞争力可以通过社会组织的总体规模、自主水平及社会组织的合作能力来度量。截至2018年年底，我国社会组织总量为81.7万个，总体规模不算小，但社会组织的人均拥有量还很低。我国每万人拥有已注册社会组织不足6个，而法国有110个，日本有97个，美国有52个，即使与一些第三世界国家相比也有不小的差距。① 社会组织的自主性是社会组织之间进行竞争的重要前提；② 调查结果显示，在政府与社会组织的关系的描述上，只有2.6%的填写人认为组织独立自主，不受政府干预，但是接受其监管；57.4%认为组织独立自主，不受政府干预，但是接受其指导；37.2%认为政府在监管组织的同时给予组织一定的自主权；2.8%认为政府干预组织内部事务，显然社会组织自主性不强。在社会组织合作性方面，关于社会组织与政府、企业的合作趋势，27.8%的填写人对社会组织与政府、企业的合作越来越多的观点表示非常赞同，52.4%表示赞同，17.3%表示不置可否，2.3%表示不赞同，表示很不赞同的只占0.2%。从合作方式来看，近三年来，16.8%的社会组织与政府的合作方式为政府出资购买其组织的服务；18.5%的合作形式为政府为其项目和活动提供资金；22.5%为政府提供场地、人力、技术等支持；16.7%为政府提供政策便利，如注册、免税等；与政府联合实施项目或举办活动的占21.9%；3.6%的组织选择了其他的合作形式。政府出资购买社会组织服务建立在政府承认社会组织的平等合作伙伴的基础上，因而能够反映社会组织的自主性，但显然此类合作方式占比较低。调查显示，社会组织竞争力整体上水平一般，个体社会组织间的竞争力离散度较高。

---

① 廖鸿：《我国民间非营利组织发展的机遇与挑战》，《中国民政》2005年第2期。

② 黄晓春：《非协同治理与策略性应对——社会组织自主性研究的一个理论框架》，《社会学研究》2014年第6期。

第四章

宏观制度环境对社会组织活力的影响

一 问题的提出和研究假设

（一）问题的提出

任何组织都是在一定的制度环境中生存和发展的，制度为社会中的任何个人和组织的行为提供稳定性和意义。制度环境通过规制性、规范性和文化认知性结构和活动对组织起着制约和使能作用，我国的社会组织也不例外，它们在具有中国国情的制度环境下生长。相对于微观制度环境和制度执行环境，宏观制度环境本质上是国家对社会组织的价值判断和总体制度安排。主要包括两个方面：一是国家层面对社会组织的认知、判断和态度。国家层面的这些认知、判断和态度，是国家层面关于发展社会组织大政方针、总体规划和其他行为的依据。二是国家宪法和其他法律法规对社会组织的相关制度安排。在法律上规范社会组织的合法性地位、明确与党政部门的关系边界、确定社会组织权利义务、社会组织运行的体制与机制，因而法律制度体系是社会组织活力的前提和根本保障。可以说宏观制度环境为微观制度环境和制度执行环境奠定了主基调，对社会组织的发展具有指导性和导向性。可以说，宏观制度环境决定着社会组织是否具有合法性，对社会组织的产生、运作及其活动的开展发挥着决定性的促进或抑制作用，并最终塑造着社会组织的形态、特征和在社会生活中的角色以及在国家与社会关系中的定位。由于政府对于社会组织的认知变化以及伴随着认知变化而着力进行的自上而下的制度调整具有成本低、速度快的优点，目前乃至在未来较长时期内都将是推动我国社会组织发展的至关重要的路径，因而从宏观制度环境视角探讨制度环境对社会组织活力的影响，寻求宏观层面激发社会组织活力的治理之策，对政府转移职能、向社会组织赋权增能，从而构建健康、共享共治的社会治理格局具有重要意义。

那么，中国社会组织的宏观制度环境具有怎样的基本特征？中国现时的宏观制度环境是否有助于社会组织活力的增强？中国现时的宏观制度环境是怎样影响社会组织活力的？国家层面的认知、判断、态度是如何影响社会组织活力的？总体法律制度对社会组织活力有何影响？回答这些问题才能提出优化中国现时的宏观制度环境的合理设计，进而激发中国社会组织的活力。本章希望通过回答上述问题来描绘我国社会组织宏观制度环境的真实图景，揭示宏观制度环境影响社会组织活力的机理，并提出宏观制度层面优化制度环境、激发社会组织活力的可行之策。

（二）文献梳理和现实检视

1. 文献梳理

关于政府对社会组织的认知、政社关系的把握层面，国内学者早已述及。学界普遍认为政府对社会组织发展的观念与态度的转变是促进政社合作、激发社会组织活力的基础。如关信平曾指出政府协调好政社关系是促发社会组织活力的关键。理顺政社关系，对政府来说关键是要转变观念，应放弃“高人一等”的观念，两者的关系既不是“君臣关系”“父子关系”，也不应该是“婆媳关系”，而应该是在社会治理过程中的合作伙伴关系，以及在法制框架下相互支持和相互监督的平等关系。[①] 王思斌从社会治理的角度出发，指出当下政府的态

---

① 关信平：《当前我国增强社会组织活力的制度建构与社会政策分析》，《江苏社会科学》2014 年第 3 期。

度是任由社会组织自生自灭，缺乏鼓励社会组织的政策和制度。[①] 认为要激发社会组织参与社会治理的活力，就需要政府的制度创新，包括“政府—社会”关系理念上的调整和支持社会组织实际参与民生服务和社会治理具体政策上的创新。苏曦凌通过比较发达国家政府角色差异及其对社会组织活力的影响，认为政府角色不可或缺、政府角色扮演方式必须适当。他强调政府推动是社会组织发展的主要路径，政府认可是社会组织获得感召力、公信力的基础条件。[②] 蔡禾也提到了政府观念的重要性，指出政府在观念上应认识到社会组织需要自我管理、自我教育、自我服务，但社会组织不是仅仅为了自律而存在，它一定是为了追求某种群体利益或公共利益而存在。他相信政府在观念上要认识到社会组织不是、也不可能靠国家财政投入来“养”，需要政府开放社会资金进入社会领域的大门。[③]

目前，学界基本上将社会组织的制度环境视为一个单纯的整体，未对制度环境作宏观、微观与执行环境之分。事实上，和世界上所有事物一样，社会组织的制度环境是有其自身独特结构的，其不同的结构所起的功能作用不同，需要进行解构分析。一般而言，制度文本分析主要关注制度的内涵及其体现的治理逻辑，制度执行研究则更关注制度执行者的利益和策略。两者若打破分割，实现贯通连接，则有利于对社会组织制度环境进行纵深解读和全面理解。基于中国独特的国情，我国社会组织面对的制度环境在结构上可划分为宏观制度环境、微观制度环境和制度执行环境三大组成部分，分别指涉社会组织的总体制度安排、具体制度安排和政治生态环境。应该看到，社会组织制度环境的三大组成部分相互影响、相互作用，融为一体，很难截然分开。宏观制度环境为微观制度环境和制度执行环境奠定了主基调，它

---

① 王思斌：《积极治理视角下激发社会组织活力的制度创新分析》，《贵州师范大学学报》（社会科学版）2016 年第 1 期。

② 苏曦凌：《激发社会组织活力的政府角色调整——基于国际比较的视域》，《政治学研究》2016 年第 4 期。

③ 蔡禾：《激发社会组织活力：观念、制度和能力建设》，《社会工作与管理》2014 年第 3 期。

对社会组织活力的作用往往需要经由微观制度环境和制度执行环境来实现；微观制度环境在制度环境系统中起着承上启下的作用，因为宏观方面的总体制度设计需要具体制度安排来体现，这本质上属于宏观制度设计的实施与执行；具体制度的目标能否达成，又取决于具体制度的具体执行。

梳理现有研究成果，可以窥视其对宏观制度环境的基本研判，无疑，他们对宏观制度环境的问题分析与建议为本书的探讨提供了有益的参照。康晓光、韩恒认为中国政府从利益出发对社会组织“分类控制”，对不同社会组织的控制策略因社会组织的挑战能力和所能提供的公共物品有所差别。[①] 俞可平归纳了社会组织制度环境存在的诸多问题，如宏观鼓励与微观约束、分级登记与双重管理、双重管理与多头管理、制度剩余与制度匮乏等。[②] 何增科将制度障碍概括为注册、定位、人才、资金、知识、信任、参与以及监管困境等“八大困境”[③]。王晨指出目前中国社会组织的发展主要面临三大不利性制度因素：控制型登记管理制度的阻碍、资助型税收制度的缺失、社会监督机制的不健全。这些制度上的不利因素成为中国社会组织进一步健康发展的制度“瓶颈”，认为有必要建立完备的社会组织立法体系、培育服务型登记管理制度、资助型税收制度，进一步完善社会监督机制、确立一种非营利分配性评估制度。[④] 游祥斌、刘江认为在当前中国社会组织发展的制度环境中，以双重管理为核心的社会组织管理体制，阻碍了社会组织健康、规范发展，当下中国社会组织制度环境变革亟待实现从严格控制取向的双重管理模式向扶持与规范发展并重的方向转变。[⑤] 马立、曹锦清指出在国家创新社会治理体制的战略架构下，

---

① 康晓光、韩恒：《分类控制：当前中国大陆国家与社会关系研究》，《社会学研究》2005年第6期。

② 俞可平：《中国公民社会：概念、分类与制度环境》，《中国社会科学》2006年第1期。

③ 何增科：《中国公民社会发展的制度环境影响评估》，《江苏行政学院学报》2006年第4期。

④ 王晨：《中国民间组织发展的三大不利性制度因素分析》，《社会科学》2005年第10期。

⑤ 游祥斌、刘江：《从双重管理到规范发展—中国社会组织发展的制度环境分析》，《北京行政学院学报》2013年第4期。

政府要有效激发社会组织活力，必须善于把社会组织的资源依赖转化为政策工具，既为社会组织的活力拓宽空间，又对其发展方向进行引导规范，进而实现基层社会组织既有活力又可合作的制度目标。[①] 李承伟、陈刚认为在我国社会管理体制改革的不断推进中，我国社会组织在发展中凸显出诸多制度瓶颈：分类制度不规范、管理制度不合时宜、法律制度不健全、监管制度乏力以及国际性制度缺乏。因此，从规范分类制度、变革管理制度、健全法律制度、完善监管制度以及推进制度的国际视野五方面着手，创新与完善我国民间组织制度建设，成为我们目前必须着手探索的制度路径。[②] 许小玲指出要优化社会组织环境，不仅要练好内功，还需要从顶层设计和制度层面优化社会组织生存和发展的外在环境，从立法、税收、监督管理等方面做好相关体系建设。

归纳学界研究成果发现，尽管社会组织参与公共服务和社会治理的角色得到肯定和认同，但从社会组织的宏观环境上而言，无论从政府的观念、态度还是到制度安排均存在大量的社会组织活力的约束因素。

2. 宏观制度环境的现实检视：由控制为主到控制与培育并行

本书对宏观制度环境的现实检视主要从两个方面着手：一方面，通过分析党和国家的重大会议关于社会组织的表述、总结政府高层人物的发言来判定国家层面对社会组织的认知、判断和态度。另一方面，通过法律文本、政策分析来窥探与社会组织相关的法律制度全貌，以此描绘宏观制度环境的现实。

（1）分析维度一：从表述中窥探态度

在该分析维度，本书展开了两个层面：一是通过比对分析党和国家的重大会议及文件对于社会组织的认识和判断的表述来看态度转变

---

① 马立、曹锦清：《基层社会组织生长的政策支持：基于资源依赖的视角》，《上海行政学院学报》2014 年第 6 期。

② 李承伟、陈刚：《当前我国民间组织建设中的制度瓶颈及出路》，《学习与实践》2011 年第 12 期。

的进路；二是通过政府高层的发言及在一些期刊杂志上的公开言论探寻认知的变化。两者相结合，更能接近国家层面对社会组织的认知的全貌。

首先，从党和政府对社会组织的态度和相关表述来探究国家层面的认知、判断。

党的政策是执政党高层对社会组织认知、判断和态度的集中反映，也是社会组织宏观制度环境的构成内容之一。新中国成立后，我国迅速形成高度集中的计划经济体制和政治与行政管理体制的管理格局，几乎所有的社会资源都集中于国家手中。在此种社会结构下，真正意义上的社会组织根本无法存在。[①] 改革开放后，随着市场经济体制建设步伐的加快和对外开放力度的加大，政府对社会组织的作用日益有了积极的评价。党和政府对社会组织的认知、判断和态度发生了积极的转变。

1997 年，党的十五大指出要推进政府机构改革，要按照社会主义市场经济的要求，转变政府职能，实现政企分开，培育和发展社会中介组织。党的十六大指出要支持工会、共青团和妇联依照法律和各自章程展开工作，更好地成为党联系广大人民群众的桥梁和纽带。2004 年，党的十六届四中全会提出“加强社会建设和管理，推进社会管理体制创新”，首次以中央决议的形式充分肯定了社会团体、中介组织和行业协会等在社会管理中的重要作用，突出强调了“发挥城乡基层自治组织协调利益、化解矛盾、排忧解难的作用，发挥社团、行业组织和社会中介组织提供服务、反映诉求、规范行为的作用，形成社会管理和社会服务的合力”，这彰显了对社会组织认知的转换。同年，“全国先进民间组织表彰大会”和“全国行业协会成就汇报展览会”在民政部、全国人大和全国政协联合下成功举办，凸显了政府部门关注社会组织、鼓励社会组织发展。2006 年党的十六届六中全会通过了《中共中央关于构建社会主义和谐社会若干重大问题的决定》，首次正

① 刘春湘：《非营利组织治理结构研究》，博士学位论文，中南大学，2006 年。

式提出并使用了“社会组织”的概念，文本中还使用了“健全社会组织，增强服务社会功能”的表述，并且把发展社会组织，作为推动社会管理体制创新的重要内容。党的十七大要求“健全党委领导、政府负责、社会协同、公众参与的社会管理格局”，将加强和创新社会管理以专章形式纳入“十二五”规划，由此，“党委领导、政府负责、社会协同、公众参与”成为社会管理格局的重要内涵。2012 年，党的十八大报告首次明确提出，要加快形成“政社分开、权责明确、依法自治的现代社会组织体制”，突出其在社会建设中的紧迫性。2013 年，党的十八届三中全会通过的《中共中央关于全面深化改革若干重大问题的决定》，对于社会治理实践提出的目标要求是“推进社会领域制度创新，推进基本公共服务均等化，加快形成科学有效的社会治理体制，确保社会既充满活力又和谐有序”。在社会领域创新的旗帜下，党的十八届三中全会提出了一系列具体的激发社会组织活力的措施，即“正确处理政府和社会关系，加快实施政社分开，推进社会组织明确权责、依法自治、发挥作用。适合由社会组织提供的公共服务和解决的事项，交由社会组织承担。支持和发展志愿服务组织。限期实现行业协会商会与行政机关真正脱钩，重点培育和优先发展行业协会商会类、科技类、公益慈善类、城乡社区服务类社会组织，成立时直接依法申请登记。加强对社会组织和在华境外非政府组织的管理，引导它们依法开展活动”。

在全面从严治党新战略下，社会组织的规范化发展与社会组织中党的建设工作受到党和政府高层的重视，期冀充分发挥党组织在社会组织的政治核心作用。2016 年，中共中央办公厅、国务院办公厅授权新华社公布了《关于改革社会组织管理制度促进社会组织健康有序发展的意见》（以下简称《意见》）。《意见》充分肯定了社会组织在我国经济社会发展中的重要地位和积极作用，科学阐述了推进社会组织改革发展工作的指导思想、基本原则和总体目标，明确提出了当前和今后一个时期的重要任务，即“统一登记、各司其职、协调配合、分级负责、依法监管的中国特色社会组织管理体制建立健全，社会组织法规政策更加完善，综合监管更加有效，党组织作用发挥更加明显，发展环境更加优化；政社分开、权责明确、依法自治的社会组织制度基本建立，结构合理、功能完善、竞争有序、诚信自律、充满活力的社会组织发展格局基本形成”。《意见》特别强调社会组织工作作为治国理政的重要工作，必须加强党的领导。要求从中央到地方建立社会组织工作协调机制，统筹、规划、协调、指导社会组织工作；各级党委和政府要把社会组织工作列入重要议事议程，列入绩效考核内容；地方党委和政府要建立完善研究决定社会组织工作重大事项制度，党委常委会议定期听取社会组织工作汇报；各部门党委党组要加强对本部门管理的社会组织的领导。值得指出的是，《意见》明确提出继续保留双重管理制度，除了四类可直接登记的社会组织之外，继续实行登记管理机关和业务主管单位双重负责的管理体制。指出业务主管单位要健全工作程序，完善审查标准，切实加强对社会组织名称、宗旨、业务范围、发起人和拟任负责人的把关，支持符合条件的社会组织依法成立。同时明确严格民政部门登记审查。要求民政部门会同行业管理部门及相关党建工作机构，加强对社会组织发起人、拟任负责人资格审查。对跨领域、跨行业以及业务宽泛、不易界定的社会组织，按照明确、清晰、聚焦主业的原则，加强名称审核、业务范围审定，听取利益相关方和管理部门意见。严禁社会组织之间建立垂直领导或变相垂直领导关系，严禁社会组织设立地域性分支机构。对全国性社会团体，要从成立的必要性、发起人的代表性、会员的广泛性等方面认真加以审核，业务范围相似的，要充分进行论证。活动地域跨省（自治区、直辖市）的社会组织比照全国性社会组织从严审批。同时强调加强对社会组织的监督和管理。《意见》是党的十八大以来，党中央、国务院对社会组织改革发展做出的重大决策部署，是指导当前和今后一个时期我国社会组织工作的纲领性文件。2019 年，党的十九大报告先后五次提到了社会组织，强调打造共建、共治、共享的社会治理格局，指出加强社区治理体系建设，推动社会治理重心向基层下移，发挥社会组织作用，实现政府治理和社会调节、居民自治良性互动，此外还指出社会组织在环境治理和协商民主等方面的重要作用。

显然，国家层面的重要会议及其文件对社会组织的不同表述反映了国家层面对社会组织态度的演变轨迹，大力发展社会组织作为重要的治国战略在近十年的时间中逐步清晰和明确起来，体现了党和国家大政方针上对社会组织尤其是公益慈善类社会组织持总体上鼓励、支持、宽容的态度。但不得不说，尽管对社会组织的态度已不再是全面控制，“管控”逻辑依然渗透在诸多文件的表述中，对社会组织实施分类区别对待的态度愈加明显，且在积极培育社会组织发展的同时，亦对社会组织进行管理与控制。

其次，政府高层、社会组织相关部门负责人通过公开发言以及在相关杂志公开发表的文章中亦能展露出其对社会组织的认识、判断和态度。通过网络搜索查询“社会组织”关键词和查阅相关网站的方法，收集到关于“社会组织”领导讲话从 2007 年至 2019 年共 44 篇，其中 24 篇来自中国社会组织网，4 篇来自人民网，3 篇来自中国新闻网，2 篇来自党建网，2 篇来自凤凰网，2 篇来自中国文明网，2 篇来自新华网，1 篇来自中国网，1 篇来自民政部门门户网站，1 篇来自中国政府网，1 篇来自安徽社会组织信息网，1 篇来自界面新闻网（见附录二）。

从收集和整理的发言来看，涉及社会组织的主体地位与作用、社会组织管理体制、社会组织的扶持与规范、社会组织治理结构与内部管理等多个话题。发言显示，21 世纪，党和政府逐步重视社会组织的发展，强调其重要作用。同时，党和政府领导人也能根据时代的变化发展不断转变思路，提出在不同时期社会组织培育和发展的新目标。但发言也显示，党和政府对社会组织的认同主要体现对政府需要发展的部分社会组织的认同，此外，在提及积极培育社会组织的同时，更多地强调加强管控、总量控制、社会组织党的建设与牢抓“关键少数（负责人）”。以下是近三年最具典型性的发言选摘。

2017 年 1 月，财政部、民政部有关负责人就《关于通过政府购买服务支持社会组织培育发展的指导意见》（以下简称《指导意见》）接受了记者采访，强调政府推进社会组织购买服务工作和促进社会组织健康有序发展。提升社会组织能力和专业化水平，加快转变政府职能，创新社会治理体制，切实改善公共服务供给。在谈及政府购买服务支持社会组织培育发展的总体要求时，明确表示，要正确处理政府和社会的关系，为社会组织发展创造良好环境，特别提出要注重分类指导，区分社会组织功能类别、发展程度，结合政府购买服务需求，因地制宜，分类施策。2017 年 1 月 1 日，民政部社会组织管理局局长詹成付发表的《走中国特色的社会组织发展之路》一文，很大程度上体现了政府高层的态度，他认为有中国特色的社会组织发展之路必须坚持中国共产党的领导，必须坚持非营利性和非行政性，各社会组织之间彼此独立，无上下隶属或指导关系。社会组织发挥服务功能、依法自治需要：一是建立健全法人治理结构；二是在社会组织中建立党组织；三是建立健全一套日常从业人员录用培训、薪酬待遇、财务管理、项目运作、会费管理、廉洁自律等规章制度，并严格执行；四是支持和发展社会组织自律联盟。自律联盟通过制定行为规则、评估标准、声誉管理等形式来规范成员的行为。他强调必须坚持“两手抓”，即一手抓积极引导发展，一手抓严格依法管理，在思想路线和工作方法上必须坚持尊重实践、有序推进。2018 年 11 月 12 日，中央政法委书记郭声琨提出，要打破基层社会治理“自上而下”的线型治理模式，健全市场主体、社会力量广泛参与的网状治理模式，合理界定政府、市场、社会的职能作用，充分释放微主体的大能量。郭声琨要求，要总结一些地方做法，加强社会组织孵化基地建设，注重“增能”“赋权”，重点扶持发展城乡基层生活服务类、公益事业类、慈善互助类、专业调处类社会组织，更好发挥它们在维护公共利益、救助困难群众、化解矛盾纠纷、维护社会稳定中的重要作用。2019 年 8 月 13 日，民政部黄树贤部长在《机关党建研究》发表署名文章，提到要提升社区治理与服务能力，引导社会组织为群众提供便捷多样的服务并加强监管，大力发展慈善事业、社会工作和志愿服务。

从整理的部分党和政府部门负责人发言中不难看出，在运用“增能”和“赋权”的手段来培育社会组织、助力推动社会组织发展的同时，发言中不乏强调“稳定”，要通过加强监管的方式将社会组织的发展纳入可控制范围之内，字里行间透露着对社会组织的不信任色彩。

（2）分析维度二：社会组织之法律制度概览

①宪法为社会组织的活力奠定了合法性空间，但尚存在一定的不确定性。

我国《宪法》第35条规定公民有结社自由。基于结社自由的权利，公民能够按照法律结成或参加某种社团或组织。这无疑为社会组织的生存和发展，亦即为社会组织的磅礴活力奠定了合法性空间。但争取完全实现宪法上的结社自由，营造社会组织发展的适宜环境，仍然是一个艰巨的任务。因为本应与宪法相适应的保障结社权利的具体法律制度不到位，便不可能充分保障公民权利。[①] 结社自由权利，主要包括以下三个内容：第一，结社自由作为一项自由权，其实质上既是一项积极权利，又是一项消极权利。作为积极权利，结社自由是指公民基于某种原因或出于某种目的，与具有相似想法的人建立一个社团，或加入一个现存社团的权利。作为一种消极权利，结社自由是指公民不加入某一社团或退出某一社团的权利。第二，结社自由是一项个体性权利，也是一项集体性权利。作为个体性权利，结社自由是指作为公民个人自愿参加或者退出社团的权利。结社自由也是一项集体性权利，即一个现存的社团为追求成员的共同利益，实现社团的宗旨而自由开展活动的权利。第三，结社自由既是一项公民权利，也是一项政治权利。可见，结社权利涉及社会组织与国家的关系，两者的关系在现实中通过社会组织与国家机关的互动来体现。[②] 这种互动关系主要是监督与被监督而不完全是管理与被管理的关系。政府有必要通过法律法规、行政规章等手段监督社会组织的各种行为，因为任何组织都不可能完全通过自身的管理实现良性的组织发展，缺乏外部的监

① 盖威：《市民社会视角的中国社团立法研究》，博士学位论文，复旦大学，2010年。

② 刘旺洪：《国家与社会：法哲学研究范式的批判与重建》，《法学研究》2002年第6期。

督必然会因其自利性行为而触犯规则。①

政府对社会组织的监督是必要的，问题是在哪些方面监督、怎么监督、是否是建立在肯定社会组织独立性前提下的监督。法律对社团的管理规定应符合宪政精神，宪政精神应在社会组织有关法律中贯穿始终。权利平等、民主公正应是社会组织立法中需注意的原则。要实现对社会组织的监督与管理，合理的路径是法律法规对社会组织的管理，而非国家越过法律的直接管理。环顾我国社会组织发展的境况，与国家现代化快速发展不相适应的社会组织独立性弱的问题仍没有解决，并成为社会组织谋求更长远、更稳健发展的桎梏。组织的独立性是组织独立承担社会责任的前提，直接影响着组织的生存和发展状况，影响着社会组织的活力。

②社会组织法律体系已经成型，但体系欠完善。

第一，基本法阙如。1989 年民政部受国务院委托正式颁布《社会团体登记管理条例》，1998 年又对该条例进行了修订。此后，国务院相继颁布了《民办非企业单位登记管理暂行条例》（1998 年）、《基金会管理办法》（1998 年）、《外国商会管理暂行规定》（1989 年）。2004 年，国务院又颁布了《基金会管理条例》，至此，社会组织的基本法律框架已经构建。2016 年出台并实施的《慈善法》是慈善领域的元政策，夯实了慈善领域的制度基础。慈善法对慈善活动进行明确界定，同时在规范慈善组织设立运营、慈善财产来源和使用、开展慈善服务、促进慈善事业发展等方面做出规定，推进了中国慈善法治和公益法治的进程。应该看到慈善法是社会组织立法推进陷入困境时一种局部突破的政策策略选择，未来一段时间内将在一定意义上起到社会组织法的替代作用。此外，还存在涉及社会组织条款的一般性法律和专门性法律，如 2017 年颁布了《中华人民共和国民法总则》，指出非营利法人包括事业单位、社会团体、基金会、社会服务机构等，非营利法人第一次获得正名。再如 2020 年颁布的《中华人民共和国民法典》（简

① 刘春湘：《非营利组织治理结构研究》，中南大学出版社 2007 年版，第 25—50 页。

称《民法典》），对非营利法人、事业单位法人、社会团体法人、捐助法人等进行了明确的定义，并对其权利进行了清晰的界定，又如《中华人民共和国合同法》《中华人民共和国个人所得税法》等规定了捐赠以及与之相关的税额缴纳问题。还有法律对某类特殊的社会组织在相关事务中应当享有的权利和需要承担的职责等做出了相应的规定，例如，《律师法》《工会法》《中华人民共和国红十字会法》等专门性法律。最后，还存在海量政府部门颁发的部门规章以及地方政府颁布的地方性法规和文件。（见附录一）以上相关法律构成了社会组织的庞大而远非完备的法律体系，但根本的问题在于其体系基本上属于行政法，缺乏一部基本法。

第二，法律体系的缺陷表现。首先，法律位阶低。慈善法的出台虽使社会组织领域有了第一部基础性和综合性法律，但它覆盖的范围毕竟有限。当前涉及社会组织的立法基本上是国务院颁布的行政法规、各部委的部门规章以及地方性法规和文件，权威性不足，约束力不强。[①] 其次，碎片化特征明显。相关法律缺乏整体设计，较为零散，缺乏系统性。[②] 三大条例与慈善法存在诸多不一致和冲突之处，其他相关法规的碎片化更为明显。以社会组织淘汰制的法律规范为例，不同法律规范对于退出的具体规定存在明显差别，相关规定与《行政许可法》《行政强制法》《民办教育促进法》等相关法律衔接不畅，引发了登记管理机关执法实务的诸多困惑。[③] 再次，立法内容缺失，缺乏可操作性。社会组织基本法律框架的原则性规定多，相应的配套法规和制度少，可操作性低，制度实施难。众所周知，获得相应的法律主体资格，只是社会组织为实现使命而开展活动的前提与基础。我国相关法律在规范内容上，行政管理的程序性规定占据了社会组织法律的绝大部分，而且现有对社会组织的监督管理重社会和政治行为而疏于

① 刘春湘：《基于约束条件的非政府组织监管协同研究》，《湖湘论坛》2019 年第 4 期。

② 周红云：《中国社会组织管理体制改革：基于治理与善治的视角》，《马克思主义与现实》2010 年第 5 期。

③ 赵风、李放：《社会公益组织退出机制研究》，《江海学刊》2016 年第 3 期。

经济和财务规制，缺乏对社会组织的内部治理机构及议事程序等具有共性的一般事务的规定。如现有的社会组织立法对许多诸如一般性机构（成员大会、成员代表、理事会等）、会员/职员的权利和义务、法定代表人的权利和义务、组织终止或撤销时的清算问题等没有做出规定，这为社会组织内部矛盾的产生留下了隐患，不利于社会组织的健康发展。又如按照现行法规，我国社会组织管理制度对登记管理机关和业务主管单位的监督管理职责进行了界定，对社会组织登记、年检、重大活动报批、法定代表人的任职资格等作了规定。但由于法规只规定了业务主管单位的职责，并未规定政府部门必须担任相应业务社会组织的主管部门，也未对业务主管单位不履行职责、疏于管理的具体法律责任做出规定，因而在实践中，一方面，大多数具备法定资格的党政部门不愿成为社会组织的业务主管单位，另一方面，即使担任了某些社会组织的业务主管单位后，也不履行实际职责，这就使得大量未经合法登记的社会组织实际存在，而且对那些经过正式登记的社会组织，也无法有效实施监督管理。现行的条例虽然规定了管理机关对社会组织违法、违章的处罚，但对如何操作、社会组织拒不接受处罚如何处理等问题未作具体规定，使执法工作难以落实。最后，立法空白。尽管相关法律在不断完善，但仍不乏空白之处。例如，对社会组织行为的监管需要强化税收管理，以真正摆脱我国社会组织监管的控制性特征，而这方面的专门立法却阙如，未能形成统一、完善的社会组织税收制度。相关规定分散在各个法律、法规和部门规章当中。涉及社会组织税收的法律法规主要有所得税方面的《企业所得税暂行条例》及其《实施细则》《关于非营利性科研机构税收政策的通知》，商品税方面的《中华人民共和国营业税暂行条例》及其《实施细则》，财产税方面的《房产税暂行条例》《城市房地产税暂行条例》《车辆使用税暂行条例》等。尽管税法中有关社会组织的税收政策规定较多，但基本上都没有特定国内税法或税法条款来规范各种社会组织的税收政策和税收管理。目前我国社会组织的发展还不够成熟和规范，社会组织的种类多，分类和管理也不规范。我国的有关法律法规都明确规定社会组织不能从事营利性的业务。事实上，许多社会组织都在从事着各种各样的营利性活动。

在教育领域，政府为了扶持教育事业的发展，甚至鼓励民间资本投资于教育事业并取得相应的回报。尽管政府一直强调这些组织仍为社会组织，但投资者拥有所有权、可以取得收益等这些规定，已经使得这些社会组织不再具备非营利的基本特征。另外，在医疗、文化和科技等领域，不少单位本身已经具备了较强的盈利能力，它们甚至都直接采取了企业的组织形式，称为营利性的企业单位。这些情形不仅混淆了社会对社会组织的看法，还影响社会向一些真正的公益慈善类社会组织的捐赠和支持，从而阻碍了社会组织的发展。同时，如果让这些营利组织享受社会组织的税收优惠政策，也会对其他相关企业产生一定的冲击，不利于建立公平、公正的经济环境。所以，相关法律的模糊性，没有严格界定社会组织的边界，已经使得相关的税收政策不能充分发挥支持社会组织发展的作用。此外，还存在一些阻碍向公益慈善类社会组织捐赠的税制性因素。企业和个人对慈善类社会组织的捐赠应当是慈善组织重要的资金源，也应该是影响社会组织发展的重要因素，中国目前还没有形成系统的鼓励企业和个人捐赠的税收制度。慈善法的实施将大大改善社会组织捐赠法律环境，但仍需出台配套措施才能确保慈善法的规定落到实处，慈善法里面规定的一些严格性的慈善优惠政策需要和税法之间进行有效衔接。此外，我国尚未开征遗产税，这种税制的缺位在现实中不利于鼓励社会向社会组织捐赠。

（三）研究假设

上文的现实检视和文献梳理都反映出宏观制度环境对社会组织活力产生至关重要的影响，前述第二章已经将社会组织的活力操作化为社会认同度、服务积极性、资源动员能力和组织之间的竞争力，其中社会认同度通过政府认同、社会认同和服务对象认同三个层面体现，服务积极性通过服务频率、服务规模以及服务程度三个层面体现，资源动员能力操作化为专业能力和资源获取能力两个层次衡量，社会组织之间的竞争力主要体现为吸纳资源和提供公共产品和服务两个次级指标。[①] 宏观制度环境产生的影响贯穿于社会组织活力的各个方面，根据前述理论分析，本书提出假设。

HA：宏观制度环境对社会组织活力存在显著正向影响

本书的总假设是宏观制度环境越好，社会组织活力越高，反之，宏观制度环境越差，社会组织活力越低。由于社会组织活力是由社会认同度、服务积极性、资源动员能力以及组织间竞争力四个方面构成，因此进一步提出四个分假设。

HA1：宏观制度环境对社会组织社会认同度存在显著正向影响

该假设即宏观制度环境越好，社会组织的社会认同度越高；反之，宏观制度环境越差，社会组织的社会认同度越低。由于宏观制度环境包括国家层面的认知、判断与态度以及法律制度两个层面，因此 HA1 包含两个分假设：

HA1—1：国家层面的认知、判断与态度对社会组织认同度存在显著正向影响

HA1—2：法律制度对社会组织认同度存在显著正向影响

HA2：宏观制度环境对社会组织服务积极性存在显著正向影响

宏观制度环境越好，社会组织的服务积极性越高；反之，宏观制度环境越差，社会组织的服务积极性越低。由于宏观制度环境包括国家层面的认知、判断与态度以及法律制度两个层面，因此 HA2 包含两个分假设：

HA2—1：国家层面的认知、判断、态度对社会组织服务积极性存在显著正向影响

HA2—2：法律制度对社会组织服务积极性存在显著正向影响

HA3：宏观制度环境对社会组织资源动员能力存在显著正向影响

宏观制度环境越好，社会组织的资源动员能力越强；反之，宏观

---

① 刘春湘、兰青、郭梓焱：《社会组织活力：经验测量及其政策意义》，《江西社会科学》2019 年第 3 期。

制度环境越差，社会组织的资源动员能力越弱。由于宏观制度环境包括国家层面的认知、判断与态度以及法律制度两个层面，因此 HA3 包含两个分假设：

HA3—1：国家层面的认知、判断、态度对社会组织资源动员能力存在显著正向影响

HA3—2：法律制度对社会组织资源动员能力存在显著正向影响

HA4：宏观制度环境对社会组织间的竞争力存在显著正向影响

宏观制度环境越好，社会组织间的竞争力越大；反之，宏观制度环境越差，社会组织间的竞争力越小。由于宏观制度环境包括国家层面的认知、判断与态度以及法律制度两个层面，因此 HA4 包含两个分假设：

HA4—1：国家层面的认知、判断、态度对社会组织间的竞争力存在显著正向影响

HA4—2：法律制度对社会组织间的竞争力存在显著正向影响

二　研究设计

（一）构建研究模型

通过文献查阅、对社会组织实地访谈、专家咨询及逻辑推演等方法，本书认为宏观制度环境可以归纳为两个维度，即国家层面的认知、判断与态度以及法律制度。此两个维度对社会组织社会认同度、服务积极性、资源动员能力以及组织之间的竞争力具有正向影响效应。[①]根据研究假设，本书构建的宏观制度环境影响社会组织活力的理论模型如图 4—1 所示。

本书分别将社会组织活力记为 Y，宏观制度环境记为 X，社会认同度、服务积极性、资源动员能力和竞争力分别记为 y_1、y_2、y_3和 y_4，国家层面的认知、判断与态度和法律制度分别记为 x_1和 x_2。本书的研究模型如下所示：

① 刘春湘：《基于约束条件的非政府组织监管协同研究》，《湖湘论坛》2019 年第 4 期。

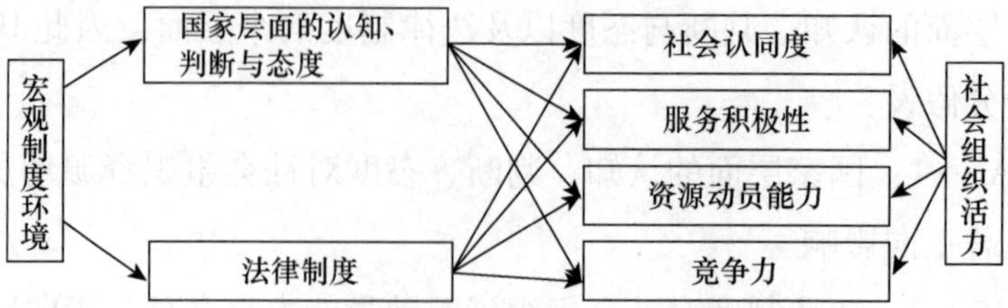

图4—1　宏观制度环境影响社会组织活力模型

$$Y = \alpha_1 y_1 + \alpha_2 y_2 + \alpha_3 y_3 + \alpha_4 y_4 \quad (1)$$

$$X = \beta_1 x_1 + \beta_2 x_2 \quad (2)$$

$$Y = \lambda X + \varepsilon \quad (3)$$

其中，α,β,λ 分别为相应因素的系数。关于 α,β 系数的确认，本书采用层次分析法（Analytic Hierarchy Process），即根据 AHP 法的计算步骤进行运算。

（1）计算 α

根据 AHP 法的计算步骤进行运算。

构造判断矩阵。

综合国内外多个学者的研究结果，社会组织认同度、服务积极性、资源动员能力和组织之间的竞争力都从不同层面上反映了社会组织的活力程度。① 社会组织的服务积极性反映了社会组织的服务意愿，资源动员能力展现了社会组织的能力水准，而社会认同度则是代表了一个社会组织所受到的公众认可，是从结果导向反映一个社会组织的优劣，因此可以识别出在社会组织的活力要素中，社会组织认同度的重要性是最高的。紧接着是社会组织的服务积极性，一个社会组织活跃与否主要看的是组织主观上的态度，如果一个组织连参加社会服务的积极性都没有，就更不用提及该组织的活力水平，相比之下组织之间的竞争力以及资源动员能力反映的是一个组织与

---

① 刘春湘：《基于约束条件的非政府组织监管协同研究》，《湖湘论坛》2019 年第 4 期。

外界的关系以及通过与外界的联系调动资源的能力，对于社会组织活力的重要性最小，因此在社会组织活力各要素的重要性程度方面，应为社会组织认同度 > 服务积极性 > 资源动员能力 = 竞争力，其相对重要程度如表 4—1 所示。

表 4—1　　　　判断矩阵

Ck	y_1	y_2	y_3	y_4
y_1	1	3	5	5
y_2	1/3	1	3	3
y_3	1/5	1/3	1	1
y_4	1/5	1/3	1	1

资料来源：作者根据相关数据整理。

由此，构建社会组织认同度、服务积极性、资源动员能力、竞争力四者之间的判断矩阵为

$$A = \begin{bmatrix} 1 & 3 & 5 & 5 \\ EQ \backslash\ F(1,3) & 1 & 3 & 3 \\ EQ \backslash\ F(1,5) & EQ \backslash\ F(1,3) & 1 & 1 \\ EQ \backslash\ F(1,5) & EQ \backslash\ F(1,3) & 1 & 1 \end{bmatrix}$$

$$\text{列向量归一化处理}\ A = \begin{bmatrix} 0.577 & 0.643 & 0.500 & 0.500 \\ 0.192 & 0.214 & 0.300 & 0.300 \\ 0.115 & 0.071 & 0.100 & 0.100 \\ 0.115 & 0.071 & 0.100 & 0.100 \end{bmatrix}$$

则

$$\bar{W}_1 = \sum_{i=1}^{n} \bar{b}_{ij} = 0.577 + 0.643 + 0.500 + 0.500 = 2.220,$$

$$\bar{W}_2 = 0.192 + 0.214 + 0.300 + 0.300 = 1.007,$$

$$\bar{W}_3 = 0.115 + 0.071 + 0.100 + 0.100 = 0.387,$$

$$\bar{W}_4 = 0.115 + 0.071 + 0.100 + 0.100 = 0.387,$$

将向量 $\bar{W}=\begin{bmatrix}2.220\\1.007\\0.387\\0.387\end{bmatrix}$ 进行归一化处理，则所求特征向量为 $W=\begin{bmatrix}0.555\\0.252\\0.097\\0.097\end{bmatrix}$，其最大特征值 $\lambda_{max}=\sum_{i=1}^{n}\frac{(AW)_i}{nW_i}=\frac{2.277}{4\times0.555}+\frac{1.017}{4\times0.252}+\frac{0.388}{4\times0.097}+\frac{0.388}{4\times0.097}=4.04$。

根据 AHP 的算法，一致性指标 $CI=\frac{\lambda_{max}-n}{n-1}=\frac{4.04-4}{4-1}=0.013$，通过查找平均随机一致性指标 RI 标准值（见表 4—2），当 $n=4$ 时，$RI=0.90$，则一致性比例 $CR=\frac{CI}{RI}=\frac{0.013}{0.90}=0.015$，此时 $CR=0.015<0.1$，则该矩阵通过一致性检验，因此社会组织社会认同度 y_1、服务积极性 y_2、资源动员能力 y_3 和组织之间竞争力 y_4 的系数分别为 $\alpha_1=0.555$，$\alpha_2=0.252,\alpha_3=0.097,\alpha_4=0.097$，即 $Y=0.555y_1+0.252y_2+0.097y_3+0.097y_4$。

表 4—2　　平均随机一致性指标 *RI* 标准值

矩阵阶数	1	2	3	4	5	6	7	8	9	10
RI	0	0	0.58	0.90	1.12	1.24	1.32	1.41	1.45	1.49

（2）计算 β

基于已有研究，本书将宏观制度环境分解为国家层面的认知、判断与态度和法律制度，根据众多学者的研究以及逻辑推导，国家层面的认知、判断态度和法律制度对于宏观制度环境同样重要，故认为二者权重相同，在此可认为 $\beta_1=\beta_2=0.5$，故，$X=0.5(x_1+x_2)$。

（二）变量定义

1. 宏观制度环境的维度及其操作化路径

宏观制度环境是本书的自变量，根据第二章关于宏观制度环境的定义将其操作化为国家层面的认知、判断与态度以及法律制度两个二级指标，其中，国家层面的认知、判断与态度不仅体现在党和国家对社会组织的重视和支持程度，也必然潜移默化地反映在主流价值观对待社会组织的态度上。法律制度是社会组织健康发展的根本保障，法律完善的程度在很大程度上表征宏观制度环境的状态。法律完善程度首先可以通过立法体系的完善性来考察；其次，社会组织的设立与运营需要适宜的土壤和稳定的法律环境，如果社会组织经常需要应对法律法规的变化，它们便无法形成对社会组织的稳定预期，这将降低设立社会组织和发展社会组织的积极性。社会组织制度环境的变化能够被社会组织感知，如果社会组织越能感受到制度的支持和鼓励，宏观制度环境就越好，就越能激发社会组织活力，反之亦然。基于上述分析，本书将宏观制度环境做了如下操作化定义，如表4—3所示。

表4—3　　自变量（宏观制度环境）操作化表

<table>
<tr><th>一级指标</th><th>二级指标</th><th>问题</th><th>操作化说明</th></tr>
<tr><td rowspan="3">宏观制度环境</td><td rowspan="3">国家层面认知、判断与态度</td><td>近几年来，社会组织生存和发展的制度环境逐渐优化</td><td>1. 非常赞成（5分）；2. 赞成（4分）；3. 一般（3分）；4. 不赞成（2分）；5. 很不赞成（1分）</td></tr>
<tr><td>党和国家对社会组织的发展高度重视</td><td>1. 非常赞成（5分）；2. 赞成（4分）；3. 一般（3分）；4. 不赞成（2分）；5. 很不赞成（1分）</td></tr>
<tr><td>党和国家支持社会组织的发展</td><td>1. 非常赞成（5分）；2. 赞成（4分）；3. 一般（3分）；4. 不赞成（2分）；5. 很不赞成（1分）</td></tr>
</table>

续表

一级指标	二级指标	问题	操作化说明
宏观制度环境	法律制度	国家关于社会组织立法完善	1. 非常赞成（5分）；2. 赞成（4分）；3. 一般（3分）；4. 不赞成（2分）；5. 很不赞成（1分）
		社会组织需要经常应对法律法规的变化（此项反向计分）	1. 非常赞成（1分）；2. 赞成（2分）；3. 一般（3分）；4. 不赞成（4分）；5. 很不赞成（5分）

2. 因变量社会组织活力的要素及其操作化

基于前述第二章关于社会组织活力的界定和要素分析，本书将社会组织活力操作化为社会认同度、服务积极性、资源动员能力和竞争力四个二级指标，其中社会认同度操作化为政府认同、社会认同和服务对象认同三个次级指标，服务积极性操作化为服务规模、服务频率以及服务程度三个次级指标，资源动员能力操作化为资源获取能力和专业能力两个次级指标，竞争力操作化为自主性和合作力两个次级指标，如表4—4所示。社会组织若在以上方面越突出，就表明社会组织越具有活力，反之则表明社会组织越缺乏活力。

表4—4　　因变量（社会组织活力）测量的指标及概念操作化

二级指标	三级指标	问题	操作化说明
社会认同度	政府认同	在参与政府政策制定与执行的能力与程度方面表现如何	1. 非常好（5分）；2. 比较好（4分）；3. 一般（3分）；4. 不好（2分）；5. 很不好（1分）
		向政府提出的政策建议	1. 基本上都采纳（4分）；2. 部分被采纳（3分）；3. 基本上不被采纳（2分）；4. 没提出过政策建议（1分）

续表

二级指标	三级指标	问题	操作化说明
社会认同度	社会认同	当下社会公众对社会组织的活动主要持什么态度	1. 支持，且积极参与（4分）；2. 支持，但参与较少（3分）；3. 无所谓（2分）；4. 不理解，反对（1分）
		社会组织的合法性地位	1—5分，分值越高，评价越高
		社会组织的使命感	1—5分，分值越高，评价越高
		社会组织的公信力	1—5分，分值越高，评价越高
		社会组织的诚信度	1—5分，分值越高，评价越高
		社会组织的服务能力	1—5分，分值越高，评价越高
		社会组织工作人员的职业道德	1—5分，分值越高，评价越高
	服务对象认同	社会组织得到了更多人的信任和理解	1. 非常赞同（5分）；2. 赞同（4分）；3. 一般（3分）；4. 不赞同（2分）；5. 很不赞同（1分）
		社会组织会被越来越多的人接受	1. 非常赞同（5分）；2. 赞同（4分）；3. 一般（3分）；4. 不赞同（2分）；5. 很不赞同（1分）
服务积极性	服务规模	2015年度承接各类项目个数	1.0个（1分）；2.1—4个（2分）；3.5—10个（3分）；4.10个以上（4分）
		项目总收入共计多少万元	1.0—10万元（1分）；2.10万—50万元（2分）；3.50万—100万元（3分）；4.100万元以上（4分）
		参与公共服务的人数	1.0—1000人（1分）；2.1000—5000人（2分）；3.5000—10000人（3分）；4.10000人以上（4分）
	服务频率	2015年度参与公共服务次数	1.0—10次（1分）；2.10—50次（2分）；3.50—100次（3分）；4.100次以上（4分）
	服务程度	在参与的各类公共服务活动中的角色	1. 其他（1分）；2. 活动的合作参与者（3分）；3. 活动的组织者（5分）

续表

二级指标	三级指标	问题	操作化说明
资源动员能力	资源获取能力	组织的资产规模	1. 30万元以下（1分）；2. 30万—100万元（2分）；3. 100万—500万元（3分）；4. 500万元以上（4分）
		2015年度总收入	1. 20万元以下（1分）；2. 20万—50万元（2分）；3. 50万—100万元（3分）；4. 100万元以上（4分）
		从政府购买公共服务项目中获得多少服务经费	1. 0元（1分）；2. 0—10万元（2分）；3. 10万—50万元（3分）；4. 50万—100万元（4分）；5. 100万—1000万元（5分）；6. 1000万元以上（6分）
		除了政府拨付外，组织还有哪些资金来源渠道	1. 自筹资金；2. 社会捐助；3. 收取服务费；4. 其他（每填写1项得1分）
	专业能力	组织员工的专业能力	全职人员、兼职人员、大学学历、研究生学历、专业技术职称、副高级职称（有1项得1分）
竞争力	自主性	是否根据制度环境的变化调整组织战略、项目、人员配置等	1. 否（0分）；2. 是（1分）
		社会组织的独立自主性越来越强	1. 非常赞同（5分）；2. 赞同（4分）；3. 一般（3分）；4. 不赞同（2分）；5. 很不赞同（1分）
		与政府的关系是怎样的	1. 政府干预组织内部事务（1分）；2. 政府在监管组织的同时给予组织一定的自主权（2分）；3. 组织独立自主，不受政府干预，但是接受其指导（3分）；4. 组织独立自主，不受政府干预，但是接受其监管（4分）

续表

二级指标	三级指标	问题	操作化说明
竞争力	合作力	与政府的合作形式	1. 政府提供政策便利，如注册、免税等（1分）；2. 政府提供场地、人力、技术等方面支持（2分）；3. 联合实施项目或举办活动（3分）；4. 政府为组织项目和活动提供资金（4分）；5. 政府出资购买组织服务（5分）
		与政府、企业的合作越来越多	1. 非常赞同（5分）；2. 赞同（4分）；3. 一般（3分）；4. 不赞同（2分）；5. 很不赞同（1分）

3. 宏观制度环境影响社会组织活力的控制变量

为了更好地研究自变量对于因变量的影响，本书设置了如下控制变量。

一是组织资产规模。组织的资产规模在一定程度上表征着组织开展活动的能力大小，影响组织的生存与发展。相比之下，组织规模较大的组织能提供的服务、对社会产生的影响力以及受认可程度越大，能在业内获得更多的话语权。同时，规模大的组织还能凭借其较强能力和政府、企业进行合作，进而获得更大的竞争优势。因此，设置组织资产规模为控制变量来控制其影响。

二是组织收支状况。组织收支状况通过总收入和总支出规模反映，体现的是组织的经济实力。社会组织和其他组织一样，需要有资金来维持组织的运营，同时又要为组织的人员、业务活动支出必要经费。如果一个社会组织在发展过程中收入大于支出，即该社会组织发展良好，与之相反，持续亏损的组织呈现的就是衰退、败落之势。收支情况不同，社会组织活力情况也会不同。因此，本书将社会组织收支状况作为又一控制变量。

三是组织员工数量。员工的多少决定着组织所能承担的项目的大小、频率和服务质量。很明显，社会组织中员工数量越多，将会更有精力进行丰富、大规模活动安排以及同时推进各项工作，而社会组织员工较少时情况则恰恰相反。组织员工数量的多少将会影响社会组织的发展，故将其设置为第三个控制变量。

（三）数据来源

数据来源于2015年6月至2017年2月历时20个月的国家社科基金一般项目“优化制度环境与激发社会组织活力”的问卷调查的基本情况、制度环境和制度期望中的宏观制度环境部分和社会组织活力部分。问卷由社会组织高级管理层（执行长、秘书长或总干事）填写。

2015年6月初至2015年9月，在参考已有文献和实地调研的基础上，提出了框架完整的研究方案，并完成了问卷初稿。2015年9月至2016年4月问卷初步设计完毕后，进行了预调查检验，通过被调查人的描述，对问卷的题项进行了修改和调整。接着运用专家咨询法，得到学界和业界专家的批评指正，被邀请对问卷进行评价和指正的专家包括社会组织主管部门公务员、社会组织领导人、社会组织研究领域专家，专家访谈共计25次。通过访谈对调查问卷进行了进一步修改，对题量、题项措辞、题项归类进行调整，最终确定了本书的调查问卷，并完成了问卷填写说明书，确保每个题项所要说明的问题都能被填写人员准确无误地理解。此外，问卷还考虑了以下问题：一是考虑作为问卷填写人的部分社会组织高层管理者年龄偏大，因此派遣调研员协助完成问卷；二是注重时效性，本问卷所涉及的问题都是社会组织最近3年的基本情况；三是打消填写人的顾虑，调研结果除非得到允许，仅用于分析总体情况，不涉及个体社会组织的具体信息；四是为了保证数据的客观真实性，本书对部分填写人进行了积极跟踪与沟通。

本书分别在中国东部、中部和西部选取广东、湖南和青海三省，并在每个省选取三个市（广东：广州、东莞、肇庆；湖南：长沙、湘潭、邵阳；青海：西宁、格尔木、海东）的社会组织作为研究对象。通过民政局提供以及在网络上公布的社会组织名录，与各社会组织负责人进行电话联系约定访谈时间进行深度访谈以及问卷调查。为确保问卷的有效率和回收率，问卷调查和访谈同时进行，且访谈内容围绕问卷内容，并当场回收已填写完毕的问卷。该项调查共发放问卷 450 份，回收 357 份，回收率 79.3%；最后获得有效问卷 357 份，有效回收率 79.3%。图 4—2 列举了本项调查中组织样本情况。

由表可得，在被调查的 357 家社会组织当中公益慈善类组织最多，所占比例为 49.0%，城乡社区组织占 30.3%。在资产规模方面，30 万元以下的社会组织有 250 家，占 70%，30 万—100 万元的组织为 56 家，占比为 15.7%，100 万—500 万元的组织有 35 家，占比 9.8%，另外还有 16 家资产 500 万元以上的大型社会组织，占比 4.5%。根据调查数据可以发现大部分社会组织为资产规模 30 万元以下的小型社会组织，且主要为公益慈善类组织。

表 4—5　　样本基本情况

省	市	频率		百分比（%）		组织种类	频率	百分比（%）	资产规模（元）	频率	百分比（%）
湖南省	长沙市	43	100	12	28	公益慈善类	175	49	30 万以下	250	70
	湘潭市	30		8.4							
	邵阳市	27		7.6					30 万—100 万	56	15.7
广东省	广州市	48	108	13.4	30.3	城乡社区服务类	108	30.3			
	肇庆市	28		7.8					100 万—500 万	35	9.8
	东莞市	32		9							
青海省	西宁市	99	149	27.7	41.7	其他	74	20.7	500 万以上	16	4.5
	海东市	25		7							
	格尔木市	25		7							

（1）问卷的基本内容

问卷主要包括四个板块，分别为社会组织基本情况、制度环境、社会组织活力与制度期望，涵盖了关于社会组织情况、社会组织宏观制度环境、微观制度环境、制度执行环境以及社会组织活力的相关问题，针对社会组织主要负责人进行问卷调查，具体题项分布如表4—6所示。

表4—6　　问卷内容

板块	项目	题号
A	基本情况	A1－A17
B	制度环境	B1－B4，B51－B531
C	社会组织活力	C1－C11，C121－C126，C131－C134，C14
D	制度期望	D1－D18

资料来源：作者根据调查问卷整理。

（2）问卷信效度分析

信度分析：通过SPSS数据分析软件用克隆巴赫α系数（Cronbach's alpha）对本书所选取的问卷中64项题项进行可靠性检验，得出结果如表4—7所示，测试的64项数据的克隆巴赫α系数为0.857，0.8＜α＜0.9，说明问卷信度很好。

表4—7　　可靠性检验

克隆巴赫 Alpha	项数（项）
0.857	64

效度分析：同样，为了确保问卷的效度，本书对问卷中所选取的64项题项进行KMO和巴特利特形度检验，得出结果如表4—8所示。

表4—8　　KMO和巴特利特检验

KMO 取样适切性量数		0.875
巴特利特球形度检验	近似卡方	11267.282
	自由度	2016
	显著性	0.000

由表可知，问卷的 KMO 值为 0.875 > 0.7，说明问卷所设计的变量间有一定联系，题项与所测变量的适合性和逻辑相符性高，问卷效度很好，同时题项的显著性为 0.000 < 0.001，说明问卷数据适合做因子分析研究其相关性。

三　实证结果与分析

（一）描述性统计

1. 宏观制度环境的描述性统计

（1）国家层面的认知、判断与态度的描述性统计

问卷中关于国家层面的认知、判断与态度操作化为党和国家对社会组织的重视和支持程度，与之相关的题项共 3 项，每项均为 5 分制，加权平均后折合总分亦为 5 分。得分越高，则代表国家层面的认知、判断与态度方面的积极性和准确度越高。当填写人被要求对“近几年来，社会组织生存与发展的制度环境逐渐优化”做出判断，只有 15.2% 的填写人表示非常赞同，63.1% 的填写人持赞同态度，18.9% 认为一般，1.7% 认为表示不赞同，1.1% 很不赞同。由此可见，填写人认为社会组织制度环境正处于不断优化之中。当填写人就党和国家对社会组织的发展高度重视的判断做出再判断时，24.4% 的填写人表示非常赞同，57.6% 的填写人表示赞同，认为一般判断的占 16.3%，1.1% 的填写人持不赞同看法，仅 0.6% 的填写人表示很不赞同。持不置可否、不赞同、很不赞同者占相当比重，达到 18%。当填写人被要求就党和国家对社会组织发展的支持程度做出判断时，22.1% 的填写人表示非常赞同，59.3% 的填写人表示赞同，表示一般判断的占 16.6%，1.7% 的填写人持不赞同看法，0.3% 的填写人表示很不赞同。数据表明，大多数社会组织负责人对国家层面的认知、判断与态度持乐观估计。

根据问卷调查结果，对数据做进一步分析，国家层面的认知、判断与态度的均值、标准差进行集散，具体统计结果如表 4—9、图 4—2 所示。

表 4—9　　描述性统计：国家层面的认知、判断与态度

变量	N*	平均值	标准差	最小值	中位数	最大值	极差
国家层面的认知、判断与态度	0	11.95	1.856	3	12	15	12

注：* 表示 N 缺失。

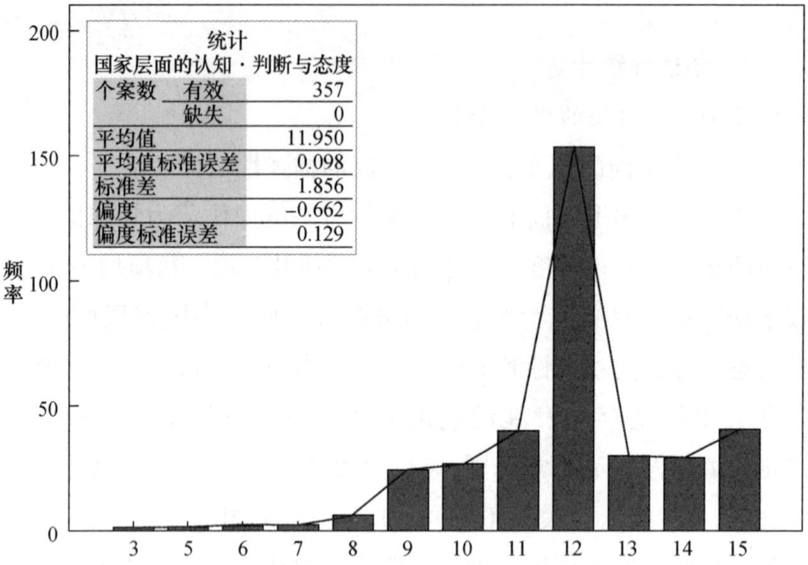

图 4—2　国家层面的认知、判断与态度条形图

从表 4—9、图 4—2 可知，国家层面的认知、判断与态度得分主要集中在 8—15 分，平均得分为 11.95 分。国家层面的认知、判断与态度得分标准差为 1.856，极差为 12。将国家层面的认知、判断与态度得分转换成 5 分制，可得出国家层面的认知、判断与态度的平均得分为 3.98。根据 1 分差、2 分较差、3 分一般、4 分较好、5 分好的 5 分制标准来看，数据显示出国家层面的认知、判断与态度在整体上处于一般水平，还有待进一步优化。

（2）法律制度的描述性统计

法律制度操作化为法律的完善程度，设计的题项为 2 项，每项均

为5分制，加权平均后最高得分亦为5分，得分越高，证明与社会组织相关的法律制度完善程度越高。为此，当要求填写人对国家关于社会组织的立法完善命题做出判断时，仅有13.2%的填写人表示非常赞同，47%的填写人表示赞同，认为不置可否的占33.2%，5.9%的填写人持不赞同看法，0.7%的填写人表示很不赞同。可见，超过四成的填写人认为社会组织立法体系不够完善。稳定的法律环境是社会组织活力的必要前提。当填写人就社会组织经常需要应对法律法规的命题做出再判断时，有13.9%的填写人表示非常赞同，56.8%的填写人表示赞同，认为不置可否的占25%，3.1%的填写人持不赞同看法，1.2%的填写人表示很不赞同。这意味着高达70%的社会组织负责人认为社会组织需要经常应对法律法规的变化。

根据对问卷调查结果进行数据分析，法律制度的描述性统计如表4—10所示。

表4—10　　描述性统计：法律制度

变量	N*	平均值	标准差	最小值	中位数	最大值	极差
法律制度	0	5.89	0.934	3	6	10	7

注：* 表示N缺失。

从表4—10可知，法律制度的平均得分为5.89分。法律制度得分标准差为0.934，极差为7。将法律制度的得分转换成5分制，可得出法律制度的平均得分为2.94。根据1分差、2分较差、3分一般、4分较好、5分好的5分制标准来看，数据显示出法律制度在整体上接近一般水平，有待进一步完善。

（3）宏观制度环境的描述性统计

根据上文层次分析法所得公式$X = 0.5(x_1 + x_2)$，根据问卷调查所得的宏观制度的两个维度，即国家层面的认知、判断与态度以及法律制度有关数据，统计可获得宏观制度环境的相应数据，其描述性统计如表4—11所示。

表 4—11　　描述性统计：宏观制度环境

变量	N*	平均值	标准差	最小值	中位数	最大值	极差
宏观制度环境	0	17.85	2.165	9	18	25	16

注：* 表示 N 缺失。

从表 4—11 可知，宏观制度环境的平均得分为 17.85 分。宏观制度环境得分标准差为 2.165，极差为 16。将宏观制度环境的得分转换成 5 分制，可得出宏观制度环境的平均得分为 3.57。根据 1 分差、2 分较差、3 分一般、4 分较好、5 分好的 5 分制标准来看，数据显示出宏观制度在整体上处于一般水平，还有可待进一步优化的空间。

2. 社会组织活力的描述性统计

（1）社会认同度的描述性统计

问卷中关于社会组织认同度分别从政府认同、社会认同以及服务对象认同三个层面进行统计，分数越高则代表该层面的认同度越好。根据问卷调查结果，研究对象的描述性统计如表 4—12、图 4—3 所示。

表 4—12　　社会认同度的描述性统计

变量	样本量（家）	全距	均值	标准差	5 分制均值
政府认同	357	6	6.041	1.521	3.4
社会认同	357	18	20.411	3.456	4.3
服务对象认同	357	16	16.797	2.459	4.2
社会组织的认同度	357	35	43.249	6.064	4.1

综合统计结果显示，按 5 分制标准，社会组织的认同度平均得分为 4.1 分，整体上达到较高的水平，个体社会组织间的社会认同度相对分散。社会组织在政府认同、社会认同和服务对象认同三个层面上的社会认同度得分存在一定差异，社会认同和服务对象认同得分相近，但政府认同度的平均得分只有 3.4 分，远低于社会认同以及服务对象认同。这在一定程度上说明社会组织更多的是受到社会以及所服务对

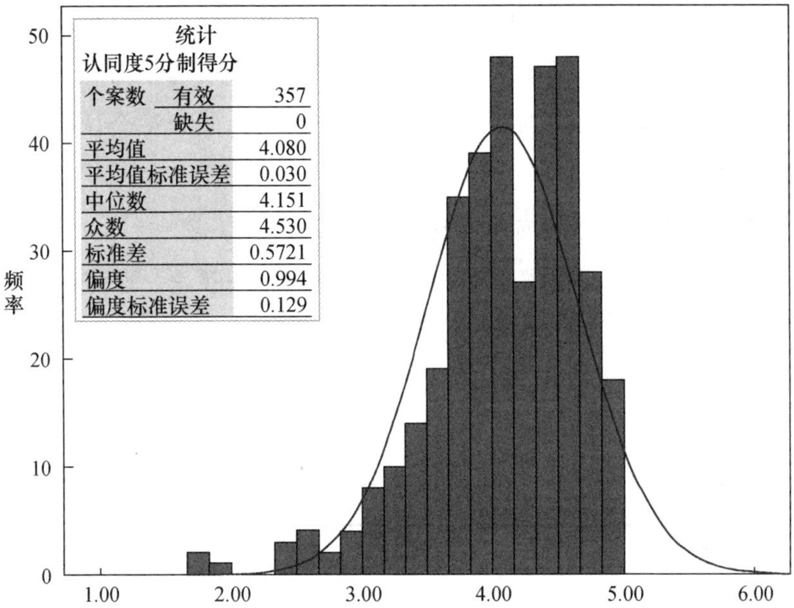

图 4—3　社会认同度直方图（包含正态曲线）

象的认同，然而由于中国社会组织在地位上与政府完全不对等，作为社会治理主体之一的第三部门很少能参与政府政策制定以及政策执行，所以政府对其的认同度较低。政府认同度一般制约了整体社会认同度的提升，这与一些学者的判断和调查结果不尽一致，可能的原因是，由于本研究调查的都是注册登记的社会组织，本身虽具备法律合法性，但从与政府协商的角度来看，社会组织的协商作用十分有限。一是参与机会少。社会组织缺少参与政府政策制定的制度化渠道。二是协商失衡。官方背景社会组织因具有更多的政治资源获得更多的协商机会，拥有更多的正式和非正式的政策倡导渠道，能够与党政部门开展协商活动，而本书所调查的社会组织大多数属于弱官方背景组织，其协商权利和协商作用很容易被忽视，其协商机会的获得具有很大的偶然性。三是协商主体不平等。受惯性思维影响政府部门把社会组织看作管理对象，往往凭主观判断或长官意志开展协商行动。基层政府的选择性协商行为尤为突出，在锦标赛体制下基层党政部门为了达成上级的考核指标而对基层公共事务的“软指标”进行选择性协商，征求意见形式化。而专业人员的低配置率并没有影响社会组织的使命感和对自身诚信度以及服务能力的判断，故出现政府认同远低于社会认同和服务对象认同的现象。

（2）服务积极性的描述性统计

问卷中关于社会组织服务积极性分别从服务频率、服务规模以及服务程度进行统计，分数越高则服务积极性越好。根据问卷调查结果，研究对象的描述性统计如表4—13、图4—4所示。

表4—13　　服务积极性的描述性统计

变量	样本量（家）	全距	均值	标准差	5分制均值
服务频率	357	3	1. 774	0. 878	2. 2
服务规模	357	9	5. 242	1. 871	2. 2
服务程度	357	2	4. 057	0. 915	4. 1
社会组织服务积极性	357	14	11. 072	2. 801	2. 6

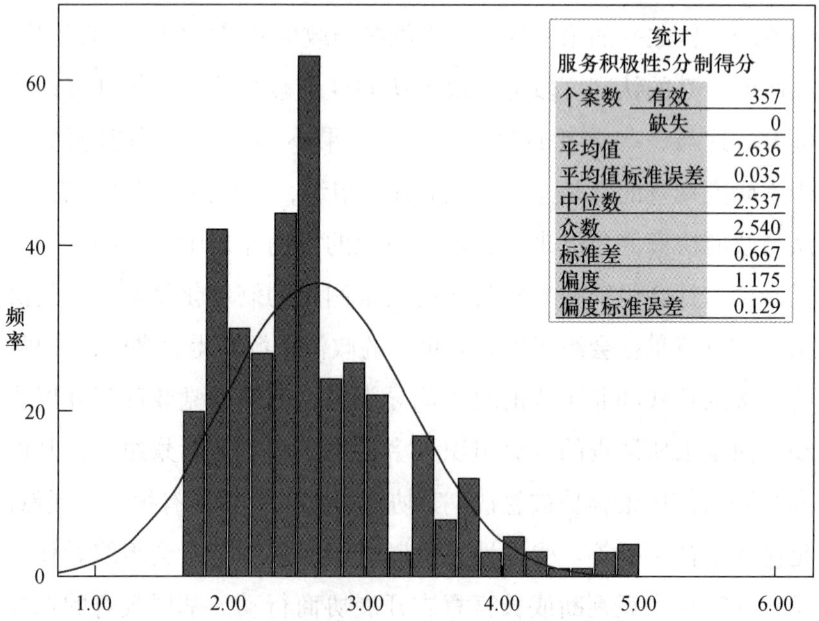

图4—4　服务积极性直方图（包含正态曲线）

综上可知，我国社会组织的服务频率以及服务规模都处于一个较低的水平，仅为2.2分，说明中国大部分社会组织均为小型社会组织，规模小，在服务次数和服务人数上存在不足，服务能力较低。但在社会组织服务程度上得分较高，达到了4.1分，这恰恰表明中国社会组织服务的主观意愿较高，争当社会服务的组织者而非仅仅参与其中，参与程度高。从服务积极性直方图可知，服务积极性5分制平均得分为2.636，众数为2.540，整体上处于中等偏低水平，表明在服务积极性方面社会组织活力较低，但是仍然存在得分较高的组织。社会组织在服务频率和服务规模上均处于低水平状态。

（3）资源动员能力的描述性统计

问卷中关于社会组织资源动员能力分别从资源获取和专业水平进行统计，分数越高则社会组织的资源动员能力越好。根据问卷调查结果，研究对象的描述性统计如表4—14、图4—5所示。

表4—14　　资源动员能力的描述性统计

变量	样本量（家）	全距	均值	标准差	5分制均值
资源获取	357	12	6.802	2.747	1.9
专业水平	357	6	3.891	1.620	2.8
社会组织资源动员能力	357	17	10.692	3.718	2.1

整体统计结果显示，我国社会组织不论是资源获取能力还是专业水平都处于较差的水平，社会组织资源动员能力5分制平均得分为2.1分，整体上处于较低的水平，个体社会组织间的资源动员能力离散度较高。社会组织在资源获取和专业水平上均处于低水平状态，资源获取水平尤其更低，表明社会组织在资金和专业人才方面的匮乏程度相当高。资源是一个组织赖以生存和发展所不可或缺的动力，根据调查数据，我国社会组织还需要做出很大的努力来提升其资源动员能力。

（4）竞争力的描述性统计

问卷中关于社会组织竞争力分别从自主性和合作力进行统计，分

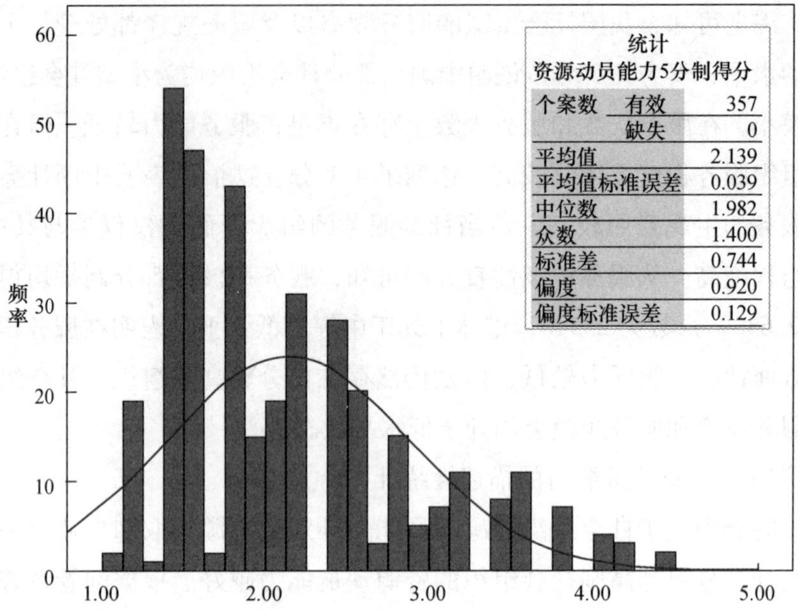

图4—5　资源动员能力直方图（包含正态曲线）

数越高则社会组织的竞争力越好。根据问卷调查结果，研究对象的描述性统计如表4—15、图4—6所示。

表4—15　竞争力的描述性统计

变量	样本量（家）	全距	均值	标准差	5分制均值
自主性	357	6	7.451	0.963	3.7
合作力	357	8	7.468	1.989	3.7
社会组织的竞争力	357	13	14.919	2.443	3.7

根据社会组织竞争力的描述性统计分析结果，可以看到我国社会组织的自主性和合作力的5分制分值都达到了3.7分，整体上水平一般。但是根据图4—6可以发现，社会组织竞争力的得分较为分散，表明不同社会组织之间的竞争力仍然存在较大差异。

（5）社会组织活力的描述性统计

根据上文所得的社会组织活力计算公式 $Y = 0.555\,y_1 + 0.252\,y_2 +$

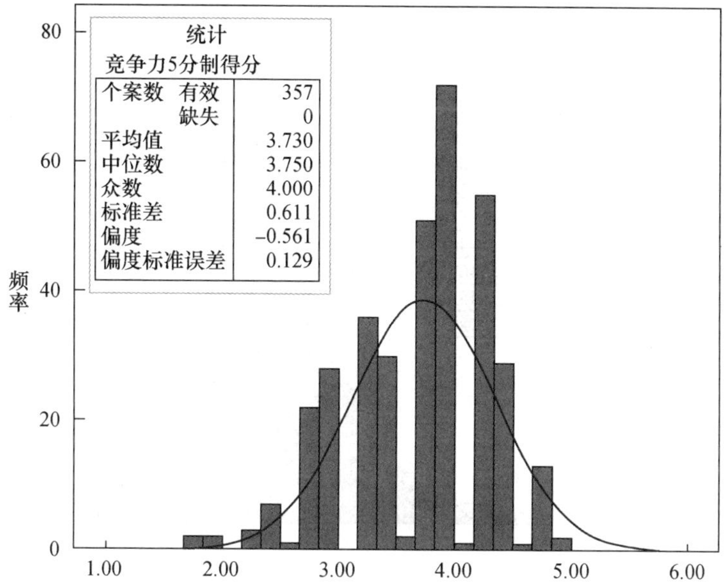

图 4—6　社会组织竞争力直方图（包含正态曲线）

$0.097\ y_3 + 0.097\ y_4$ ，利用问卷调查得出来的社会组织认同度、服务积极性、资源动员能力和竞争力的数据，可得出社会组织活力的相应数据，其描述性统计如表 4—16、图 4—7 所示。

表 4—16　　社会组织活力的描述性统计

变量	样本量（家）	全距	均值	标准差	5 分制均值
认同度	357	35	43. 249	6. 064	4. 1
服务积极性	357	14	11. 072	2. 801	2. 6
资源动员能力	357	17	10. 692	3. 718	2. 1
竞争力	357	13	14. 919	2. 443	3. 7
社会组织活力	357	24. 36	31. 053	3. 944	3. 5

从表 4—16 可知，在构成社会组织活力的四个要素当中，社会组织的认同度得分最高，5 分制得分为 4. 1 分；排在第二位的是社会组织的竞争力，5 分制得分为 3. 7 分，比排在第三位的服务积极性高出

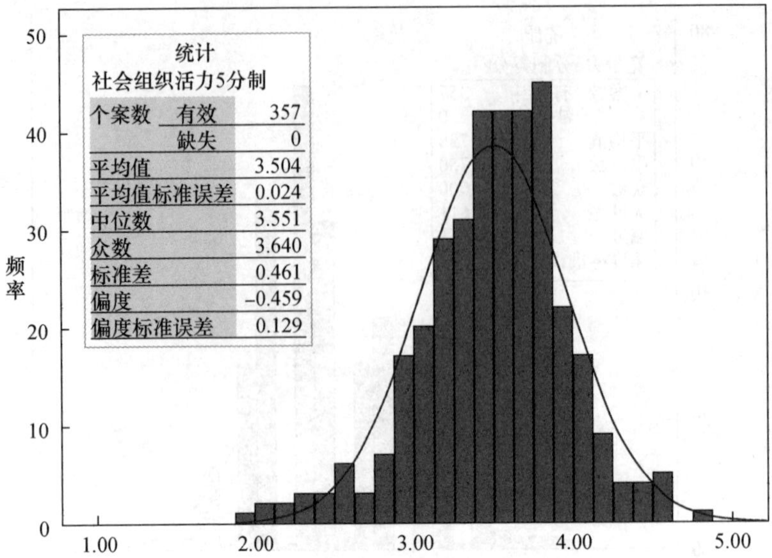

图4—7　社会组织活力直方图（包含正态曲线）

一个等级（0.9分）；社会组织的资源动员能力得分是最低的，仅为2.1分。但综合来说，社会组织活力的平均得分达到了3.5分，众数为3.64，这说明了社会组织活力整体上处于一般水平。

社会组织认同度代表的是社会整体对一个组织的评价，包括了政府认同、社会认同以及服务对象认同；服务积极性是对社会组织在主观意识上参与公共服务的积极性进行评价；资源动员能力更多的代表了一个组织的能力，表现为获得政府以及社会各界的支持。一个组织能调动的资源越多，说明其能力越强，越能在社会当中立足。而竞争力则是从自主性和合作力两个层面反映了一个组织的生存状态以及与社会的联结。

基于此，本书根据逻辑推理得出在社会组织活力的四大要素中，对社会组织活力的重要程度排序应为社会认同度 > 服务积极性 > 资源动员能力 = 竞争力。根据社会组织活力的描述性分析可以看出，我国社会组织的认同度较高，竞争力处于一般水平，但是服务积极性和资源动员能力较差，这主要是由于我国社会组织大多为小型或微型社会组织，受到资金以及人才的桎梏无法进行大规模的公共服务，其组织能力也较为薄弱，因此我国社会组织还有很长的路要走。

（二）差异性分析

在问卷分析中，常用的平均数差异检验方法主要是独立样本 t 检验①和方差分析。为了深入探析我国社会组织宏观制度环境在不同社会统计学变量上的分布特征及其差异状况，本书采用方差分析，来考查宏观制度环境在不同个体特征变量上的差异。在 SPSS 中，以区域、类别和规模为固定变量，以宏观制度环境的两个维度为因变量，运用单因子方差分析（ANOVA）检验组别平均数间的差异是否达到显著性水平，并运用事后多重比较进行组间差异检验。

1. 宏观制度环境在组织所在区域上的差异分析

将社会组织所在区域分成三个组别：湖南省标记为1，广东省标记为2，青海省标记为3。对社会组织宏观制度环境在区域上的特征进行描述性统计和单因素方差分析，计算结果如表4—17所示。

表4—17　宏观制度环境在区域上的差异检验

	区域	个案数（家）	平均值	标准差	方差齐性检验	F	ANOVE显著性	邦弗伦尼多重比较
国家层面认知、判断与态度	湖南省	100	11.758	1.769	0.989	2.349	0.097	
	广东省	108	12.269	1.837				
	青海省	149	11.852	1.908				
法律制度	湖南省	100	7.398	1.101	0.056	1.104	0.401	
	广东省	108	7.463	1.463				
	青海省	149	7.468	1.248				

由统计结果可以看出：莱文方差齐性检验的显著性均大于显著水

① 独立样本 t 检验统计法适用于两个平均数的差异检验，其适用的范围为自变量为二分间断变量，依变量为连续变量的情形。

平 0.05，因此可以认为样本数据之间的方差是齐次的，可以进行单因素方差分析。根据单因素方差分析结果，不同区域的宏观制度环境在国家层面的认知、判断与态度上不存在显著差异（$P=0.097>0.05$），在法律制度上显著性水平为（$P=0.401>0.05$），两者均未达到 0.05 的显著性水平，说明国家层面的认知、判断与态度以及法律制度在不同区域上不存在显著差异。

2. 宏观制度环境在组织资产规模上的差异分析

将社会组织资产规模分成四个组别：30 万元以下标记为 1，30 万—100 万元标记为 2，100 万—500 万元标记为 3，500 万元以上标记为 4。对社会组织宏观制度环境在资产规模上的特征进行描述统计和单因素方差分析，计算结果如表 4—18 所示。

表 4—18　　宏观制度环境在组织资产规模上的差异检验

	资产规模（元）	个案数（家）	平均值	标准差	方差齐性检验显著性	F	ANOVE 显著性	Scheffe
国家层面的认知、判断与态度	30 万以下	250	11.944	1.831	0.087	1.709	0.165	
	30 万—100 万	56	11.646	2.281				
	100 万—500 万	35	12.088	1.443				
	500 万以上	16	12.813	1.109				
法律制度	30 万以下	250	7.465	1.238	0.699	1.184	0.316	
	30 万—100 万	56	7.278	1.433				
	100 万—500 万	35	7.353	1.228				
	500 万以上	16	7.938	1.389				

由统计结果可以看出：莱文方差齐性检验的显著性均大于显著水平 0.05，因此可以认为样本数据之间的方差是齐次的，可以进行单因素方差分析。根据单因素方差分析结果，不同组织资产规模的宏观制度环境在国家层面的认知、判断与态度以及法律制度两个维度上的显著性水平分别为 0.165、0.316，均未达到 0.05 的显著性水平，说明国家层面的认知、判断与态度以及法律制度在组织资产规模上不存在显

著差异。

3. 宏观制度环境在组织类别上的差异分析

将社会组织类别分成三个组别：公益慈善类标记为1，城乡社区服务类标记为2，其他标记为3。对社会组织宏观制度环境在组织类别上的特征进行描述统计和单因素方差分析，计算结果如表4—19所示。

表4—19　　宏观制度环境在组织类别上的差异检验

	类别	个案数（家）	平均值	标准差	方差齐性检验	*F*	ANOVE显著性	邦弗伦尼多重比较
国家层面的认知、判断与态度	公益慈善类	175	12.010	1.929				
	城乡社区服务类	108	11.898	1.834	0.857	0.170	0.844	
	其他	74	11.892	1.725				
法律制度	公益慈善类	175	7.453	1.258				
	城乡社区服务类	108	7.470	1.382	0.330	0.071	0.932	
	其他	74	7.399	1.170				

由统计结果可以看出：莱文方差齐性检验的显著性均大于显著水平0.05，因此可以认为样本数据之间的方差是齐次的，可以进行单因素方差分析。根据单因素方差分析结果，国家层面的认知、判断与态度以及法律制度两个维度上的显著性水平分别为0.844和0.932，均未达到0.05的显著性水平，说明国家层面的认知、判断与态度以及法律制度两个维度在组织类别上均不存在显著差异。

（三）相关性分析

为检验宏观制度环境对社会组织活力的直接影响，首先应对宏观制度环境各维度和社会组织活力各维度进行相关性分析。通过相关分析确定变量间具有数量上的依存关系，再进行回归分析，在此基础上的回归才有实际意义。本书采用Pearson积矩相关系数衡量宏观制度环境和社会组织活力之间的相关关系，Pearson积矩相关系数的r值在

+1和-1之间，1表示完全正相关，0表示不相关，-1表示完全负相关。同时，在推论统计中，必须用积差相关系数显著性检验的概率值 P 来判断，如果 $P<0.05$，表示两个变量间的相关达到显著，否则为不显著。

1. 宏观制度环境与社会组织活力的相关性

为验证宏观制度环境对社会组织活力的直接影响，首先必须对宏观制度环境与社会组织活力进行相关分析。相关分析结果如表4—20所示。

表4—20　　宏观制度环境与社会组织活力的相关性

		宏观制度环境	国家层面的认知、判断与态度	法律制度
社会组织活力	皮尔逊相关性	0.375**	0.411**	0.246**
	显著性（双尾）	0.000	0.000	0.000
	个案数（家）	357	357	357

注：** 表示在0.01级别（双尾），相关性显著。

由表可知：宏观制度环境与社会组织活力的相关系数为0.375，显著性 $P=0.000<0.01$，可见，宏观制度环境与社会组织活力显著正相关，即宏观制度环境对社会组织活力存在显著直接影响。宏观制度环境的各维度：国家层面的认知、判断与态度以及法律制度与社会组织活力的相关系数为0.411（$P=0.000<0.01$）、0.246（$P=0.000<0.01$）。因此，国家层面的认知、判断与态度以及法律制度均与社会组织活力显著正相关，在此基础上建立宏观制度环境对于社会组织活力的回归方程模型，从而验证宏观制度环境对社会组织活力的直接影响效应具有实际意义。

2. 宏观制度环境与社会认同度的相关性

为检验宏观制度环境各维度对社会组织社会认同度的影响，首先必须对宏观制度环境各维度与社会认同度进行相关分析。相关分析的结果如表4—21所示。

表4—21　　　　宏观制度环境与社会认同度的相关性

		宏观制度环境	国家层面的认知、判断与态度	法律制度
社会认同度	皮尔逊相关性	0.556**	0.520**	0.452**
	显著性（双尾）	0.000	0.000	0.000
	个案数（家）	357	357	357

注：** 表示在0.01级别（双尾），相关性显著。

由表可知：宏观制度环境与社会组织认同度的相关系数为0.556，显著性 $P=0.000<0.01$，可见，宏观制度环境与社会组织社会认同度显著正相关。宏观制度环境的各维度：国家层面的认知、判断与态度以及法律制度与社会认同度的相关系数分别为：0.520（$P=0.000<0.01$）、0.452（$P=0.000<0.01$），可见，宏观制度环境两个维度与社会认同度在0.01显著性水平上正相关。

3. 宏观制度环境与服务积极性的相关性

为检验微观制度环境各维度对社会组织服务积极性的直接影响，首先必须对宏观制度环境各维度与服务积极性进行相关分析。相关分析的结果如表4—22所示。

表4—22　　　　宏观制度环境与服务积极性的相关性分析

		宏观制度环境	国家层面的认知、判断与态度	法律制度
服务积极性	皮尔逊相关性	0.098	0.150	0.024
	显著性（双尾）	0.064	0.005	0.655
	个案数（家）	357	357	357

由表可知：宏观制度环境与社会组织服务积极性的相关系数为0. 098，显著性 $P = 0.064 > 0.05$，可见，宏观制度环境与社会组织服务积极性不存在显著相关。宏观制度环境的各维度：国家层面的认知、判断与态度以及法律制度与社会认同度的相关系数分别为：0. 150（$P = 0.005 < 0.05$）、0. 024（$P = 0.655 > 0.05$），可见，国家层面的认知、判断与态度与社会组织服务积极性相关性显著，而法律制度与社会组织服务积极性不存在显著相关性。

4. 宏观制度与社会组织资源动员能力的相关性

为检验宏观制度环境各维度对社会组织资源动员能力的直接影响，首先必须对宏观制度环境各维度与资源动员能力进行相关分析。相关分析的结果如表 4—23 所示。

表 4—23　　宏观制度环境与资源动员能力的相关性分析

		宏观制度环境	国家层面的认知、判断与态度	法律制度
资源动员能力	皮尔逊相关性	0. 137	0. 156 **	0. 084
	显著性（双尾）	0. 010	0. 003	0. 115
	个案数（家）	357	357	357

注：** 表示在 0. 01 级别（双尾），相关性显著。

由表可知，宏观制度环境与社会组织资源动员能力的相关系数为0. 137，显著性 $P = 0.010 < 0.05$，可见，宏观制度环境与社会组织资源动员能力存在显著相关关系。宏观制度环境的各维度：国家层面的认知、判断与态度以及法律制度与资源动员能力的相关系数分别为：0. 156（$P = 0.003 < 0.05$）、0. 084（$P = 0.115 > 0.05$），可见国家层面的认知、判断与态度与资源动员能力存在显著正相关，而法律制度与资源动员能力之间相关性不显著。

5. 宏观制度环境与社会组织之间竞争力的相关性

为检验宏观制度环境各维度对社会组织之间竞争力的直接影响，

首先必须对宏观制度环境各维度与组织之间的竞争力进行相关分析。相关分析的结果如表4—24所示。

表4—24　　宏观制度环境与组织之间竞争力的相关性分析

		宏观制度环境	国家层面的认知、判断与态度	法律制度
组织之间竞争力	皮尔逊相关性	0.355**	0.423**	0.201**
	显著性（双尾）	0.000	0.000	0.000
	个案数（家）	357	357	357

注：** 表示在0.01级别（双尾），相关性显著。

由表可知，宏观制度环境与组织之间竞争力的相关系数为0.355，显著性 $P=0.000<0.01$，可见，宏观制度环境与组织之间竞争力显著正相关，即宏观制度环境对组织之间竞争力存在显著直接影响。宏观制度环境的各维度：国家层面的认知、判断与态度以及法律制度与组织之间的竞争力的相关系数分别为0.423（$P=0.000<0.01$），0.201（$P=0.000<0.01$）。因此，国家层面的认知、判断与态度和法律制度均与组织之间的竞争力显著正相关。

（四）回归分析及其稳健性检验

根据上文的相关性分析以及差异性分析，可以确认宏观制度环境中的国家层面的认知、判断与态度与法律制度总体上均与社会组织活力具有显著相关性，且通过社会组织活力四要素与宏观制度环境的相关性分析以及进一步将社会组织活力数据与宏观制度环境进行相关性分析，证明了宏观制度环境对社会组织活力具有显著影响。因此，可以将社会组织活力作为因变量 Y，将国家层面的认知、判断与态度作为自变量 x_1、x_2，对其进行线性回归分析考察三者之间的线性回归关系（见表4—25至表4—29）。

表 4—25　　输入/移去的标量[a]

模型	输入的变量	移去的变量	方法
1	国家层面的认知、判断与态度，法律制度[b]	0	输入

注：a，因变量：*Y*；b，已输入所请求的所有变量。

表 4—26　　模型摘要[b]

模型	R	R^2	调整后 R^2	标准估算的误差	更改统计				
					R^2 变化量	F 变化量	自由度 1	自由度 2	显著性 F 变化量
1	0. 413[a]	0. 171	0. 166	0. 37011	0. 171	36. 388	2	354	0. 000

注：a，预测变量：（常量），国家层面的认知、判断与态度，法律制度；b，因变量：社会组织活力。

表 4—27　　Anova[a]

模型		平方和	自由度	均方	F	显著性
1	回归	9. 969	2	4. 985	36. 388	0. 000[b]
	残差	48. 493	354	0. 137		
	总计	58. 462	356			

注：a，因变量：社会组织活力；b，预测变量：（常量），国家层面的认知、判断与态度，法律制度。

表 4—28　　系数[a]

模型		标准化系数		标准系数	t	Sig.	共线性统计量	
		B	标准误差	Beta			容差	VIF
1	（常量）	1. 543	0. 140		11. 030	0. 00		
	国家层面的认知、判断与态度	0. 258	0. 038	0. 389	6. 853	0. 00	0. 727	1. 376
	法律制度	0. 027	0. 036	0. 043	0. 750	0. 454	0. 727	1. 376

注：a，因变量：社会组织活力。

表 4—29　　共线性诊断[a]

模型	维数	特征值	条件索引	方差比例		
				（常量）	国家层面的认知、判断与态度	法律制度
1	1	2.974	1.000	0.00	0.00	0.00
	2	0.014	14.384	0.58	0.01	0.82
	3	0.011	16.187	0.42	0.99	0.19

注：a，因变量：社会组织活力。

综合上述数据表，从表 4—25、表 4—26 可以得到，模型显著性变量之间的显著性 F 也为 0.000，在表 4—28 中，国家层面的认知、判断与态度的 Sig. 指数为 0.00，小于 0.05，而法律制度的 Sig. 指数为 0.454，大于 0.05。证明国家层面的认知、判断与态度和社会组织活力存在线性相关关系，而法律制度与社会组织活力之间不存在线性相关关系，故难以构建回归方程。

四　讨论与建议

（一）讨论

本书根据已有文献的梳理以及问卷调查结果对宏观制度环境以及社会组织活力进行综合分析并探究二者之间的关联，结合使用定性和定量的研究方法，得出以下几个方面的结论。

1. 我国社会组织面临的宏观制度环境整体处于一般水平

通过对宏观制度环境的描述性分析，可以看出国家层面的认知、判断与态度以及法律制度的得分分别为 3.98 和 2.94，这说明社会组织感知到的国家层面释放出来的利好信号以及支持度，社会组织负责人认为国家层面对社会组织的认知、判断与态度接近较好水平，而对法律制度完善性的评价明显低于对国家层面的认知、判断与态度的评价，绝大部分社会组织负责人认为社会组织相关法律制度存在缺陷。这或许是因为法律制度的程序复杂性等特点，也可能是由于社会组织配套法律制度之间缺乏协同效应，抑或是这两种因素共同发生作用，但都说明，加快完善相关法律制度的紧迫性和必要性。显然，在社会组织的生存和发展过程中，国家层面的角色扮演至关重要，起着“定基调、指方向”的关键作用。目前，国家对社会组织发展的认知、判断与态度，尤其是相关法律制度，仍存在不少限制社会组织活力的约束因素，这也直接制约着微观制度环境和制度执行环境的优化。

2. 宏观制度环境与社会组织活力存在显著正向影响

通过对宏观制度环境与社会组织活力进行相关性分析，分析结果显示宏观制度环境与社会组织活力呈显著正相关。对宏观制度环境与社会组织活力进行相关分析，分析结果显示宏观制度环境对社会组织活力影响的显著性 $P = 0.000 < 0.01$，总假设 HA 成立。宏观制度环境对社会组织活力存在显著正向影响。即宏观制度环境越好，社会组织活力越高，与之相反，宏观制度环境越差，社会组织活力越低。宏观制度环境通过国家层面的认知、判断与态度以及法律制度两方面作用于社会组织活力。宏观制度环境作为制度环境的一部分，与微观制度环境、制度执行环境共同影响社会组织活力的水平。

3. 国家层面的认知、判断与态度和法律制度对社会组织活力的影响程度不一致

由上述数据分析可知，国家层面的认知、判断与态度以及法律制度与社会组织活力的相关系数为 0.411（$P = 0.000 < 0.01$）、0.246（$P = 0.000 < 0.01$），尽管两者都与社会组织活力存在影响，但是国家层面的认知、判断与态度对社会组织活力的影响却高于法律制度对社会组织活力的影响。这或许因为法律制度的瑕疵与法律之间的不协调以及较低层次的政策法规在各级地方政府的执行逻辑的差异性下，法律制度对社会组织活力的影响被严重弱化了。

4. 宏观制度环境与社会组织活力四要素的相关性

宏观制度环境对社会组织的认可度影响的显著性 $P = 0.000 < 0.01$，宏观制度环境对社会组织资源动员能力的影响的显著性 $P =$

$0.010 < 0.05$，宏观制度环境对社会组织间竞争力的影响的 $P = 0.000 < 0.01$，均呈显著正向关系，分假设 HA1、HA3、HA4 成立。这说明宏观制度环境越好的地区，其社会组织的认可度越高、资源动员能力越强，组织间竞争力越强。同理，社会组织越受到社会认可，其竞争力越强，资源动员能力越强，也更趋向于能够影响到政府的政策执行。但宏观制度环境与服务积极性不存在显著正向关系（显著性 $P = 0.064 > 0.05$），分假设 HA2 不成立。这说明社会组织的服务积极性可能受其组织的领导风格、组织服务能力、组织氛围等的影响，与宏观制度环境的关联度不高，虽然存在一定影响但是并不明显。

5. 法律制度与社会组织活力不存在线性相关关系

根据问卷的数据整理，国家层面的认知、判断与态度以及法律制度与社会组织活力的相关系数为 0.411（$P = 0.000 < 0.01$）、0.246（$P = 0.000 < 0.01$），得出宏观制度环境中的国家层面的认知、判断与态度和法律制度与社会组织活力均存在显著正向关系。但回归分析显示，法律制度与社会组织活力不存在线性相关，或许两者之间的关系是非线性的，两者之间的关系受多重因素的影响。那么，何种因素或何种逻辑影响了法律制度对社会组织活力发生作用呢？经过对问卷进行分析以及专家的讨论，本书认为可能存在以下两大因素。

第一，受访者在接受调查时的诸多顾忌或许影响了选择的结果。本书所调查的对象均为社会组织的主要负责人，在接受调查的众多受访者中，尽管都在先期进行了良好的沟通，但是在填写问卷时不可避免地由于个人的考虑而会影响对于问卷的填写，如顾忌问卷的填写是否会涉及信息泄露，是否反映了自己的制度偏好，是否与其他组织的结果存在较大差异，这都是客观存在的会影响问卷结果的因素。

第二，法律制度在对社会组织活力产生作用时存在诸多干扰。这其中有两个问题值得讨论：一是哪些因素会影响法律制度对社会组织发生作用；二是这些因素是如何影响法律制度对社会组织发生作用的。要回答清楚这两个问题，从制度的制定到执行的过程中所涉及的国家、基层政府、社会组织等利益相关者应是分析的重点。就国家而言，对社会组织的治理取向是“控制与鼓励并存”[①]。而基层政府在制度执行的环节，所采取的是风险规避和局部创新的逻辑策略;[②] 社会组织裹挟于国家的制度逻辑与基层政府的制度执行逻辑之下，并在有限的空间采取策略性行动。

首先是国家行动者逻辑。在前文对国家层面的认知、态度的文件梳理以及领导人的讲话中，得出了基本的判断，即国家行动者的逻辑体现为“控制和激励的左右摇摆”，控制的逻辑是基于要实现社会和谐稳定的目标，激励的逻辑则在于要使得社会组织充分参与社会治理以助于政府更好地完成职能转移，实现治理的有效性。

其次是基层政府的制度执行逻辑包含着风险权衡。基层政府是社会组织法律制度的执行者，“对于政策执行成本和收益的总体权衡，既要迎合上级制定的政策法规，也要兼顾政策的执行成本”[③]。因此制度在执行过程中会因地方政府的风险权衡以及权衡后的行动而偏离初始制度，形成差异化的制度执行结果。这无疑会影响法律制度对社会组织活力的作用。

再次是社会组织的行动逻辑体现为资源依赖和自主策略性行动。任何组织为了获取所需要的资源都必须要与环境中的其他要素进行交换，[④] 而在“强国家、弱社会”的政治社会结构状态中，社会组织对国家产生的资源依赖主要是合法性资源和物质资源的依赖。[⑤] 面对现有制度环境社会组织往往采取策略性因应行动以给自身争取更多行动的空间，法律制度的直接影响可能变得隐而不现了。此外，社会组织

---

① 纪莺莺：《治理取向与制度环境：近期社会组织研究的国家中心转向》，《浙江学刊》2016 年第 3 期。

② 吴磊、俞祖成：《多重逻辑、回应式困境与政策变迁——以中国社会组织政策为例》，《江苏社会科学》2018 年第 3 期。

③ 周向红、刘宸：《多重逻辑下的城市专车治理困境研究》，《公共管理学报》2016 年第 4 期。

④ 马迎贤：《组织间关系：资源依赖视角的研究综述》，《管理评论》2005 年第 2 期。

⑤ 吴磊、俞祖成：《多重逻辑、回应式困境与政策变迁——以中国社会组织政策为例》，《江苏社会科学》2018 年第 3 期。

在制度需求表达上的自主能动性对法律制度的作用机制也产生影响。

最后是必须清晰地认识到，法律制度对社会组织活力发挥作用受多重因素的影响，法律制度的制定与执行中的多重逻辑表明法律制度作用于社会组织活力的机制并不简单。

（二）对策建议

要想尽快实现新型的治理格局，使社会组织在社会治理主体中彰显自己的优势和特长，与政府一道提供公共服务和管理国家、社会公共事务，须多措并举力促我国社会组织茁壮成长，方能使其担此重任。因此，基于宏观视角提出如下建议。

1. 提升国家层面对社会组织的认知与判断：准确和前瞻性

要激发社会组织活力，首要的就是切实转变国家层面对社会组织的认知、判断与态度。只有政府认知准确、预判到位、态度积极，才能更好地为我国社会组织"量体裁衣"，主动供给促进社会组织发展的制度。

而要使得国家层面的认知助力社会组织活力的迸发，我国政府需要从根本上实现对社会组织认知、判断和态度的转变。归结起来，这种转变应主要体现在两个方面：一是要转变对社会组织地位的认知。中央政府及各级地方政府应准确认识到，我国社会主义现代化建设至今，单靠单一行政主体和正式的管控体系已无法有效解决复杂化的社会矛盾和日益增长的多样化的社会公共服务需要。政府和社会组织的关系既不是"父亲"与"儿子"，也不是"婆婆"与"媳妇"，应当是社会治理体系中平等的合作伙伴关系。如果不把握好政府与社会组织的关系，社会组织终将沦为政府的"准行政化"部门。二是要转变对社会组织功能的认知。社会组织是人们社会参与的重要载体，体现现代社会多元利益主体的特征。自治性是社会组织的一个根本性特征，各种社会组织通过制定组织活动章程、规则，实现了组织内部的自律。诚然，社会组织在公益性、互益性或中介性相对较强的社会和经济领域，如慈善救助、环境保护、公益服务、扶贫发展、行业协会等发挥着重要作用，但社会组织的功能定位绝不应仅限于此。政府的认知不应只停留在工具式的利用，社会组织也不只是为了承接其职能而存在，除购买服务、承接职能之外，其所具备的教化、促进和谐、增进政治协商和社区发展、培育公民意识等功能必须受到正视。

2. 完善社会组织立法体系：全面与协调

首先，加快社会组织管理相关立法。宪法中所明确的结社权的实现应作为社会组织立法的核心。为提高相关法律法规的权威性和约束力，应在民法之下制定一部统一的社会组织领域的基本法。基本法规范整个社会组织领域各类组织的权利义务，规范组织的运行，在性质上属于私法范畴。这一基本法在范围上应当能够涵盖政府、企业外的所有社会组织，包括社会团体、民办非企业单位、基金会以及没有登记或者在其他政府部门登记的各种社会组织。在内容上，基本法中应涉及监管体制、财产关系和内部治理结构，具体应包括：重申和明确宪法中规定的公民结社权利的内容，有关社会组织的一般规定性规定，包括社会组织的概念、范畴、分类等；社会组织的设立、变更和注销登记，包括登记的条件、程序和机关等；社会组织的一般管理制度，包括章程必须具备的内容、制定、修改的程序，社团内部组织机构、财务制度、社会组织的运行和营利禁止等；社会组织的权利和义务、社会组织的财政税收优惠政策和措施、社会组织的监督和管理、法律责任等内容。在立法重点上，建议依照国际惯例将关注的重心置于非营利法人上，详细规定非营利法人的法律地位、成立程序、内部治理结构、财产关系、解散等问题。通过社会组织基本法，为社会组织的合法存在提供宽松的法律空间，明确规范社会组织的行为，明确界定哪些行为是被禁止的，哪些行为是需要限制的，哪些行为是法律所倡导的，并提供不同违法行为的不同处罚的明确清晰的信息。社会组织是否按照章程确立的宗旨服务于社会，主要是通过行为表现出来的，行为而不是身份才是判断组织合法与非法的标准。立法的完善意味着从法律上规范社会组织的内部治理结构和监督机制，促进社会组织的健康发展和活力迸发，与此同时，基本法关于社会组织权利义务的明晰规定也意味着对政府监督权力边界的明晰规定，限制政府监督权力的自由裁量程度，因而它应该是监督者和被监督者公平的游戏规则。

其次，法律制度内部的协调与配合也需引起足够重视。如果只有基本法，而没有与之相配套的法律体系，在实施过程肯定会有制度缺位而导致难以监管。

最后，强化社会组织的法律责任的同时，政府的责任须同步强化，因此需要引入司法救济机制。

3. 丰富制度供给途径：自上而下与自下而上相结合

社会组织制度作为公共品，显然遵循着一般制度性公共品的供给和需求规律。就制度供给模式而言，中国的制度供给是政府主导的推进型模式。从制度变迁的视角来看，强制性变迁方式多于诱导性变迁方式。[①] 我国在很长的一段时期内，社会组织的制度供给模式都是单一供给主体，即以政府为主。而随着信息化时代的到来，社会组织以及公众有了更多的信息可得性机会，在现实层面进一步分割政府在制度供给格局中的空间。

在社会组织制度变迁中，政府主导的自上而下的强制性制度变迁，相比自下而上的制度变迁具有成本低、速度快的优势，能够为社会组织的持续发展提供稳定的环境，但同时也容易出现对制度需求主体意愿了解不到位的问题，导致制度供给不足或供给过剩。与此相对的，社会行动者组织的自下而上的社会组织制度变迁建构周期长，阻力大，需要结合多方的力量才能达到影响政府认知的效果，但自下而上的制度变迁往往反映了行动者最真实的制度需求意愿。如在 2003 年的反对怒江建坝事件中，以绿家园、云南大众流域为代表的环保类社会组织联合在各大场合奔走游说，在国内外均引起重大反响。在环保类社会组织的集体行动之下，原本如箭在弦的怒江建坝计划成功被“拦截”。社会组织作为倡导者，立足于自身的功能和定位，利用实践和专业优

---

① 林毅夫：《一个制度变迁的经济学理论：诱致性和强制性变迁》，载《财产权利与制度变迁——产权学派与新制度学派译文集》，上海三联书店、上海人民出版社 1994 年版。

势进行制度建构，同时集聚同类型组织的共同力量，发动公民参与，借助媒体舆论造势，形成反向倒逼作用。这种意愿的充分表达不仅能反馈给政府及时、真实的决策信息，还能在一定程度上减少传统制度变迁带来的路径依赖问题，恰恰弥补了政府主导的自上而下制度变迁的不足。①

在我国的政治体制下，自上而下的政府主导的强制性变迁在未来很长一段时间仍将占据主导地位并继续发挥强大的作用，但社会的需求不可忽视，自下而上的力量和诉求需有合理出口，否则便会激化社会矛盾，违背建立和谐社会的要求。因此在进行社会组织制度供给时，既要基于准确的、具有预见性的判断，又要结合社会组织、群众等相关利益群体的需求，将自上而下的制度供给和自下而上的制度供给两相结合，才能加快社会组织制度完善的步伐。

---

① 刘春湘、陈安妮：《社会组织制度何以变迁——一个多元动力机制的分析》，《江淮论坛》2019 年第 6 期。

第五章

微观制度环境对社会组织活力的影响

一　问题的提出和研究假设

（一）问题的提出

社会组织微观制度环境是在较为具体的领域对全体社会组织做出规范的制度综合体。[①] 微观制度环境是社会组织制度环境体系的重要组成部分，与宏观制度环境的整体设计与思想指导不同，微观制度环境通过具体制度安排对社会组织的生存和发展产生影响，基于其相对具体性和相对可操作性的特点，社会组织微观制度环境对社会组织活力起着更直接的作用。

前述第二章已对微观制度环境进行了界定与分析，概括了其四个方面：一是社会组织登记制度。社会组织登记制度包括登记程序和登记门槛两个方面，是社会组织具备法律合法性的重要制度基础。二是社会组织管理制度。社会组织管理制度包括双重管理制度、孵化培育制度、财税制度及项目购买制度四个方面，以规范和控制、培育和扶持为主要目标，对其行动做出规范的同时对社会组织的运作提供具体支持与指导。三是社会组织监督制度。社会组织监督制度包括年检制

---

① 李金荣：《构建公平——对图书馆在新时期价值取向的思考》，《图书情报知识》2005 年第 1 期。

度、信息公开制度、评估制度以及淘汰制度四个方面，对社会组织进行监察和督导，对社会组织的服务行为实施过程监督和结果监督。[①] 四是社会组织人才制度。社会组织人才制度包括人才评价和人才激励制度两个方面，对社会组织人才进行人力资源政策支持和环境引导，为现代社会组织提供发展血液。

社会组织微观制度环境是介于宏观制度环境和制度执行环境之间，一方面作为宏观制度环境的具体安排，另一方面作为制度执行环境的具体指导，在制度环境对社会组织活力产生影响的过程中发挥着承上启下的作用。因此，在致力于探索制度环境对社会组织活力的影响时，除了探究宏观层面的总体制度安排和执行层面的制度落实，必然不能忽视微观层面的具体制度安排。因此，从微观制度环境方面探讨如何优化社会组织制度环境，激发社会组织活力具有重要的现实意义，同时，这也是对创新社会治理体制，推进国家治理体系和治理能力现代化的有益探索。

那么，中国社会组织的微观制度环境现状如何？中国现时的微观制度环境是否有助于激发社会组织活力？微观制度环境对社会组织活力的影响遵循着什么样的逻辑？中国现时的社会组织登记制度对社会组织活力有何影响？中国现时的社会组织管理制度对社会组织活力有何影响？中国现时的社会组织监督制度对社会组织活力有何影响？中国现时的社会组织人才制度对社会组织活力有何影响？回答这些问题才能为激发中国社会组织的活力提出优化中国现时的微观制度环境的合理设计。本章通过回答上述问题描绘我国社会组织微观制度环境的时代图景，揭示微观制度环境与社会组织活力的相关性，探寻微观制度环境影响社会组织活力的内在机理，为提出微观制度层面优化制度环境、激发社会组织活力的建议奠定基础。

---

① 刘春湘：《基于约束条件的非政府组织监管协同研究》，《湖湘论坛》2019 年第 4 期。

（二）微观制度环境的经验分析

本书将微观制度环境具体划分为登记制度、管理制度、监督制度和人才制度四大具体制度安排。它们虽然具有国家层面的意涵，尤其是登记制度涉及社会组织的管理体制，学者多将其归入宏观制度，但本书认为，这些具体的制度安排，毕竟属于直接规范社会组织行为和活动的具体制度规范的集合体，是宏观制度环境价值取向的体现。宏观制度环境对社会组织的影响在一定程度上需要经由微观制度环境和制度执行环境来实现。在对微观制度环境和社会组织活力相关性进行实证分析之前，有必要对微观制度环境的结构做出经验判断。

1. “高门槛”的登记制度

几乎所有国家都在实行某种对社会组织的登记注册制度，各国登记监管制度的实质区别在于，登记是否伴随一定形式的许可和资格准入制度？是否所有的社会组织都要进行登记还是只有部分特定的社会组织才需要登记？不登记的社会组织是否合法？对上述问题的回答本质上反映了政府对社会组织成立所持的态度和价值判断。实施许可制的国家对社会组织的成立采取资格准入制度，未经批准成立的民间组织为非法组织。① 登记制度存在两个关键因素：一是门槛的高度；二是登记的程序。

世界银行出版的《非政府组织立法原则》早已有清楚的表述：每个政府都必然会面临行政能力的限制，所以即使制定很多法律来建构监督机制，也未必能落实执行。因此，过多的控制企图除了抑制社会组织的健康发展外，并无实质意义。我国现有的社会组织登记制度源自 20 世纪 50 年代的社团立法。为了将社会团体纳入社会主义建设的轨道，于 1950 年颁布了《社会团体登记暂行办法》，该法规定了社团的类别、登记的范围、程序、原则等事宜，并确立了社会组织登记的分级管理体制，奠定了现有社会组织监管体制的基础。根据这部法规，

---

① 刘春湘：《非营利组织治理结构研究》，博士学位论文，中南大学，2006 年。

内务部于1951年制定了《社会团体登记暂行办法实施细则》，为民政部门作为社会组织的专门管理机关首开先河。改革开放后，《社会团体登记管理条例》于1989年10月25日正式颁布实施，1998年又对该法进行了修订。接着国务院相继颁布了《民办非企业单位登记管理暂行条例》(1998年)、《基金会管理办法》(1998年)、《外国商会管理暂行规定》（1989年)。2004年，国务院又颁布了《基金会管理条例》。2016年《慈善法》颁布并正式实施。上述法律的颁布确立了现阶段社会组织的归口登记和分级登记制度。“归口登记”是社会组织统一由民政部门和地方、县以上各级民政部门登记。其他任何部门无权登记社会团体，颁发社会团体法人、民办非企业单位法人（社会服务机构)、基金会法人证书。经合法登记的社会组织，就有了法人地位，具备了民事主体资格，依法享有民事权利，承担民事义务。国务院民政部门和县级以上的地方各级人民政府民政部门是本级人民政府的社会团体的登记管理机关。跨行政区域的社会团体由所跨行政区域的共同上一级人民政府的登记管理机关负责登记管理。登记主管机关的职能是负责社会团体的成立、变更、注销登记或者备案；业务主管机关的职责是负责社会团体筹备申请、成立登记、变更登记、注销登记前的审查；“分级登记”即是指全国性社会团体由民政部登记，地方性社会团体由县级以上各级地方政府民政部门登记。分级登记并不表示社会团体有级别之分，只是表明社会团体的会员来源和活动范围。全国性的社会团体可以在全国范围内发展会员，在全国范围内活动，而地方性社会团体则只能在相应的区域发展会员、开展活动。社会组织不论其是哪一级登记管理机关登记的，不论它是全国性的还是地方性的，也不管会员多少、规模大小，社会组织的地位是相同的、平等的，它们之间可以存在横向的合作关系，但不存在纵向的隶属和指导关系。

从社会组织资格准入来看，我国实行严格的双重许可制度，对社会组织资格的准入设立了非常高的门槛，比如，《基金会管理条例》第8条规定了基金会设立的五大条件：（1）为特定的公益目的而设立；（2）全国性公募基金会的原始基金不低于800万元人民币，地方性公募基金会的原始基金不低于400万元人民币，非公募基金会的原始基金不低于200万元人民币，原始基金必须为到账货币资金；（3）有规范的名称、章程、组织机构以及与其开展活动相适应的专职工作人员；（4）有固定的住所；（5）能够独立承担民事责任。

从登记的程序来看，社会组织的成立需首先接受业务主管机关的前置审查，再经登记管理机关审查登记。申请成立社会组织须先申请筹备成立，申请人只有在获得批准筹备后，才能开展筹备活动，待筹备工作完成后才能申请正式成立登记。程序的复杂性虽达到了严格控制的目标，但明显限制了社会组织的健康发展。双重许可大大提高了审查成本和申请成本，而且容易造成许多社会组织因找不到业务主管机关或有些机关为了避免社会组织惹麻烦，担忧社会组织的成立可能带来政治风险和管理风险，不愿作为主管机关而无法获得登记，同时也阻碍了社会组织的自主发展，这在一定程度上也助长了非法组织的出现，影响社会组织的健康成长和社会稳定。

最近几年来，伴随着政府机构改革和政府职能转变，与双重许可登记制度同时并存的还有直接登记制度和备案制度。根据党的十八届三中全会通过的《中共中央关于全面深化改革若干重大问题的决定》，行业协会商会类、科技类、公益慈善类和城乡社区服务类社会组织，可以依法直接向民政部门申请登记，不再经由业务主管单位审查和管理。四类社会组织的直接登记工作在全国层面和地方各级层面都在逐步试点和铺开。但直接登记制度的适用范围受到严格界定，2016年中共中央办公厅、国务院办公厅联合印发的《关于改革社会组织管理制度促进社会组织健康有序发展的意见》规定：行业协会商会的业务范围应当符合中央《行业协会商会与行政机关脱钩总体方案》的要求；科技类社会组织，其业务应当控制在自然科学和工程技术领域从事学术研究和交流活动等范围；公益慈善类社会组织，要以提供扶贫济困、救灾救援、助医助学等服务为主要业务范围；城乡社区服务类社会组织，在县级民政部门登记，其活动范围主要限定在社区内开展为民服务、养老照护、公益慈善、促进和谐、文体娱乐和农村生产技术服务等。在实践中，由于社会组织业务活动的复杂性，其规定难以为登记机关的审核提供有效的指导。不健全的制度，立法内容的碎片化等又为社会组织的成立设置了无形的门槛。例如，2013 年湖南省民政厅印发《关于对四类社会组织实行直接登记管理的暂行办法》仅仅列举了四类直接登记对象，而且登记的流程并不简单易行。备案制度是激发社区社会组织活力，为其取得合法身份提供了一个变通的途径。不过，尽管社区社会组织可以通过备案制解决合法身份的问题，但这种身份并非法人身份，其行为能力受到很大的限制。① 从法律位阶、制度目的和内容、适用范围和行动主体来看，直接登记制度和备案制度都无法解决本质问题，无法改变社会组织登记制度的高门槛属性。

此外，受体制惯性影响，目前我国登记制度体现着浓厚的政府管制思维。将登记制度和社会组织的合法性捆绑在一起，仍将是否登记作为判断社会组织是否合法的第一标准，使得政府无法改变监管行为中主次不分的现象，也就是长期以来积淀的重注册登记轻过程监管的问题。登记制度作为制度重心浪费了大量资源，既不利于社会组织的健康发展，亦不利于有效阻止和处置非法人组织和自然人以公益的名义所从事的非法行为，加重了登记管理机关监督管理责任与行动能力的不匹配性。社会组织登记制度的控制性和高门槛属性还从禁止在同一行政区域内设立业务范围相同或相似的社会组织的规定中得到充分体现，为避免社会组织展开竞争，规定限制社会组织在其他行政区域内设立分支机构，显然，登记制度通过登记门槛来控制社会组织发展，同时也使得社会组织的规模无法扩大，竞争力无法增强。

2. 非均衡管理制度

社会组织的管理制度包括双重管理制度、孵化培育制度、财税制度以及项目购买制度，体现了政府对社会组织实施控制与培育并举，控制优先于培育的政策。双重管理制度的控制性和约束性一直被学界

---

① 刘春湘：《基于约束条件的非政府组织监管协同研究》，《湖湘论坛》2019 年第 4 期。

和业界所诟病，在这种约束性管理制度之下，社会组织难以形成稳定的发展预期，无法感受到发展社会组织的政策激励，反而因为不稳定的孵化培育制度、财税制度和政府购买社会组织项目制度强化了社会组织对政府的依赖性，增大了为追逐政府财政支持和政府购买项目而背离使命，忽视组织核心竞争能力建设的风险。不规范的碎片化的管理制度安排使得处于初期发展阶段的社会组织的非规范性更是雪上加霜，使得中国社会组织整体看起来永远是一棵长不大的树苗。

（1）双重管理制度

社会组织的管理制度一直是业界和学术界集中批评又无法突破的对象，认为管理制度的缺陷直接制约了社会组织的发展。双重管理制度与登记制度紧密相关，它意味着每一个社会组织都要接受登记管理机关和业务主管单位的双重管理，登记管理机关和业务主管机关亦共同承担对社会组织的监管责任。业务主管（指导）机关监督与指导社会组织遵守宪法、法律、法规和国家政策，依法保护其依据其章程开展活动，负责社会组织年度检查的初审，协助登记管理机关和其他有关部门查处社会团体的违法行为，会同有关机关指导社会团体的清算事宜等。[①] 与登记制度相同，对社会组织的双重管理是通过“分级管理”来完成的，即是指全国性社会组织由民政部管理，地方性社会组织由县级以上各级地方政府民政部门管理，且由相应的部门做业务主管单位。应该说，社会组织管理制度并非纯粹意义上的民政部门和业务主管单位的双重管理，对社会组织的管理还包括在社会组织中加强党建工作，此外还包括财政、税务、人力资源与社会保障、公安等多部门对社会组织的管理。随着社会管理体制改革的深入，四类组织的业务主管部门成为指导部门，民政部门的管理责任加重，但管理职责与权力边界并未清晰，管理资源非均衡地分散在各部门间，难以形成管理合力。当然，多头管理与部分社会组织的直接登记并不能改变当

① 游祥斌、刘江：《从双重管理到规范发展——中国社会组织发展的制度环境分析》，《北京行政学院学报》2013 年第 4 期。

前社会组织双重管理的基本属性，只是强化了管理制度的非均衡性，除四类组织以外的其他社会组织，尤其是政治类和宗教类的社会组织须实行严格的双重管理制度。

（2）孵化培育制度

孵化培育制度是与双重管理并行不悖的管理制度，也是非均衡管理制度的重要体现。基于社会组织在提供公共服务和社会治理方面的主体作用，政府通常通过多种形式给予支持，包括资金、活动场地、人力资源、信息等。随着大量社会组织在社会治理中扮演着越来越重要的角色，同时也面临组织资源不足和能力不够的问题，社会组织孵化培育开始走上助推社会组织生存发展、更好服务社会的历史舞台。我国最早开展对社会组织进行孵化培育的地区是上海，随后被北京、广州、四川、江苏、太原等省市仿效，大部分采取“政府牵头建立，专业团队运行，社会组织受益”的模式，对社会组织尤其是草根型社会组织进行培育指导。①

社会组织进入孵化培育中心历经以下流程：第一步，社会组织提交入壳申请；第二步，孵化培育中心对申请入壳的社会组织做出评估；第三步，评估通过的社会组织正式入壳参与孵化培育；第四步，入壳社会组织经过约一至两年的孵化培育；第五步，孵化到期，组织出壳；第六步，孵化培育中心对社会组织的后续维护和服务。在孵化过程中，孵化培育中心将为社会组织提供场地设备、政策咨询、激发创意等，全方位致力于社会组织发展目标。

就目前而言，我国孵化培育制度仍面临一些重大挑战：一是政府主导社会组织培育平台的做法缺乏合理性。绝大部分孵化基地主要由政府推动成立，因而呈现出浓厚的行政色彩。政府如果在此领域不想作为，很多城市难以建成社会组织的培育基地。“动员”式的发展方式和“自上而下”的推动是我国很多新生事物得以发生和发展的动

① 赵海林：《社会组织孵化与社会治理创新——以江苏省淮安市为例》，《人民论坛》2014年第34期。

力。一旦政府想要推行某项政策或发展某项福利事业，可以利用手中的权力和资源，很快搭建起发展的雏形。然而，虽然政府的投入比较大，但这种拥有先天优势的社会组织孵化基地的根基却不稳，往往硬件设施看上去比较“高大上”，但是自身软实力却往往难以匹配，尤其是社会组织孵化基地资金、场地、辅导培训等对政府过多的依赖，使得社会组织孵化器丧失了自身的独立性，导致在管理上和运行上缺乏独立自主性，自治程度较低，从某种意义上讲，又变成了政府部门的延伸机构。二是表现出不均衡、不全面和力度不够等问题。社会组织孵化基地所培育的社会组织类型有限，很大部分是和老人、残疾人、儿童相关的公益性组织。显然这种孵化是不均衡、不健康的，容易带来资源投入的重复性和重叠性。三是孵化评估标准的模糊性。在社会组织申请入壳、孵化和出壳的过程中，需要对其进行评估，例如，在孵化之前，需要对提出入壳申请的社会组织进行评估，确定其是否具有孵化的价值和培育前景，但是这个标准却并不清晰，就目前来说，为了追求孵化基地规模的扩大，似乎对提出申请的组织都给予了支持，这可能会招进来重复性较高、培养潜力不大的组织。此外，对于最重要的出壳评估，最重要的标准应该是能够“自我造血”，自己寻找到资源，其余则是参照国家标准，按照国家对社会组织的分级进行评估，或者说交由第三方组织进行测评。如果社会组织孵化基地不能提供一份完备的、详细的、具有可操作性的评估标准来，那么就无法判断社会组织入驻基地的成效，是否已经具备独立发展的能力，这无论对于社会组织、孵化基地还是给予支持的政府部门而言，都是不利的，会极大地影响该举措的长期良性发展。

（3）社会组织的财税制度①

社会组织财税制度的内容包括政府对社会组织的财政支持和税收制度。这里的财政支持主要是财政的直接支持，财政补贴是政府对社会组织财政支持的基本方式，亦即政府直接在年度财政预算中对社会

① 本部分论述参考金锦萍《社会组织财税制度》，中国社会出版社2011年版，第5—180页。

组织从事的公益活动进行筹划安排，根据法定程序给予合乎条件的社会组织的公益活动进行专项资金补助支出，为社会组织的发展和更好地提供公共服务创造条件。例如，《广州市扶持发展社会工作类社会组织实施办法》（试行）中明确规定了财政补贴，具体包括：第一，一次性资助。即对符合专业社会工作发展方向和广州市社会工作人才队伍建设规划的新设立社工类社会组织，根据具体的评估情况，给予一次性的开办费资助。第二，基本经费支持。根据社工类社会组织的实际运作及公益服务绩效等情况，在设备购置费、办公场地租金等方面给予适当的资助。第三，专项补贴。对有关社会工作职业化建设、社会工作平台建设等项目，视情况给予专门的经费补助。我国对社会组织的财政支持制度在很大程度上推动了社会组织的发展，但也导致组织独立性降低，加剧了社会组织的非均衡发展。

社会组织税收制度是社会组织财税制度的核心，主要包括两大内容：一是社会组织减免税资格的认定；二是对社会组织的税收优惠（减免）特殊待遇，税收优惠的内容体现在两方面，即对社会组织各种税收的直接减免，以及个人和企业公益捐赠的税收优惠制度，此外还涉及其他支持社会组织发展的税收制度。本书主要考察社会组织减免税资格的认定、社会组织减免税待遇以及公益捐赠的税收优惠制度。

首先，考察社会组织减免税资格与减免税待遇。目前我国关于社会组织的税收规定，总体来看，仍然带有“过渡时期”特征，我国现行法律体系中迄今尚没有社会组织的明确定义和对社会组织的确认标准，慈善法虽然界定了慈善活动和慈善组织，并规定了慈善组织及其取得的收入依法享受税收优惠，自然人、法人和其他组织捐赠财产用于慈善活动的，依法享受税收优惠。企业慈善捐赠支出超过法律规定的准予在计算企业所得税应纳税所得额时当年扣除的部分，允许结转以后三年内在计算应纳税所得额时扣除。但由于其存在的一定抽象性和模糊性特点，慈善组织的确认和减免税地位的确定却非常困难。如前所述，慈善法实施已经两年有余，但赋予慈善组织身份的社会组织却非常有限。社会组织地位的确定，总体来说是由政府主管登记机关决定，而且身份一旦确定，就自动具有免税资格，无须纳入税务部门管理。由于社会组织的资格认定无须税务机关审批或审核，它们之间税收征管关系的建立以发生纳税义务为条件，社会组织有关的税收优惠制度主要散见于所得税、流转税、财产税等实体法的规定中，税收优惠的规定完全分散于各个税种之中，且征收与减免的界限清晰度不足，容易造成相互之间缺乏衔接，甚至存在矛盾。关于社会组织的税收优惠待遇，根据我国现行法律法规规定，我国的社会组织可以享受所得税、营业税、增值税、关税、房产税、城镇土地使用税、耕地占用税、契税、车船税、车辆购置税、印花税等税收优惠待遇（事实上，这些税种属于目前在21个由政府开征的税种中与社会组织相关的税种，随着社会组织业务活动范围的扩大，社会组织涉及的税种可能增加）。

以所得税为例，2008年1月1日开始实施的《中华人民共和国企业所得税法实施条例》第一次在我国法律上确立了“不征税收入”的概念，区分了“不征税收入”和免税收入。“不征税收入”包括：①财政拨款；②依法收取并纳入财政管理的行政事业性收费、政府性基金；③国务院规定的其他不征税收入。第85条规定，“企业所得税法第26条第（四）项所称符合条件的社会组织的收入，不包括社会组织从事营利性活动取得的收入，但国务院财政、税务主管部门另有规定的除外”。免税收入，意味着本身已经构成应税收入但依法予以免除，属于税收优惠。除非国务院财政、税务主管部门另有规定，《企业所得税法》第26条第（四）项所称符合条件的社会组织的收入被纳入免税收入的范畴，但不包括非营利组织从事营利性活动取得的收入。其他免税收入包括：国债利息收入；符合条件的居民企业之间的股息、红利等权益性投资收益；在中国境内设立机构、场所的非居民企业从居民企业取得与该机构、场所有实际联系的股息、红利等权益性投资收益。显然，此三项均与社会组织无关，但如果社会组织获取了前两项中的收入，皆能获得免税。

根据《财政部、国家税务总局关于非营利组织免税资格认定管理有关问题的通知》（财税〔2014〕13号），社会组织所得税免税资格的认定必须同时满足以下条件：①依照国家有关法律法规设立或登记的事业单位、社会团体、基金会、民办非企业单位、宗教活动场所以及财政部、国家税务总局认定的其他组织；②从事公益性或者非营利性活动；③取得的收入除用于与该组织有关的、合理的支出外，全部用于登记核定或者章程规定的公益性或者非营利性事业；④财产及其孳息不用于分配，但不包括合理的工资薪金支出；⑤按照登记核定或者章程规定，该组织注销后的剩余财产用于公益性或者非营利性目的，或者由登记管理机关转赠给与该组织性质、宗旨相同的组织，并向社会公告；⑥投入人对投入该组织的财产不保留或者享有任何财产权利，本款所称投入人是指除各级人民政府及其部门外的法人、自然人和其他组织；⑦工作人员工资福利开支控制在规定的比例内，不变相分配该组织的财产，其中，工作人员平均工资薪金水平不得超过上年度税务登记所在地人均工资水平的两倍，工作人员福利按照国家有关规定执行；⑧除当年新设立或登记的事业单位、社会团体、基金会及民办非企业单位外，事业单位、社会团体、基金会及民办非企业单位申请前年度的检查结论为“合格”；⑨对取得的应纳税收入及其有关的成本、费用、损失应与免税收入及其有关的成本、费用、损失分别核算。经省级（含省级）以上登记管理机关批准设立或登记的非营利组织，凡符合规定条件的，应向其所在地省级税务主管机关提出免税资格申请，并提供本通知规定的相关材料；经市（地）级或县级登记管理机关批准设立或登记的非营利组织，凡符合规定条件的，分别向其所在地市（地）级或县级税务主管机关提出免税资格申请，并提供本通知规定的相关材料。财政、税务部门按照上述管理权限，对社会组织享受免税的资格联合进行审核确认，并定期予以公布。

尽管对所得税免税认定资格列举了九项条件，但仍存在一定的模糊性，原则化倾向明显，存在容易引起歧义的规定。社会组织成为减免税待遇主体必须获得法律、行政法规规定或者法定审批机关批准，减免税手续则需到主管的税务机关办理，但如何办理却缺乏对社会组织免税申报的程序性规定。另外，未能将社会组织通过政府购买服务取得的收入纳入免税收入，会费只有按照省级以上民政、财政部门规定收取的才可以免税，按照国际惯例和组织自主运行的要求，会费的收取标准应由社会组织自主决定。有关社会组织的其他税收政策规定亦分别散见在不同税种的税收条例和征收管理办法中，在林林总总的税收制度中，都存在着规定偏于原则化，一致性差等问题。

其次，考察公益捐赠的税收优惠制度。公益性捐赠税前扣除制度的核心内容是法人、自然人和其他组织向符合条件并经认证的社会组织捐赠之后，其捐赠款项得以在一定限额内在缴纳所得税前依法扣除，显然，这一制度在很大程度上是作为鼓励社会公众和企业向社会组织捐赠，支持社会组织发展的制度而存在的，同时它也是推动国家治理现代化的重要途径。通过公益性捐赠税收优惠制度鼓励公益捐赠行为已经成为世界各国的通用做法。以美国为例，企业所得税方面，美国税法规定，纳税人向取得免税资格的社会组织进行捐赠的，可以享受最高的所得税抵扣。企业如果以现金形式捐赠，则当年扣除的限额为企业调整后所得额的 50%，如果以实物或财产形式进行捐赠，则按实物或财产市场价值在企业调整后所得额的 50% 限额内扣除，超过部分的捐赠可以结转至以后 5 个纳税年度扣除。个人所得税方面，美国税法规定个人在一个纳税年度的捐赠额在毛收入 50% 以内的可以扣除，超过部分在随后的 5 个纳税年度内允许扣除。

我国现行的与捐赠相关的法律依据主要为《中华人民共和国企业所得税法》《中华人民共和国企业所得税法实施条例》《中华人民共和国个人所得税法》《中华人民共和国个人所得税实施条例》《中华人民共和国公益事业捐赠法》《中华人民共和国慈善法》。作为基本法的《慈善法》第 34 条规定："本法所称慈善捐赠，是指自然人、法人和其他组织基于慈善目的，自愿、无偿赠与财产的活动。"第 80 条规定："自然人、法人和其他组织捐赠财产用于慈善活动的，依法享受税收优惠。企业慈善捐赠支出超过法律规定的准予在计算企业所得税应纳税所得额时当年扣除的部分，允许结转以后三年内在计算应纳税所得额时扣除。”企业所得税法和《财政部、国家税务总局关于公益救济性捐赠税前扣除政策及相关管理问题的通知》（财税〔2007〕6号）规定，经国务院民政部门批准成立的非营利的公益性社会团体和基金会，其捐赠税前扣除资格由财政部和国家税务总局进行确认；经省级人民政府民政部门批准成立的非营利的公益性社会团体和基金会，其捐赠税前扣除资格由省级财税部门进行确认，并报财政部和国家税务总局备案，并对申请捐赠税前扣除资格公益性社会团体所应具备条件、捐赠物资用途、捐赠票据使用作了相应规定。修订后的《中华人民共和国企业所得税法》第9条规定，企业发生的公益性捐赠支出，在年度利润总额12%以内的部分，准予在计算应纳税所得额时扣除；超过年度利润总额12%的部分，准予结转以后3年内在计算应纳税所得额时扣除。《个人所得税法》第6条规定，个人将其所得对教育事业和其他公益事业捐赠的部分，按照国务院的有关规定从应纳税所得中扣除，《中华人民共和国个人所得税法实施条例》第24条规定，个人将其所得通过中国境内的社会团体、国家机关向教育和其他社会公益事业以及遭受严重自然灾害地区、贫困地区的捐赠，捐赠额未超过纳税义务人申报的应纳税所得额30%的部分，可以从其应纳税所得额中扣除。

此外，经国务院批准，财政部、国家税务总局还发布了一些涉及个人所得税捐赠的特殊优惠政策。主要包括：对个人符合条件（通过非营利性的社会团体和国家机关）的公益性捐赠，可以在缴纳个人所得税前全额扣除，如向老年活动机构、教育事业的捐赠；向红十字事业的捐赠；向公益性青少年活动场所的捐赠；向中华健康快乐基金会、孙治方经济科学基金会、中华慈善总会、中国法律援助基金会、中华见义勇为基金会、宋庆龄基金会、中国福利会、中国残疾人福利基金会、中国扶贫基金会、中国煤矿尘肺病治疗基金会、中华环境保护基金会用于公益性、救济性的捐赠。

同时还值得注意的是，财政部、国家税务总局、民政部《关于公益性捐赠税前扣除有关问题的通知》（财税〔2018〕160号）规定，新设立的基金会在申请获得捐赠税前扣除资格后，原始基金的捐赠人可凭捐赠票据依法享受税前扣除。

公益捐赠税收优惠制度运行多年，但受益于该制度的社会组织的数量有限，因为接受慈善捐赠的慈善组织税前扣除资格有着较为严格的条件和复杂的程序，需要由民政部门和税务部门共同决定，取得公益性捐赠税前扣除资格的社会组织，由财政、税务和民政部门每年分别联合公布名单。

根据上述相关法律，我国社会组织申请公益捐赠税前扣除资格需要满足的条件包括：①依法登记，具有法人资格；②以发展公益事业为宗旨，且不以营利为目的；③全部资产及其增值为该法人所有；④收益和营运结余主要用于符合该法人设立目的的事业；⑤终止后的剩余财产不归属任何个人或者营利组织；⑥不经营与其设立目的无关的业务；⑦有健全的财务会计制度；⑧捐赠者不以任何形式参与社会团体财产的分配。国务院财政、税务主管部门会同国务院民政部门等登记管理部门规定的其他条件包括：①申请前三年未受过行政处罚。行政处罚主体广泛，处罚依据数量庞杂、处罚种类多，致使社会组织很难不受到行政处罚。譬如，社会组织的车辆违反交通法规，受到交通管理部门的处罚，社会组织办公场所未达到消防安全标准，受到消防部门处罚，社会组织的职工食堂卫生不达标，受到卫生主管部门处罚，凡此种种，都可能使得社会组织无法申请到或丧失公益捐赠税前扣除资格。②社会组织（基金会、公益性社会团体）年度检查和评估登记达标。社会组织评估登记在3A以上，即社会组织在民政部门主导的社会组织评估中被评为3A、4A、5A级别，且评估结果在有效期内。接受慈善捐赠的社会组织税前扣除资格不仅条件多而严格，且程序复杂，需要财政部门、民政部门和税务部门共同认定。据统计，截至2017年8月底，各级民政部门共认定和登记慈善组织2109家，显然，大量的公益性社会组织被排除在税前扣除资格之外，尽管获得资格的慈善组织在稳步增加，但和国家治理现代化的要求相比还有很大的差距，且烦琐而低效率的公益捐赠税收抵扣程序与现代社会所讲求的高效率、快节奏是背道而驰的，由于时间成本和精力的牵扯，捐赠者虽然获得了抵扣凭证，也难以实现其减免税的权利。难以充分地发挥税收优惠对捐赠者的激励功能，无法有效激励企业与个人致力于慈善事业。加之，特殊优惠政策的存在，一方面，对个人捐赠，法律规定了只有未超过纳税义务人申报的应纳税所得额30%的部分，才可以从其应纳税所得额中扣除；另一方面，只要个人向某些组织捐赠，就可以实现捐赠数额的个人所得税税前全额扣除，非均衡财税制度在公益捐赠税收制度中同样得到体现。

对于实物捐赠，相关税法没有区分公益性捐赠和非公益性捐赠，缺乏相应的税收优惠政策，一般而言，我国税法将捐赠实物视同销售货物。《增值税暂行条例实施细则》《消费税暂行条例》《营业税暂行条例实施细则》均有类似的规定。这意味着企业必须以并不存在的捐出货物增值额计算缴纳增值税，同时，由视同销售政策导致企业负担的消费税、城建税、企业所得税等税负也需要一并计缴。

总体观之，现有社会组织税收优惠制度存在立法层次偏低，制度安排碎片化，税收优惠涉及的种类众多，但征免规定的边界不清晰，税收优惠制度的激励功能和导向功能未能有效发挥，公益捐赠的激励作用亦未能得到有效释放，公益捐赠税前扣除资格的垄断现象尚未得到根本突破。国际上社会组织税收制度既作为激励型管理制度激励公益慈善事业的发展，同时又是有效的监督制度推动社会组织的可持续健康发展，但目前这方面的制度呈现出严重的碎片化现象，相关专门立法尚未出台，非均衡性问题突出。

（4）项目购买制度

项目购买制度从广义上看可以归入财税制度，但又有别于一般的财政补贴和税收优惠制度。政府出资购买社会组织项目是政府下放部分职能、支持社会组织发展的方式，[①] 通过政府部门的招标购买和社

---

① 陈晖：《论政府购买社区公共服务》，《云南行政学院学报》2009年第2期。

会组织之间的市场竞争，有效激发社会组织活力，并借由市场机制和竞争机制提高公共服务的质量和效率。作为政府提供公共服务的新形式和培育社会组织的制度创新，项目购买制度可以归纳为“政府承担、定项委托、合同管理、评估兑现”①。

政府购买社会组织服务起源于地方政府在公共服务提供上的创新实践，伴随着上海、深圳等发达地区的地方政府越来越多地向社会购买公共服务，政府购买社会组织服务逐步迈向规范化道路。

早在1996年，上海浦东新区社会发展局委托上海基督教青年会管理综合性的社区中心——上海浦东新区罗山市民会馆，尝试将罗山会馆打造成社区居民社会交往、社会教育、文化娱乐、体育健身享受公共福利服务的开放式的社区公共场所，为社区居民提供多元化公共福利服务，罗山会馆运行模式可以归纳为：“政府主导、各方协作、公民参与、社团管理。”伴随着上海、深圳等发达地区的地方政府向社会力量购买公共服务的实践探索的深入，为规范政府采购行为，提高政府采购的效率和效益，1998年深圳市出台了《深圳经济特区政府采购条例》，继深圳出台第一部政府采购地方性规章，上海、江苏、河北、辽宁等地也纷纷颁布法规、条例等规范性文件。次年，财政部颁布《政府采购管理暂行办法》，成为我国第一部关于政府采购的全国性部门规章。之后，财政部及联合各部委陆续发布了《政府采购货物和服务招标投标管理办法》《政府采购信息公告管理办法》《政府采购供应商投诉处理办法》《政府采购代理机构资格认定办法》《中央单位政府采购管理实施办法》《政府采购非招标采购方式管理办法》《中央国家机关政府采购实施办法（试行）》等规章及规范性文件，地方各级人大及政府也制定了诸多地方政府采购规范性文件。

政府采购法从2003年开始实施，政府购买公共服务也由此在全国主要城市迅速开展试点工作。2006年5月，国务院在《关于加强和改进社区服务工作的意见》中提出，“积极探索通过政府购买服务、项

① 赵立波：《完善政府购买服务机制推进民间组织发展》，《行政论坛》2009年第2期。

目管理等多种形式，调动社会组织参与社区服务的积极性，促进公共服务社会化”。2007年，国务院办公厅出台了《关于加快推进行业协会商会改革和发展的若干意见》，在官方文件中第一次明确提出向社会组织购买服务。2012年，民政部、财政部制定了《关于政府购买社会服务工作服务的指导意见》，标志着政府向市场和社会购买公共服务进入全面推广阶段。2013年，国务院办公厅颁发了《关于政府向社会力量购买服务的指导意见》，强调政府购买服务领域应更多利用社会力量，明确阐释了推进政府购买服务的目标：“到2020年在全国基本建立比较完善的政府购买服务制度。”在这里，社会力量包括：“依法在民政部门登记成立或经国务院批准免予登记的社会组织，以及依法在工商管理或行业主管部门登记成立的企业、机构等社会力量。承接政府购买服务的主体应具有独立承担民事责任的能力，具备提供服务所必需的设施、人员和专业技术的能力，具有健全的内部治理结构、财务会计和资产管理制度，具有良好的社会和商业信誉，具有依法缴纳税收和社会保险的良好记录，并符合登记管理部门依法认定的其他条件。承接主体的具体条件由购买主体会同财政部门根据购买服务项目的性质和质量要求确定。”

伴随着政府向社会组织购买服务向规范化制度化推进，政府向社会组织购买服务的实践在全国范围内展开。从我国政府购买服务涉及的领域来看，主要涵盖教育、养老、公共卫生、残疾人服务、社区发展、社区矫正、城市规划、文化体育、环保、扶贫、培训、就业、政策咨询等方面。

考察政府购买社会组织服务的实践可以发现，政府购买社会组织服务的制度化水平低，非规范性、碎片化特征十分突出。其制度瓶颈主要体现在：①制度碎片化，权威性不足。项目购买制度尚属于政策性规范文件，法律层次低，缺乏普遍有效的刚性约束；内容模糊，部分规定过于原则化，例如对于项目和服务，政府采购法只做了原则性规定，而对责任边界、程序、方式、服务标准等方面均没有明确的说明；对购买目录、购买内容以及购买程序也比较随意。②规范性不足。

现行的项目购买制度实际上是在不完善的法律环境下由各级政府、各个部门分散自行实施的，由于自然、历史、体制和管理等原因，项目购买制度在不同地区不同领域呈现出很大的差异性，但制度运行过程中体现出普遍非规范性现象。包括：其一，缺乏规范的信息征集、目录编制、定价机制、合同管理、支付管理、绩效评价等工作机制和工作流程，对项目内容、项目效果、项目监督方式、项目质量评价方式缺乏科学有效约束。很多基层政府进行政府购买服务探索过程中，直接照搬工程招标流程，或者照搬商品采购流程。其二，购买项目的预算编报不规范，大量地市级及以下政府未将政府购买资金纳入年度预算管理，有些地方政府购买预算未向社会公开等。其三，购买项目信息发布不规范，由于缺乏项目购买的信息统一发布平台，很多服务项目信息发布“并未规定指定的公开渠道、公开方式及公开期限等，有的仅仅在地区政府采购平台上发布，有的在各自的官方网站上发布，有的在第三方网站上发布，有的甚至直接通知部分机构知晓，导致社会组织获取购买信息渠道的公平性、可靠性和及时性难以保证。其四，承接主体选择不规范，一些地方政府并未按规定方式和程序选择承接主体，而是采取定向购买和内部购买等非竞争性购买形式，有时形式上虽是公开招标方式，但也是通过私下协商或其他非公开、非公平、非公正方式选择承接主体，甚至将服务项目采用化整为零的方式来规避必须采用公开招标的方式。③资金供给不足。由于传统体制的强大惯性作用，加上政府职能模糊与部门利益的复杂影响，地方政府对项目购买制度心存疑虑，许多政府的社会组织项目购买还处于试点阶段，仍有部分地方政府尚未启动政府购买社会组织服务的实践。总体来看，政府购买社会组织服务相对狭窄，无法满足日益增长的服务需求。

3. 碎片化的监督制度

（1）社会组织监督制度的构成

社会组织的意思自治与自主运营必须在法律的框架内进行。如何通过规范和有效的社会组织监督，推动社会组织自主治理和公信力建设，事关社会组织活力的可持续性。因历史和理解的差异性，“监督”

“监管”“管理”“规制”与“管制”常交替使用，本书选择“监督”是因为“监督”更能体现社会组织的独立主体地位。社会组织监督有广义和狭义之分，广义的社会组织监督指多元社会监督，狭义的则是指政府对社会组织的监督，因为狭义上的监管所具有的强制性、权威性而成为社会组织监管的核心。在社会组织领域，我国一直采用的是以政府为主导的监督体制，[①] 因而本书关注的重心在于政府对社会组织的监督。当前，已形成了覆盖从组织成立、组织活动到组织退出的社会组织运行全过程的监督体系。该体系主要由年检制度、信息公开制度、评估制度、淘汰制度构成，如图 5—1 所示。

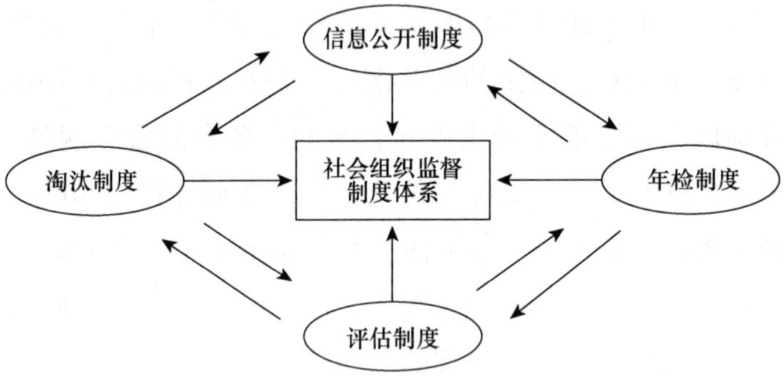

图 5—1　社会组织监督制度体系结构

注：本图由作者设计。

一是年检制度。年检制度是社会组织登记管理机关依法按年度对社会组织遵守法律、法规、规章和章程开展活动情况实施监督管理的制度。它是我国政府对社会组织日常行为监督与管理的主要形式。需要说明的是，我国的社会组织年检制度的设计并没有让业务主管部门缺位，非直接登记的社会组织需接受业务主管机关的初审。从年检实践来看，年检重点和具体内容并非一成不变，但基本上涵盖：组织基

① 陈晓春、肖雪：《非营利组织的法治化监管》，《上海师范大学学报》（哲学社会科学版）2017 年第 5 期。

本情况、治理结构、机构建设情况、业务活动情况、财务和资产状况、履行信息公开义务情况、接受监督管理情况等。其中，业务活动和财务状况一直在年检中占据重要地位。通常情况下，在年检过程中，登记管理机关对社会组织报送的年检材料进行检查、分析，并做出年检结论。中国社会组织公共服务平台公布数据显示，自2004年年检制度建立以来，共公布年检结论36531份，其中合格30470份、基本合格5550份、不合格511份。其中，2017年公示的年检报告共有2165份，其中1709家社会组织合格、424家基本合格、32家不合格。[①] 年检制度是作为登记管理机关履行行政监督职能的刚性制度而存在，制度目标在于推动社会组织加强自我治理，确保合法运行、提升规范性和公信力，年检制度的运行状态和制度目标的达成状态直接反映社会组织监管的效能。[②]

在年检制度的实际运行中，年检工作粗放，年检时间过于集中，通常为每年3月1日到5月31日。从每年1月1日至3月31日是社会组织递交年检材料的起止日期。在这3个月中除去节假日休息日，实际有效工作日不足50天，所以社会组织通常在3—4月集中申报年检。鉴于年检内容多且部分内容涉及财务、审计、法律等相关专业知识，年检的工作人员在短时间内无法做到逐一审查，年检工作没有足够的时间进行深入的开展。参与年检的工作人员大多不具备相应的专业知识，业务水平较低严重影响了年检的质量。当年检不合格可引起监管部门进入执法程序，而对社会组织实施行政处罚，这显然需要其他行政部门的协同与配合，但相关法律的具体规定却阙如。在所有因素的共同作用下，容易导致年检工作人员工作强度高，进而工作流于表面化与形式化，不利于对社会组织的监督。

二是信息公开制度。从信息公开意愿角度进行区分，信息公开制度有强制性信息公开制度和自愿性信息公开制度。两种相互区别但相

---

① 参见基金会中心网（http：//www. foundationcenter. org. cn/，2018年9月19日）。

② 刘春湘：《基于约束条件的非政府组织监管协同研究》，《湖湘论坛》2019年第4期。

互联系，理想的状态是相互促进，相得益彰，协同推动社会组织的良好治理和公信力建设。强制性信息公开制度如果缺乏自愿性公开制度的支持，其对监督的功能发挥将大打折扣。同理，自愿性公开制度如果缺乏强制性信息公开制度的支持和保障，则将成为无源之水，脆弱而难以持续运行。由于强制性信息公开制度的基础性和主导性地位，本书仅探讨强制性信息公开制度。慈善法将信息公开专列，明确了公益慈善类社会组织信息公开的原则和内容。依据国家法律法规，依法登记成立的社会组织在运作过程中必须以规范的格式及程序将组织的治理结构、筹资进展、财务报告、年度重大事项等主要信息真实、准确、完整、及时地向政府、捐助人、受益人及社会公众公开或依申请而向特定的个人或组织公开。2004 年颁布的《民间非营利组织会计制度》作为财务信息公开方面的专门法规，要求社会组织定期进行财务会计报告，并规定了社会组织对外提供的财务会计报告的内容、会计报表的种类和格式、会计报表附注应予披露的主要内容，以综合反映社会组织的财务状况、业务活动情况等。[①] 现行法律框架确立了信息公开的基本制度规范，但尚缺乏制度执行的具体规则以及违反信息公开制度的法律救济途径。[②]

考察社会组织信息公开的实践可以发现，为促进社会组织信息公开，中央政府、地方政府与社会组织在实际中搭建了众多的信息公开平台。民政部官方网站中设立了社会组织信息公开板块，各下级政府也建立起了各级社会组织信息网，如建立比较早的上海社会组织官网、天津市社会组织管理局官网、黑龙江社会组织网、江苏省社会组织信息公示平台等。据中国社会组织公共服务平台统计，截至 2018 年，共有民政部登记的 2305 家社会组织与地方登记的 801212 家社会组织在社会组织公共服务平台上公布其相关信息。截至 2019 年 4 月，共有

---

① 刘春湘：《基于约束条件的非政府组织监管协同研究》，《湖湘论坛》2019 年第 4 期。

② 徐晓明：《社会组织强制信息披露制度构建问题研究》，《天津行政学院学报》2013 年第 3 期。

2202 条社会组织年度工作报告在此网站公布。①

社会组织信息公开制度的实施效果可以从社会组织的透明度指数来加以说明，总体观之，当前社会组织的透明度水平不高，社会组织信息公开制度运行不畅。以基金会的透明指数（FTI）为例，基金会中心网（CFC）与清华大学联合开发的中基透明指数系统表明，尽管基金会透明指数整体呈现上升趋势，2012—2018 年，FTI 均值提升 1.19，增幅约为 2.4%，但基金会信息公开程度整体偏低，5694 家基金会的中基透明指数（FTI）平均为 50.08。②

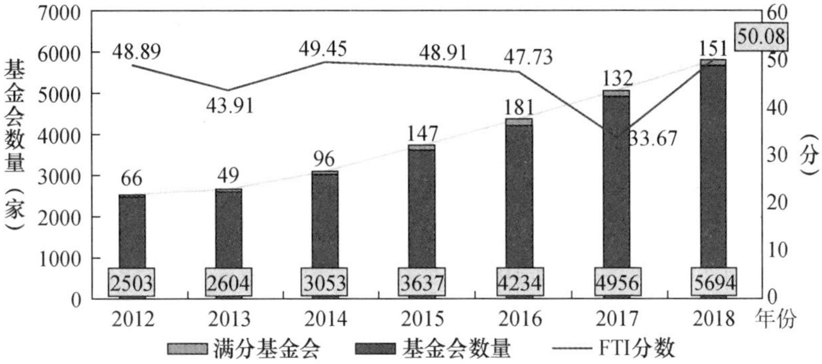

图 5—2　2012—2018 年中基透明指数 FTI 得分情况

资料来源：基金会中心网。

三是评估制度。社会组织评估旨在通过测评—信息公开—激励与失信惩处机制推动社会组织能力建设和公信力提升。在第三方评估制度尚不成熟的情况下，目前的评估制度可以归纳为登记管理机关主导的等级评估。相关法规依据包括 2007 年民政部出台的《民政部关于推进民间组织评估工作的指导意见》《全国性民间组织评估实施办法》及 2011 年实施的《社会组织评估管理办法》等，社会组织以自愿方

---

① 参见中国社会组织公共服务平台（http：//www. chinanpo. gov. cn/index. html，2019 年 4 月 29 日）。

② 参见基金会中心网（http：//fti1. foundationcenter. org. cn/FTI/ProvRanked）。

式参与评估，但必须获得登记证书满两个年度，每5年为一个评估周期。虽缺乏统一的评估指标体系，但评估基本上按法规要求，参考专家意见在基础条件、内部治理、工作绩效和社会评价四个维度展开。在不同类型和不同地区，社会组织评估指标会相应调整。评估结果分五个等级，获得3A以上的社会组织可以享受承接政府职能与政府购买服务的优先权，更容易获得政府奖励等资源。社会组织评估是一个动态发展的过程，但是社会组织评估的指导性文件社会组织评估管理办法于2011年由民政部发布实施至今并没有做一次调整。因此，其中许多条款并不符合目前社会组织评估的需要。据中国社会组织网统计显示，截至2016年，共出具社会组织评估结果995份，评为3A级以上的社会组织占比约90%。2016年直接登记在民政部下面的社会组织共有112家参加评估，其中，5A级4家、4A级23家、3A级68家、2A级16家、1A级1家。民政部主管的社会组织有近2301家，但是公布的所有结果才995份。从数据中可以看出社会组织评估积极性不高。

四是淘汰制度。淘汰制度目标在于通过法律规范明确社会组织的退出，以公开的方式宣告主体资格的终止，契合信息公开制度，净化社会组织健康发展的空间，推动社会组织的有效监督。我国社会组织的淘汰方式主要有三种：注销、撤销与取缔。注销或被撤销的社会组织，都是经过登记具有合法身份的组织，但被取缔的社会组织却是从未登记或者是登记之后已注销或已被撤销的。[①] 因被取缔的社会组织不存在主体资格的丧失问题，本书不做深入探讨。

在注销制下，社会组织通过理事会自主做出注销决议后，须在业务主管单位指导下成立清算小组，完成有关清算工作后再向登记管理机关申请注销登记。经审核准予注销的，登记管理机关收缴登记证书，印章和会计凭证，并出具注销证明文件（被注销组织的附属机构、代表机构一并注销），并向社会予以公告。在撤销制下，撤销的主要条件包括：登记时弄虚作假的；登记后1年内不开展活动的；将登记证

① 易继明：《社会组织退出机制研究》，《西北政法大学学报》2012年第6期。

书涂改、出借、出租或将印章出借、出租的；未按章程、宗旨和范围开展活动，且情节严重的；从事违法活动的。撤销的法律后果因撤销事由的不同有所区别，其程序的复杂性自不待言。

淘汰制度不仅事关主体资格的消亡问题，还涉及资产清算与处理问题及淘汰后的法律责任。目前，社会组织淘汰后的资产处理的法律规范的缺失与碎片化问题突出。基本的法律框架虽均涉及资产清算，但一致性差，至于清算剩余财产如何处置，“三大条例”中仅基金会管理条例有所涉及，但操作性不强。完整的淘汰制度设计还需要包含社会组织淘汰后的责任规定，但迄今阙如。[①] 在实践中，与粗糙的制度设计相适应，社会组织的退出行为主要是通过非常规不定期的清理整顿实现的，注销与撤销尚未成为社会组织监督的常规活动。自 1988 年社会组织实行统一登记以来，全国进行了多次社会组织的清理整顿活动，每次侧重清理的对象都不同。2018 年民政部门专项行动已取缔劝散非法社会组织 1800 多个。各地方政府也在开展清理整顿，如 2008 年广东省发布的《关于发展和规范我省社会组织的意见》，进行了全面的清理。2009 年湖北省武汉市在全市范围内通过宣传发动、调查摸底、清理整顿、依法取缔四个阶段进行集中清理取缔非法社会组织行动。2018 年湖南省民政厅 1—7 月取缔、劝散非法社会组织 52 家。诚然，运动式的集中清理整顿成效显著，对于一些不合法存在的社会组织具有一定的震慑力。但是学术界对于运动式取缔这一社会组织淘汰方式有着很大的质疑，认为其并非治理的常态并且与我国的法治精神有所背离。且近年来，我国各地“僵尸组织”的大量存在，单靠清理整顿的专项活动无法有效应对，毕竟“僵尸组织”的产生是不停歇的，需要探索搭建高效的常态化的社会组织淘汰路径来解决这一系列问题。

（2）社会组织监督制度存在的基本问题

一是相关法律的碎片化。对社会组织监督制度的上述概览表明从制度设计到制度运行均处于欠理想状态，指导社会组织监督的法律基

---

① 刘春湘：《基于约束条件的非政府组织监管协同研究》，《湖湘论坛》2019 年第 4 期。

本属于行政法规、部门规章以及地方性法规和文件，约束力不强，整体设计不足，较为零散，缺乏系统性，存在诸多不一致和冲突之处，碎片化特征十分明显，如不同法律规范对于退出的具体规定存在明显差别，相关规定与《行政许可法》《行政强制法》《民办教育促进法》等相关法律衔接不畅，引发了登记管理机关执法实务的诸多困惑。具体的制度安排应该凸显其可操作性，但各级政府部门颁发的社会组织监督法令法规基本上原则性强、可操作性低，缺乏相应的配套法规和制度，从年检、信息公开、评估到淘汰等具体监督制度安排亦都可以看到法律法规模糊性与不合理性的痕迹，立法质量存在瑕疵大大提高了监督的成本，降低了监督的效能。信息公开主体责任划分的模糊性便是一个典型的例子。强制性信息公开制度执行的必要前提是明确责任范围，但是我国在信息公开责任划分存在明显的不足。首先，社会组织外其他信息公开责任主体划分不明确。在《基金会信息公布办法》中规定了基金会为信息公布义务人，在《慈善组织信息公布办法》中规定了“属于慈善组织登记事项的，由民政部门予以公开”，《公益事业捐赠法》《慈善法》及其他法律法规中并没有明确写出信息公开义务人。慈善法中规定“慈善组织和县级以上人民政府民政部门和其他有关部门应该向社会公开信息”，这说明民政部门也是信息公开义务人，法规中还涉及“其他有关部门”，但无法确定其他有关部门的范围，容易造成信息公开主体之间责任推诿的现象。[①] 除此之外，还有部分学者认为第三方评估主体也是信息公开主体。因法律法规中对社会组织与其他信息公开责任主体并未做统一的规定，影响各信息公开责任主体自觉履行信息公开的义务。其次，未对社会组织内部信息公开责任主体做详细的规定。在公司法中，明确监事会、理事会、机构法定代表人对公司公布信息的真实性负责。在社会组织相关法律法规中，只对整个社会组织的信息公开责任有规定，但并未将信息公

① 何华兵：《慈善法背景下慈善组织信息公开的立法现状及其问题研究》，《中国行政管理》2017 年第 1 期。

开的责任具体落实到主要负责人、理事会、监事会等，因而会导致社会组织内主要成员对于社会组织信息公开工作的不重视。

二是监督制度结构不合理。欠合理的监督制度结构主要体现在以下几方面：第一，作为日常监督的年检制度未被置于其应有的地位，不规范的年检内容、不明确的程序、不确定的结果公布与运用，以及与其他制度安排的低契合性使年检制度的运行深受参与年检人员个人因素的制约，年检人员工作强度高，专业知识缺乏，再加上其他个人因素和环境因素，年检实施趋于形式化。第二，强制性信息公开制度的非强制性与制度缺陷。目前，强制信息公开的内容、格式、程序、方式与适用对象的不明确性明显，缺乏对违反信息公开法律要承担何种责任的清晰规定，强制性信息公开的非强制性明显。在我国法律法规中只针对社会组织没有公开信息和公布虚假信息两种情形设置了相应的责任和处罚，并未对信息公开的及时性准确性与完整性予以明确规定，并设置法律责任上的追究。此外，强制信息公开制度未能与登记备案制度、淘汰制度、税收监管等制度设计结合起来，未能有效引导社会组织完善自愿性信息公开制度。在制度运行中，信息不公开不透明的现象十分普遍，且大量公开的信息难以达到真实、准确、及时、完整、具体、相关、恰当的标准，信息质量和有用性值得怀疑，致使信息公开制度未能有效发挥其监督功能。第三，以政府为主导的评估制度无论从评估主体准入标准、评估标准与指标、评估程序与评估结果的运用等方面都存在较大的非规范性，很难确保评估的客观性和质量。社会组织的运行绩效属于自主治理的范畴，在社会组织监督乏力的情况下，评估制度的存在有着推动社会组织有序发展的合理性，但毕竟在政府监督资源有限的情况下加剧了监督工作量与监管资源的矛盾。因此，以政府为主导的评估制度应逐步退出，代之以真正意义上的第三方机构和第三方评估。第四，淘汰制度尚未有效建立。如前所述，相关法律规范笼统与碎片化，程序烦琐，注销和撤销的淘汰机制都存在不同程度的堵塞。在注销制之下，制度的非规范性和手续的复杂性，主动注销缺乏动力，致使所谓的“僵尸组织”“空壳组织”“休眠组织”大量存在。撤销制涉及行政处罚，制度本身的缺陷与登记管理机关的行为能力不能不使监督处置陷入困境。在监督失败的情况下，政府自觉不自觉地采取非常规的运动型清理整顿的方式。这种运动型淘汰制凸显监管的控制性，不仅与政府监督的法治化理念相背离，而且对社会组织的健康发展造成消极影响。

三是监督责任配置不当。首先，登记管理部门实施从登记、日常行为到淘汰的全过程监督，并被赋予惩治违规违法行为的职能，但经费不足，人员配备少，且缺乏与监督职责相称的专业水平。在监督能力与监督职责明显不对称情况下，登记管理部门选择形式化年检与忽视淘汰，社会组织的等级评估成为政府监督的重要形式，这无疑加剧了监督工作量和监督资源的矛盾。业务主管部门虽具有前置审批、协助与配合登记管理部门监督责任，但基于不存在明确的法律授权，责权利边界不清晰的现实，选择偏重前置审批，没有精力或不愿日常监督，直接登记后更顺理成章地采取消极的态度，采取或放弃监督或重复监督的策略以降低监督责任风险。政府监督的部门还涉及税务、审计、司法、公安、国安、文明办以及其他党政部门，因缺乏监督职责分工的明确规定，信息不对称与监督风险的考虑，在监督行为上各自为政、互相推诿。

4. 初生稚嫩的社会组织人才制度

社会组织人才可界定为在社会组织中工作效率高，且熟练掌握专业技能，在进行创造性劳动的同时具有高尚的道德情操和奉献精神，为社会组织做出贡献的管理和服务人才。学术界将社会组织人才大致分为两类：一是社会组织（不包括按国家公务员管理的人员）的专职工作人员，即人事隶属关系在某社会组织，且由该组织负担全部薪酬的工作人员。专职工作人员中又蕴含了两类社会组织人才，社会组织管理创新人才和专业技术人才，如信息管理、筹资管理、财务管理、项目管理等管理创新人才和社会工作者等专业技术人才。二是社会组织的非专职人员，主要指志愿者等。因社会组织的活力最终取决于专职人员，志愿者未纳入本书的视野。社会组织的人才状况如何呢？目前社会组织人才需求日趋旺盛，社会组织在运行中面临的首要困境是人才缺乏。社会组织人才匮乏现象不仅限于缺乏人才吸引力，还在于缺乏人才定力，难以留住人才。2010 年发布的《中国公益人才发展现状及需求调研报告》显示社会组织在职人员中，超过一半的机构有人员离职，其中近八成流向了非公益领域。可见，社会组织人才困境呼唤人才制度的出台。

社会组织人才制度即运用一系列规则或运作模式，对社会组织人才的引进、培养、评价、激励等活动进行全面规范的法律、法规和规则。社会组织人才制度包含人才引进制度、人才培养制度、人才评价制度、人才流动制度、人才激励制度等多个子制度。由于吸引、选拔与留住人才的关键在于导向与激励，因此人才评价制度与人才激励制度构成社会组织人才制度体系中的两大支柱。

（1）社会组织人才评价制度

社会组织人才评价制度的目标在于通过设立科学的评价指标，运用科学的评价手段、方法对社会组织人才进行科学的分类并实施测评，以推进人才战略、发挥人才价值的一项制度。人才评价不仅决定了社会组织人才的地位，对于其日后工作具有配置、导向、激励和约束四重作用，[①] 而且为人才培养、人才激励等制度打下了基础。如果从评价目的来考虑，人才评价可以划分为选拔评价和考核评价两大类型，前者是指对评价对象进行综合测评以判定其能否满足岗位的要求，后者则着重于对人才的品德、知识、工作能力和业绩进行综合评价，以判定其胜任岗位的状况与水平。职业资格制度属于前者，是世界各国普遍采用的基本人才评价制度。通常是指按照国家制定的职业标准或任职资格条件进行评价，对合格者授予相应的职业资格证书，从而为人才开发与配置确立基本规范及其制度体系，规范人才的招聘与有序流动，并有效推动职业资格、职业技能等级鉴定、职称、职业培训等制度间的相互关联或一体化发展。由此可知，职业资格制度在推动社会组织专业化和职业化过程中具有举足轻重的地位，因此本书主要探讨职业

---

① 沈克正：《建立与完善人才评价机制》，《中国石油大学学报》（社会科学版）2016 年第 6 期。

资格制度。

通过检索中国社会组织公共服务平台的法律法规数据库，社会组织宏观人才政策、制度屈指可数，所有的通知及意见均只针对一类社会组织人才——社会工作者。在国家上层建筑涉及的社会组织人才主体单一，覆盖狭窄的趋势下，学术界关于人才评价制度的研究也主要局限于社会工作者这一单一的人才种类，郭金来指出社会组织职业认定体系单薄且职称结构不合理，导致社会组织人才相应的人事制度不规范，员工离职率高，社会组织留不住人才。[①] 李长文指出当前社会组织职业资格评定系统还未建立，与社会组织相关的仅有社会工作者资格证，社会组织人才职业资格认证体系与职称序列缺失，原因在于政府政策制度的出台滞后于社会组织近几年的迅猛发展，职称评定以及职业资格认证工作的复合化，基于此应疏通社会组织人才职称评定渠道、建立社会组织职业资格认证体系与职称评定工作之间的衔接制度，以增加社会组织对人才的吸引力。[②] 罗兴奇、宋言奇基于社会治理的视角，指出我国当前社会工作职业准入存在“双轨制”困境，职业资格评价模式单一、内容不全，提出应充分利用政府、市场、社会等多元主体，协同构建完善的社会工作职业资格制度。[③] 方曙光从社会工作人才评价的构成因素、评价标准、原则、步骤、内容、程序等方面提出了系统的社会工作人才评价体系的构建路径。[④] 显然，我国社会组织人才评价问题已经引起学界和业界的高度关注，但相关制度体系尚未建立，职业资格制度仅囊括一类社会组织专业技术人才——社会工作者。由于特殊的历史和国情，我国社会工作人才主要有两种类型，即社会工作服务人才和社会工作管理人才。因此，社会工作者

---

① 郭金来：《共治与善治：社会组织人才服务体系治理初探》，《中国非营利评论》2016 年第 2 期。

② 李长文：《我国社会组织人才职业化成长的现实困境与路径选择》，《中国非营利评论》2016 年第 1 期。

③ 罗兴奇、宋言奇：《社会工作职业制度体系的本土构建——基于社会治理的视角》，《内蒙古社会科学（汉文版）》2015 年第 5 期。

④ 方曙光：《当前我国社会工作人才评价研究》，《第一资源》2013 年第 2 期。

的职业资格制度具有“双轨制”职业化的复杂性，使得该制度很难按照单一的标准来执行。不仅如此，社会组织其他专业人才的职业资格制度仍未建立，已有的职业资格认证和评价制度也并不具备限定就业准入的法律效力等，使社会组织专业人才缺乏社会地位和职业认同感，不但影响了社会组织引进人才，而且不利于社会组织留住人才。

（2）社会组织人才激励制度

社会组织人才激励制度涉及运用公平合理的制度准则以及符合社会组织人才成长规律的制度设计和制度实施以最大限度地调动社会组织人才的积极性、自主性和创造性，它不仅有助于组织人才实现自我发展，而且有助于社会组织吸引并留住人才，从而更好地推动组织目标的实现，激发社会组织整体活力。一般来说，任何让人才认为有价值的东西都是激励的要素，因为人才是具有复杂需要、追求自我实现的人，他们需要获得激励，需要成长的机会。他们期望授以重任，参与决策，采取行动。他们寻求责任，自主选择，需要赋予行动的自由。他们希望领导充分授权，期望得到尊重，得到认可，得到赏识。在大量社会组织尚难以为全职人员提供基本的福利保障的情况下，薪酬制度、社会保障制度构成社会组织人才激励制度的核心内容。

一直以来，社会组织的发展一直缺乏人才领域的制度支持，人才激励制度更是处于滞后状态，社会组织人才激励制度尚未有效构建。从薪酬制度来看，社会组织基本采用单一薪酬制度，主要根据职务高低划分工资档次，造成从业人员收入不合理、同工不同酬的现象普遍存在。[①] 社会组织在业务领域、资金来源、运行方式、规模、生命周期等存在巨大的差异性，在缺乏配套的制度和措施的情况下，如何实施适合社会组织的薪酬管理制度构成了又一重大难题。从保障制度来看，1991 年 6 月 26 日实施的《国务院关于企业职工养老保险制度改革的决定》，标志我国社会保险制度的正式施行。社会保障法律法规

---

① 《深化社会组织管理制度改革，加强和改进社会组织薪酬管理》，《中国社会组织》2016 年第 16 期。

在不断完善之中，但是社会组织保障体系的发展却相对滞后，并且忽视了社会组织群体的特殊性。[①] 2000 年发布的《民政部、人事部关于全国性社会团体专职工作人员人事管理问题的通知》是第一个涉及社会组织人才社会保障的政策文件，初步将社会团体专职人员的社会保险纳入全国社会保险制度中，实现了社会组织人才社会保障制度“零”的突破。2008 年涵盖社会组织所有专职人员的《关于社会组织专职工作人员参加养老保险有关问题的通知》，真正实现了社会组织人才社会保障制度的破冰，但是该通知仅就社会保险制度中的养老保险做出详细规定，社会组织人才其他方面的社会保障未能落实。在大部分草根社会组织人才的社会保障尚未落实到位的现状下，2013 年人社部、民政部下发《关于鼓励社会团体、基金会和民办非企业单位建立企业年金有关问题的通知》，显然这是对社会组织专职人员退休后生活的进一步保障，但通过访谈发现，该政策并未得到有效执行。

显然，我国社会组织人才薪酬与社会保障的政策总体来说数量较少，体系单薄，且常常伴有交叉重叠情况，未能将薪酬与社会保险、福利等社会保障相区分，社会保障中养老保险的部门规章比较多，其他社会保险及福利等较欠缺，国家对社会组织人才激励的重视程度明显不足，社会组织难免吸引不到人才，更留不住人才。社会组织人员队伍不稳定，缺少应有的活力便是顺理成章之事。

（三）研究假设

前文的分析表明，社会组织的微观制度环境呈现碎片化的总体特征，束缚了社会组织的活力，相比于宏观制度环境，作为社会组织具体制度安排构成的微观制度环境对社会组织活力具有更为直接与现实的影响。基于前述的分析，本书对微观制度环境与社会组织活力的逻辑关系进行如下假设。

---

① 崔凤、牟丽娜：《我国民间组织工作人员社会保障的现状与政策建议——对青岛的个案调查》，《社会保障研究》2009 年第 3 期。

HB：微观制度环境对社会组织活力存在显著正向影响

由于本书的前述部分已经将社会组织活力概括为四个维度，即社会认同度、服务积极性、资源动员能力和组织之间的竞争力四个方面，因此在假设 HB 的基础上，进一步提出具体包含 HB1、HB2、HB3、HB4 四个分假设。具体假设如下：

HB1：微观制度环境对社会组织社会认同度存在显著正向影响

本书的分假设一是：微观制度环境越好，社会组织的社会认同度越高，反之，微观制度环境越差，社会组织的社会认同度越低。

由于微观制度环境包括登记制度、管理制度、监督制度和人才制度四个方面，因此 HB1 包含四个分假设：

HB1—1 登记制度对社会组织社会认同度存在显著正向影响

HB1—2 管理制度对社会组织社会认同度存在显著正向影响

HB1—3 监督制度对社会组织社会认同度存在显著正向影响

HB1—4 人才制度对社会组织社会认同度存在显著正向影响

HB2：微观制度环境对社会组织服务积极性存在显著正向影响

本书的分假设二是：微观制度环境越好，社会组织的服务积极性越高，反之，微观制度环境越差，社会组织的服务积极性越低。

由于微观制度环境包括登记制度、管理制度、监督制度和人才制度四个方面，因此 HB2 包含四个分假设：

HB2—1 登记制度对社会组织服务积极性存在显著正向影响

HB2—2 管理制度对社会组织服务积极性存在显著正向影响

HB2—3 监督制度对社会组织服务积极性存在显著正向影响

HB2—4 人才制度对社会组织服务积极性存在显著正向影响

HB3：微观制度环境对社会组织资源动员能力存在显著正向影响

本书的分假设三是：微观制度环境越好，社会组织的资源动员能力越好，反之，微观制度环境越差，社会组织的资源动员能力越差。

由于微观制度环境包括登记制度、管理制度、监督制度和人才制度四个方面，因此 HB3 包含四个分假设：

HB3—1 登记制度对社会组织资源动员能力存在显著正向影响

HB3—2 管理制度对社会组织资源动员能力存在显著正向影响

HB3—3 监督制度对社会组织资源动员能力存在显著正向影响

HB3—4 人才制度对社会组织资源动员能力存在显著正向影响

HB4：微观制度环境对社会组织之间的竞争力存在显著正向影响

本书的分假设四是：微观制度环境越好，社会组织之间的竞争力越大，反之，微观制度环境越差，社会组织之间的竞争力越小。

由于微观制度环境包括登记制度、管理制度、监督制度和人才制度四个方面，因此 HB4 包含四个分假设：

HB4—1 登记制度对社会组织之间的竞争力存在显著正向影响

HB4—2 管理制度对社会组织之间的竞争力存在显著正向影响

HB4—3 监督制度对社会组织之间的竞争力存在显著正向影响

HB4—4 人才制度对社会组织之间的竞争力存在显著正向影响

二　研究设计

（一）研究模型

根据研究假设，本书构建的微观制度环境影响社会组织活力的理论模型如图 5—3 所示。

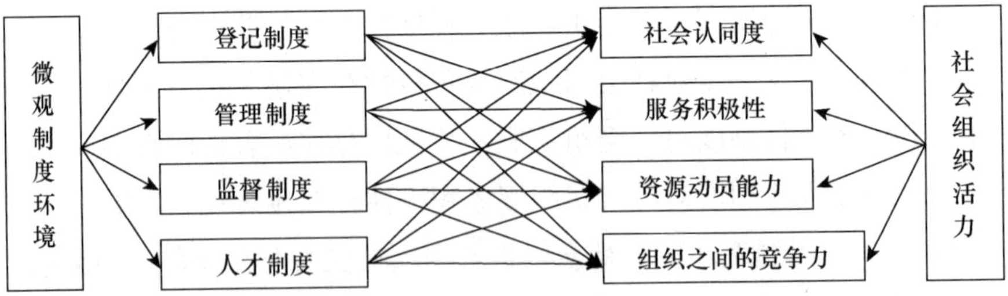

图 5—3　微观制度环境对社会组织活力影响理论模型

注：本图由作者设计。

本书分别将社会组织活力记为 Y，微观制度环境记为 M，社会认同度、服务积极性、资源动员能力以及组织之间的竞争力分别记为 y_1、y_2、y_3和 y_4，登记制度、管理制度、监督制度和人才制度分别记为 m_1、m_2、m_3和 m_4，采用二元 Logistic 回归分析微观制度环境对社会组织活力的影响。二元 Logistic 回归适用于因变量是二分类变量的情形，本模型的因变量为社会组织活力，是一个二分类变量，即社会组织活力“高”或者“低”，因此利用二元 Logistic 回归模型进行分析。如果社会组织活力高，则定义“ $y' = 1$ ”，如果社会组织活力低，则定义“ $y' = 0$ ”，其模型基本形式为：

$$Y = \alpha_1 y_1 + \alpha_2 y_2 + \alpha_3 y_3 + \alpha_4 y_4 \tag{1}$$

$$M = \theta_1 m_1 + \theta_2 m_2 + \theta_3 m_3 + \theta_4 m_4 \tag{2}$$

$$logit(P) = \ln \frac{P(y' = 1)}{1 - P(y' = 1)} = \varphi_0 + \sum_{i=1}^{k} \varphi_i M_i \tag{3}$$

其中，在式（1）中，Y 表示整体的社会组织活力水平，在此基础上，高于 Y 中值水平定义为社会组织活力高，记为“ $y' = 1$ ”；低于 Y 中值水平定义为社会组织活力低，记为“ $y' = 0$ ”；α 表示因变量社会组织活力各维度权重。在式（2）中，θ 表示自变量微观制度环境各指标权重。在式（3）中，P 为社会组织活力“高”发生的概率，X_i 表示影响社会组织活力的高低的第 i 个指标，k 为指标的个数，φ_0 为截距项，φ_i 为因变量 X_i 的系数，反映该变量对社会组织活力影响的方向及程度，通常用最大似然估计法求得。关于 α,θ 系数的确认，本书采用层次分析法（Analytic Hierarchy Process），即根据 AHP 法的计算步骤进行运算。

1. 计算 α（见第四章）

2. 计算 θ

基于已有研究，本书将微观制度环境分解为登记制度（m_1）、管理制度（m_2）、监督制度（m_3）和人才制度（m_4），根据众多学者的研究以及逻辑推导，在微观制度环境各要素的重要性程度方面，应为管理制度 > 人才制度 > 登记制度 > 监督制度，其相对重要程度如表 5—1 所示。

表 5—1　　　　微观制度环境判断矩阵

Ck	m_1	m_2	m_3	m_4
m_1	1	1/5	3	1/3
m_2	5	1	6	3
m_3	1/3	1/6	1	1/4
m_4	3	1/3	4	1

由此构建社会组织登记制度、管理制度、监督制度和人才制度四者之间的判断矩阵

$$A = \begin{bmatrix} 1 & 1/5 & 3 & 1/3 \\ 5 & 1 & 6 & 3 \\ 1/3 & 1/6 & 1 & 1/4 \\ 3 & 1/3 & 4 & 1 \end{bmatrix}，列向量归一化处理 A = \begin{bmatrix} 0.107 & 0.118 & 0.214 & 0.073 \\ 0.536 & 0.588 & 0.429 & 0.655 \\ 0.036 & 0.098 & 0.071 & 0.055 \\ 0.321 & 0.196 & 0.286 & 0.218 \end{bmatrix}，则：$$

$$\bar{W}_1 = \sum_{i=1}^{n} \bar{b}_{ij} = 0.107 + 0.118 + 0.214 + 0.073 = 0.512，$$

$$\bar{W}_2 = 0.536 + 0.588 + 0.429 + 0.655 = 2.207，$$

$$\bar{W}_3 = 0.036 + 0.098 + 0.071 + 0.055 = 0.260，$$

$$\bar{W}_4 = 0.321 + 0.196 + 0.286 + 0.218 = 1.021，$$

将向量 $\bar{W} = \begin{bmatrix} 0.512 \\ 2.207 \\ 0.260 \\ 1.021 \end{bmatrix}$ 正规化，则所求特征向量为 $W = \begin{bmatrix} 0.128 \\ 0.552 \\ 0.065 \\ 0.255 \end{bmatrix}$，则

其最大特征值 $\lambda_{\max} = \sum_{i=1}^{n} \frac{(AW)_i}{nW_i} = \frac{0.518}{4 \times 0.128} + \frac{2.347}{4 \times 0.552} + \frac{0.263}{4 \times 0.065} +$

$\frac{1.083}{4 \times 0.255} = 4.150$。根据 AHP 的算法，一致性指标 $CI = \frac{\lambda_{max} - n}{n - 1} = \frac{4.150 - 4}{4 - 1} = 0.05$，通过查找平均随机一致性指标 RI 标准值（参见第四章表4—2），当 $n = 4$ 时，$RI = 0.90$，则一致性比例 $CR = \frac{CI}{RI} = \frac{0.05}{0.90} = 0.056$，此时 $CR = 0.056 < 0.1$，则该矩阵通过一致性检验，因此登记制度 m_1、管理制度 m_2、监督制度 m_3 和人才制度 m_4 的系数分别为 $\theta_1 = 0.128, \theta_2 = 0.552, \theta_3 = 0.065, \theta_4 = 0.255$，即 $M = 0.128\,m_1 + 0.552\,m_2 + 0.065\,m_3 + 0.255\,m_4$。

（二）变量定义

1. 微观制度环境的维度及操作化路径

微观制度环境是本书的自变量，根据第二章关于微观制度环境的定义将其操作化为登记制度、管理制度、监督制度、人才制度四个二级指标。其中，登记制度操作化为登记门槛和登记程序两个三级指标，登记门槛不仅体现在社会组织准入制度中，而且也反映在四类社会组织直接登记政策的出台中；登记程序则主要反映在申报社会组织的审批手续中。管理制度操作化为双重管理体制、孵化培育制度、项目购买制度、财税制度四个三级指标，主要考量其对社会组织发展的限制性影响；当地政府对社会组织的中长期发展是否有规划以及孵化培育社会组织的体制机制是否完善直接反映孵化培育制度的完善程度；社会组织的发展离不开项目支持，而政府公共服务项目招标如果不能保证公平公正，项目购买制度将失去意义；财税制度则通过当地政府支持社会组织的金融、货币政策以及税收制度来体现，同时，财税制度的作用点之一是通过现行减免税待遇激励企业和公众捐赠。监督制度操作化为信息公开制度、年检制度、评估制度和淘汰制度四个三级指标，信息公开制度的目的在于提高社会组织透明度；年检制度的目标在于对社会组织进行监管，年检本身不存在腐败现象是监管有效性的最基本保障；评估制度则主要体现在第三方评估中；淘汰制度是对社会组织违规行为的惩处机制，其顺畅与否关系到整个淘汰制度的实施效果。人才制度操作化为评价制度和激励制度两个三级指标，良好的评优环境是评价制度的体现；激励制度则体现在薪酬待遇、社会保障、培训机会、晋升渠道方面，而离职状况以及流失率也从侧面反映了激励制度的完善程度。基于上述分析，本书将微观制度环境做了如下操作化定义，具体的微观制度环境操作化如表5—2所示。

表5—2　　微观制度环境测量的指标及概念操作化

一级指标	二级指标	三级指标	问题	操作化说明
微观制度环境	登记制度	登记门槛	社会组织的准入制度合理	1. 非常赞成（5分）；2. 赞成（4分）；3. 一般（3分）；4. 不赞成（2分）；5. 很不赞成（1分）
			行业协会商会类、科技类、公益慈善类、城乡社区服务类四类社会组织直接登记政策的出台促进了这四类社会组织的发展	1. 非常赞成（5分）；2. 赞成（4分）；3. 一般（3分）；4. 不赞成（2分）；5. 很不赞成（1分）
		登记程序	申报社会组织的审批手续简便	1. 非常赞成（5分）；2. 赞成（4分）；3. 一般（3分）；4. 不赞成（2分）；5. 很不赞成（1分）
	管理制度	双重管理体制	双重管理体制限制了社会组织的发展（此项反向计分）	1. 非常赞成（1分）；2. 赞成（2分）；3. 一般（3分）；4. 不赞成（4分）；5. 很不赞成（5分）
		孵化培育制度	当地政府对社会组织的中长期发展有规划	1. 非常赞成（5分）；2. 赞成（4分）；3. 一般（3分）；4. 不赞成（2分）；5. 很不赞成（1分）
			当地政府孵化培育社会组织的体制机制完善	1. 非常赞成（5分）；2. 赞成（4分）；3. 一般（3分）；4. 不赞成（2分）；5. 很不赞成（1分）

续表

一级指标	二级指标	三级指标	问题	操作化说明
微观制度环境	管理制度	项目购买制度	政府的公共政策和公共服务项目支持社会组织的发展	1. 非常赞成（5 分）；2. 赞成（4 分）；3. 一般（3 分）；4. 不赞成（2 分）；5. 很不赞成（1 分）
			政府购买社会组织的服务的实践大大推动了当地社会组织的发展	1. 非常赞成（5 分）；2. 赞成（4 分）；3. 一般（3 分）；4. 不赞成（2 分）；5. 很不赞成（1 分）
			政府公共服务项目招标公平公正	1. 非常赞成（5 分）；2. 赞成（4 分）；3. 一般（3 分）；4. 不赞成（2 分）；5. 很不赞成（1 分）
		财税制度	当地政府支持社会组织的金融、货币政策完善	1. 非常赞成（5 分）；2. 赞成（4 分）；3. 一般（3 分）；4. 不赞成（2 分）；5. 很不赞成（1 分）
			社会组织税收制度滞后于现实需要（此项反向计分）	1. 非常赞成（1 分）；2. 赞成（2 分）；3. 一般（3 分）；4. 不赞成（4 分）；5. 很不赞成（5 分）
			现行减免税待遇有助于激励企业和公众捐赠	1. 非常赞成（5 分）；2. 赞成（4 分）；3. 一般（3 分）；4. 不赞成（2 分）；5. 很不赞成（1 分）
	监督制度	信息公开制度	关于社会组织信息公开的规定有助于提高社会组织透明度	1. 非常赞成（5 分）；2. 赞成（4 分）；3. 一般（3 分）；4. 不赞成（2 分）；5. 很不赞成（1 分）
		年检制度	社会组织的年检制度合理	1. 非常赞成（5 分）；2. 赞成（4 分）；3. 一般（3 分）；4. 不赞成（2 分）；5. 很不赞成（1 分）
			政府对社会组织的年检等监管行为不存在腐败现象	1. 非常赞成（5 分）；2. 赞成（4 分）；3. 一般（3 分）；4. 不赞成（2 分）；5. 很不赞成（1 分）

续表

一级指标	二级指标	三级指标	问题	操作化说明
微观制度环境	监督制度	评估制度	当地第三方评估机构机制完善	1. 非常赞成（5分）；2. 赞成（4分）；3. 一般（3分）；4. 不赞成（2分）；5. 很不赞成（1分）
		淘汰制度	对社会组织违规行为的惩处机制顺畅	1. 非常赞成（5分）；2. 赞成（4分）；3. 一般（3分）；4. 不赞成（2分）；5. 很不赞成（1分）
	人才制度	评价制度	社会组织有良好的人才制度（评优、晋职、流动等）环境	1. 非常赞成（5分）；2. 赞成（4分）；3. 一般（3分）；4. 不赞成（2分）；5. 很不赞成（1分）
		激励制度	组织中全职人员每月薪酬待遇是多少	1. 2000元以下（1分）；2. 2000—3500元（2分）；3. 3500—5000元（3分）；4. 5000元以上（4分）
			组织是否给全职人员购买“五险一金”	1. 未购买（1分）；2. 购买部分（2分）；3. 购买了（3分）
			组织是否给全职人员提供培训机会	1. 不提供（0分）；2. 提供（1分）
			组织中全职人员的离职状况	1. 频繁（1分）；2. 偶尔有（2分）；3. 没有（3分）
			组织中全职人员是否有畅通的级别晋升渠道	1. 完全没有（1分）；2. 有，但晋升制度的激励性不强（2分）；3. 有，且晋升制度完善，晋升渠道畅通（3分）
			2015年度，组织的专职人员流失率是多少	1. 40%以上（1分）；2. 31%—40%（2分）；3. 21%—30%（3分）；4. 11%—20%（4分）；5. 10%以下（5分）

2. 社会组织活力测量的指标体系构建（参见第四章）

3. 微观制度环境影响社会组织活力的控制变量（参见第四章）

4. 数据来源（参见第四章）

三　实证结果与分析

（一）描述性统计

1. 微观制度环境的描述性统计

（1）社会组织登记制度的描述性统计

问卷中关于社会组织登记制度操作化为登记门槛和登记程序，与之相关的题项共有3项，其中登记门槛2项，登记程序1项，每项均为5分制，得分越高，则代表社会组织登记制度越好。就登记门槛而言，当填写人被要求对“社会组织的准入制度合理”做出判断，12.1%的表示非常赞同，58.9%的表示赞同，25.9%的表示一般，2.5%的表示不赞同，0.6%的表示很不赞同；当填写人被要求对“行业协会商会类、科技类、公益慈善类、城乡社区服务类四类社会组织直接登记政策的出台促进了这四类社会组织的发展”的判断做出再判断时，12.8%的表示非常赞同，62.2%的表示赞同，22.7%的表示一般，1.4%的表示不赞同，0.9%的表示很不赞同；这说明我国社会组织登记门槛处在不断优化当中。就登记程序而言，从填写人对“申报社会组织的审批手续简便”的判断中，65.3%的填写人表示赞同，26.1%的认为一般，有8.6%表示不赞同，认为申报社会组织的审批手续仍然烦琐。量化结果显示，71%和75%的填写人分别认为社会组织的准入制度合理、直接登记政策促进了相关社会组织的发展。可知，大多数社会组织负责人对社会组织登记制度持乐观估计。对登记制度维度的问卷调查结果进行数据分析，统计结果如表5—3所示。

表 5—3　　　　　　登记制度维度各项目描述性统计分析

	个案数（家）	平均值	标准差	最小值	中位数	最大值	极差
登记门槛	357	3. 82	0. 59	1. 00	4. 00	5. 00	4. 00
登记程序	357	3. 69	0. 87	1. 00	4. 00	5. 00	4. 00

从表 5—3 可知，在问卷调查的 357 家社会组织所面临的登记制度中，登记门槛总分为 10 分，将其转换为 5 分制得分后进行描述分析，根据统计结果，登记门槛平均得分为 3. 82 分，标准差得分为 0. 59，最小值为 1. 00 分，最大值为 5. 00 分，中位数为 4. 00，极差为 4. 00。由此可见，社会组织的准入制度一般，登记门槛处于一般水平。登记程序总分为 5 分，根据统计结果，登记程序平均得分为 3. 69 分，标准差得分为 0. 87，最小值为 1. 00 分，最大值为 5. 00 分，中位数为 4. 00，极差为 4. 00，由此可见，申报社会组织的审批手续较为简便，行业协会商会类、科技类、公益慈善类、城乡社区服务类四类社会组织直接登记政策的出台一定程度上促进了这四类社会组织的发展，社会组织登记程序处在优化之中。

（2）社会组织管理制度的描述性统计

问卷中关于社会组织管理制度操作化为双重管理体制、孵化培育制度、项目购买制度以及财税制度，与之相关的题项共有 9 项，其中，双重管理体制 1 项，孵化培育制度 2 项，项目支持制度 3 项，财税制度 3 项。每项均为 5 分制，得分越高，则代表社会组织管理制度越好。

经验分析告诉我们，社会组织的相关管理制度一直遭人诟病，这从社会组织负责人提供的数据信息也可得到印证。如图 5—4 所示，52. 6% 的填写人认为双重管理体制限制了社会组织的发展，61. 2% 的认为社会组织税收制度滞后于现实需要，而认为当地政府孵化培育社会组织的体制机制完善的只有 53. 6%，持不完善和一般态度的占 46. 4%。就项目购买制度而言，虽然 70. 2% 的填写人认为政府购买社会组织服务的实践推动了当地社会组织的发展，72. 4% 的填写人赞同和非常赞同“政府的公共政策和公共服务项目支持社会组织的发展”

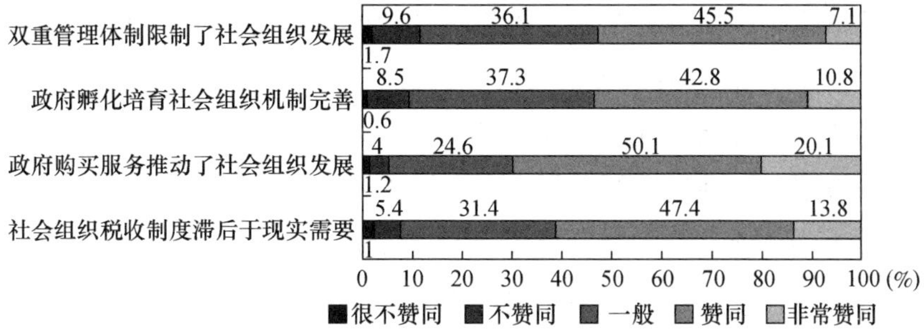

图 5—4　社会组织负责人对社会组织相关管理制度的评估判断

的观点，但是却有 42.5% 的填写人认为政府公共服务项目招标并不公平公正。就财税制度而言，虽然 72.2% 的填写人认为现行的减免税待遇有助于激励企业和公众捐赠，但在评判“当地政府支持社会组织的金融、货币政策完善”的观点时，仅有 8% 的填写人表示非常赞同，32.4% 的表示赞同，43.9% 的表示一般，12.3% 和 3.4% 的分别表示不赞同和很不赞同。总体观之，多数社会组织负责人对社会组织管理制度持中庸谨慎态度。对管理制度维度的问卷调查结果进行数据分析，统计结果如表 5—4 所示。

表 5—4　　管理制度维度各项目描述性统计分析

	个案数（家）	平均值	标准差	最小值	中位数	最大值	极差
双重管理体制	357	2.54	0.83	1.00	2.00	5.00	4.00
孵化培育制度	357	3.58	0.49	1.67	3.33	5.00	3.33
项目购买制度	357	3.76	0.68	1.00	4.00	5.00	4.00
财税制度	357	3.16	0.49	1.33	3.33	5.00	3.67

从表 5—4 可知，在问卷调查的 357 家社会组织所面临的管理制度中，双重管理体制总分为 5 分，根据统计结果，双重管理体制平均得分为 2.54 分，标准差得分为 0.83，最小值为 1.00 分，最大值为 5.00 分，中位数为 2.00，极差为 4.00，由此可见，双重管理体制限制了社会组织发展。孵化培育制度总分为 10 分，将其转换为 5 分制得分后进

行描述分析，根据统计结果，孵化培育制度平均得分为3.58，标准差得分为0.49，最小值为1.67分，最大值为5.00分，中位数为3.33，极差为3.33，由此可见，当地政府对社会组织的中长期发展有一定的规划但有限，当地政府孵化培育社会组织的体制机制的完善程度也处于一般水平。项目购买制度总分为15分，将其转换为5分制得分后进行描述分析，根据统计结果，项目购买制度平均得分为3.76分，标准差得分为0.68，最小值为1.00分，最大值为5.00分，中位数为4.00，极差为4.00，由此可见，政府的公共政策和公共服务项目一定程度上支持社会组织的发展，政府购买社会组织服务的实践在一定程度上推动了当地社会组织的发展，政府公共服务项目招标相对公平公正。财税制度总分为15分，将其转换为5分制得分后进行描述分析，根据统计结果，财税制度平均得分为3.16分，标准差得分为0.49，最小值为1.33分，最大值为5.00分，中位数为3.33，极差为3.67，由此可见，社会组织财税制度处于一般水平。

（3）社会组织监督制度的描述性统计

问卷中关于社会组织监督制度维度操作化为信息公开制度、年检制度、评估制度以及淘汰制度，与之相关的题项共有5项，其中，信息公开制度1项，年检制度2项，评估制度1项，淘汰制度1项。每项均为5分制，得分越高，则代表社会组织监督制度越好。

在问卷填写者中，就信息公开制度而言，关于“社会组织信息公开的规定有助于提高社会组织透明度”的判断，21.2%的填写人表示非常赞同，62.6%的表示赞同，14.5%的给予一般评价，1.4%的表示不赞同，0.3%的表示很不赞同。就年检制度而言，14.4%和59.2%的填写人分别对“我国社会组织年检制度合理”的观点表示非常赞同和赞同，21.4%的认为一般。那么，政府对社会组织的年检等监管行为是否存在腐败现象呢？填写人给出的答案是：69.5%的认为不存在，24.6%的表示不置可否，5.9%的则承认存在腐败现象。就评估制度而言，第三方评估机构机制完善对社会组织发展也至关重要。从填写人对“当地第三方评估机构机制完善”的认知来看，8.2%和41.8%的填写人分别给予了非常赞同和赞同的评价，40.6%的则承认其一般，说明第三方评估机构机制存在一定问题。总体来看，多数社会组织负责人对社会组织监督制度给予了相对乐观的评价。对监督制度维度的问卷调查结果进行数据分析，统计结果如表5—5所示。

表5—5　　监督制度维度各项目描述性统计分析

	个案数（家）	平均值	标准差	最小值	中位数	最大值	极差
信息公开制度	357	4.03	0.66	1.00	4.00	5.00	4.00
年检制度	357	3.80	0.68	1.00	4.00	5.00	4.00
评估制度	357	3.47	0.80	1.00	3.00	5.00	4.00
淘汰制度	357	3.64	0.74	1.00	4.00	5.00	4.00

从表5—5可知，在问卷调查的357家社会组织所面临的监督制度中，信息公开制度总分为5分，根据统计结果，信息公开制度平均得分为4.03分，标准差得分为0.66，最小值为1.00分，最大值为5.00分，中位数为4.00，极差为4.00，由此可见，关于社会组织信息公开的规定很大程度上有助于提高社会组织透明度，这与研究预期存在较大差异，跟踪调查发现，这与社会组织负责人对信息公开的认知水平有关，大多数社会组织负责人认为，组织只要以某种形式公开了组织行为就意味着组织具有良好的透明度。年检制度总分为10分，将其转换为5分制得分后进行描述分析，根据统计结果，年检制度平均得分为3.80分，标准差得分为0.68，最小值为1.00分，最大值为5.00分，中位数为4.00，极差为4.00，由此可见，社会组织的年检制度处于一般合理水平，政府对社会组织的年检等监管行为存在某些腐败现象。评估制度总分为5分，根据统计结果，评估制度平均得分为3.47分，标准差得分为0.79，最小值为1.00分，最大值为5.00分，中位数为3.00，极差为4.00，由此可见，当地第三方评估机构机制完善程度处于一般水平。淘汰制度总分为5分，根据统计结果，淘汰制度平均得分为3.64分，标准差得分为0.75，最小值为1.00分，最大值为

5.00 分，中位数为 4.00，极差为 4.00，由此可见，对社会组织违规行为的惩处机制顺畅性程度一般，社会组织淘汰制度处于一般水平。

（4）社会组织人才制度的描述性统计

问卷中关于社会组织人才制度操作化为评价制度和激励制度，与之相关的题项共有 7 项，其中，评价制度 1 项，激励制度 6 项，得分越高，则代表社会组织人才制度越好。

在问卷填写者中，就人才评价制度而言，当填写人对“社会组织有良好的人才制度环境”做出判断时，10.2% 的表示非常赞同，45% 的表示赞同，35.7% 的表示一般，而 7.4% 和 1.7% 的则持不赞同和很不赞同意见。就人才激励制度而言，社会组织重视全职人员的专业能力培养（提供培训机会的组织占 92.7%），但全职人员的薪酬待遇总体水平较低，购买“五险一金”比率偏低，激励作用有限，离职流失情况较为普遍，如图 5—5 所示。调研还发现，49% 的填写人认为影响社会组织人才队伍壮大的根本原因是薪酬制度不合理、待遇太低，而人事制度、职业声望、晋升制度和其他影响因素分别占比 19%、14.5%、6.5%、11%。质言之，提高薪酬待遇是激励和壮大社会组织人才队伍的重要突破口。对人才制度维度的问卷调查结果进行数据分析，统计结果如表 5—6 所示：

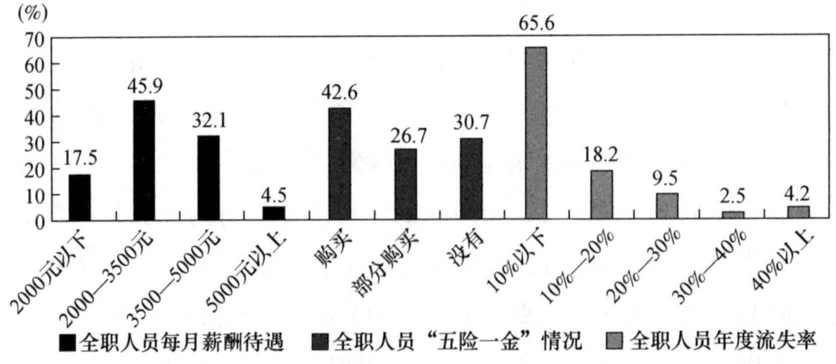

图 5—5　社会组织全职人员的薪酬待遇、社会保障和流失情况（N = 357）

表 5—6　　人才制度维度各项目描述性统计分析

	个案数（家）	平均值	标准差	最小值	中位数	最大值	极差
评价制度	357	3.55	0.84	1.00	4.00	5.00	4.00
激励制度	357	2.94	0.33	1.00	2.33	5.00	4.00

从表 5—6 可知，在问卷调查的 357 家社会组织所面临的人才制度中，评价制度总分为 5 分，根据统计结果，评价制度平均得分为 3.55 分，标准差得分为 0.86，最小值为 1.00 分，最大值为 5.00 分，中位数为 4.00，极差为 4.00，由此可见，社会组织的人才评价环境相对较好，但评价制度还有待不断完善优化。激励制度总分为 19 分，将其转换为 5 分制得分后进行描述分析，根据统计结果，激励制度平均得分为 2.94 分，标准差得分为 0.33，最小值为 1.00 分，最大值为 5.00 分，中位数为 2.33，极差为 4.00，社会组织激励制度处于一般水平，绝大部分组织给全职人员提供了培训机会，组织中全职人员存在一定的级别晋升渠道，但激励性不强。组织中全职人员每月薪酬待遇整体上处于低水平，组织给全职人员购买“五险一金”的比例偏低全职人员离职现象和人才流失现象比较普遍。

（5）社会组织微观制度环境的描述性统计

根据上文层次分析法所得公式 $M = 0.128\,m_1 + 0.552\,m_2 + 0.065\,m_3 + 0.255\,m_4$，根据问卷调查所得的微观制度环境的四个维度，即登记制度（m_1）、管理制度（m_2）、监督制度（m_3）、人才制度（m_4）有关数据，统计可获得四个维度以及微观制度环境的相应数据，其描述性统计如表 5—7 所示。

表 5—7　　微观制度环境各维度总体描述性统计分析

		登记制度	管理制度	监督制度	人才制度	微观制度环境
个案数（家）	有效	357	357	357	357	357
	缺失	0	0	0	0	0
平均值		7.51	13.53	14.95	6.13	10.76
标准差		1.31	1.55	2.33	0.93	1.14

续表

	登记制度	管理制度	监督制度	人才制度	微观制度环境
最小值	2.00	8.00	4.00	3.00	7.09
中位数	8.00	12.67	15.00	6.00	10.47
最大值	10.00	20.00	20.00	8.00	15.58
极差	8.00	12.00	16.00	5.00	8.49
5 分制均值	3.76	3.38	3.74	3.06	3.45

通过表 5—7 可以知道社会组织微观制度环境及各维度的总体情况。登记制度包括登记门槛和登记程序两个测项度，每个测项度 5 分，总分 10 分，平均得分为 7.51 分，标准差得分为 1.31，最小值为 2.00，最大值为 10.00，中位数为 8.00，极差为 8.00，将登记制度平均值转化为 5 分制均值，得分为 3.76 分。管理制度包括双重管理体制、孵化培育制度、项目购买制度、财税制度四个测项度，每个测项度 5 分，总分 20 分，平均得分为 13.53 分，标准差得分为 1.55，最小值为 8.00，最大值为 20.00，中位数为 12.67，极差为 12.00，将管理制度平均值转化为 5 分制均值，得分为 3.38 分。监督制度包括信息公开制度、年检制度、评估制度、淘汰制度四个测项度，每个测项度 5 分，总分 20 分，平均得分为 14.95 分，标准差得分为 2.33，最小值为 4.00，最大值为 20.00，中位数为 15.00，极差为 16.00，将监督制度平均值转化为 5 分制均值，得分为 3.74 分。人才制度包括评价制度和激励制度两个测项度，每个测项度 5 分，总分 10 分，平均得分为 6.13 分，标准差得分为 0.93，最小值为 3.00，最大值为 8.00，中位数为 6.00，极差为 5.00，将人才制度平均值转化为 5 分制均值，得分为 3.06 分。综上所述，微观制度环境各维度均处于一般水平。微观制度环境 5 分制得分为 3.45 分，社会组织微观制度环境总体水平一般，有待进一步提升优化。

2. 社会组织活力的描述性统计（见第四章）

（二）差异性分析

本部分差异性分析以微观制度环境的四个维度为因变量，运用单因子方差分析（ANOVA）检验组别平均数间的差异是否达到显著性水平，并运用事后多重比较进行组间差异检验。

1. 微观制度环境在组织所在区域上的差异分析

将社会组织所在区域分成三个组别：湖南省标记为1、广东省标记为2，青海省标记为3。对社会组织微观制度环境在区域上的特征进行描述统计和单因素方差分析，计算结果如表5—8所示。

表5—8　　微观制度环境在区域上的差异检验

	区域	个案数（家）	平均值	标准差	方差齐性检验	F	ANOVE显著性	邦弗伦尼多重比较
登记制度	湖南省	100	7.430	1.312	0.195	1.344	0.262	
	广东省	108	7.407	1.416				
	青海省	149	7.648	1.219				
管理制度	湖南省	100	12.620	1.642	0.066	0.205	0.815	
	广东省	108	12.756	1.628				
	青海省	149	12.707	1.423				
监督制度	湖南省	100	15.105	1.975	0.291	0.323	0.724	
	广东省	108	14.884	2.600				
	青海省	149	14.883	2.364				
人才制度	湖南省	100	5.620	0.600	0.450	4.522	0.011	2>1 2>3
	广东省	108	5.995	1.050				
	青海省	149	5.873	0.739				

由统计结果可以看出：莱文方差齐性检验的显著性均大于显著水平0.05，因此可以认为样本数据之间的方差是齐次的，可以进行单因素方差分析。根据单因素方差分析结果，不同区域的微观制度环境在人才制度（$F=4.522$，$P=0.011<0.05$）上存在显著差异，在登记制度、管理制度、监督制度三个维度上的显著性水平分别为0.262、0.815、0.724，均未达到0.05的显著性水平，说明登记制度、管理制度、监督制度三个维度在区域上不存在显著差异。根据多重比较结果，

广东省人才制度环境与湖南省、青海省存在明显差异，广东省拥有比湖南省、青海省更好的人才制度。

2. 微观制度环境在组织资产规模上的差异分析

将社会组织资产规模分成四个组别：30 万元以下标记为 1、30 万—100 万元标记为 2、100 万—500 万元标记为 3、500 万元以上标记为 4。对社会组织微观制度环境在资产规模上的特征进行描述统计和单因素方差分析，计算结果如表 5—9 所示。

表 5—9　　微观制度环境在组织资产规模上的差异检验

	资产规模	个案数（家）	平均值	标准差	方差齐性检验显著性	*F*	ANOVE 显著性	Scheffe
登记制度	30 万元以下	250	7.565	1.229	0.139	2.204	0.087	
	30 万—100 万元	56	7.148	1.610				
	100 万—500 万元	35	7.500	1.249				
	500 万元以上	16	7.969	1.384				
管理制度	30 万元以下	250	12.734	1.517	0.282	1.124	0.339	
	30 万—100 万元	56	12.568	1.783				
	100 万—500 万元	35	12.402	1.312				
	500 万元以上	16	13.188	1.573				
监督制度	30 万元以下	250	14.961	2.298	0.397	0.775	0.508	
	30 万—100 万元	56	14.787	2.772				
	100 万—500 万元	35	14.721	1.793				
	500 万元以上	16	15.719	2.352				
人才制度	30 万元以下	250	5.852	0.908	0.950	4.146	0.000	4 > 1 3 > 1
	30 万—100 万元	56	5.799	0.942				
	100 万—500 万元	35	5.618	1.010				
	500 万元以上	16	6.229	0.921				

由统计结果可以看出：莱文方差齐性检验的显著性均大于显著水平 0.05，因此可以认为样本数据之间的方差是齐次的，可以进行单因素方差分析。根据单因素方差分析结果，不同组织资产规模的微观制

度环境在人才制度（$F=4.146$，$P=0.000<0.05$）上存在显著差异，在登记制度、管理制度、监督制度三个维度上的显著性水平分别为0.087、0.339、0.508，均未达到0.05的显著性水平，说明登记制度、管理制度和监督制度三个维度在组织资产规模上不存在显著差异。根据多重比较结果，组织资产规模500万元以上社会组织的人才制度环境明显优于组织资产规模在30万元以下的社会组织人才制度环境，组织规模在100万—500万元的社会组织人才制度环境也明显优于组织资产规模30万元以下的社会组织人才制度环境，组织资产规模越大，社会组织人才制度环境越好。

3. 微观制度环境在组织类别上的差异分析

将社会组织类别分成三个组别：公益慈善类标记为1、城乡社区服务类标记为2，其他标记为3。对社会组织微观制度环境在组织类别上的特征进行描述统计和单因素方差分析，计算结果如表5—10所示。

表5—10　　微观制度环境在组织类别上的差异检验

	类别	个案数（家）	平均值	标准差	方差齐性检验	*F*	ANOVE显著性	邦弗伦尼多重比较
登记制度	公益慈善类	175	7.434	1.290	0.723	0.817	0.443	
	城乡社区服务类	108	7.639	1.407				
	其他	74	7.520	1.201				
管理制度	公益慈善类	175	12.644	1.683	0.320	0.210	0.811	
	城乡社区服务类	108	12.741	1.316				
	其他	74	12.761	1.534				
监督制度	公益慈善类	175	14.840	2.272	0.457	1.233	0.293	
	城乡社区服务类	108	14.857	2.467				
	其他	74	15.324	2.273				
人才制度	公益慈善类	175	5.756	0.908	0.117	1.388	0.251	
	城乡社区服务类	108	5.909	0.831				
	其他	74	5.932	1.083				

由统计结果可以看出：莱文方差齐性检验的显著性均大于显著水平0.05，因此可以认为样本数据之间的方差是齐次的，可以进行单因素方差分析。根据单因素方差分析结果，登记制度、管理制度、监督制度和人才制度三个维度上的显著性水平分别为0.443、0.811、0.293和0.251，均未达到0.05的显著性水平，说明登记制度、管理制度、监督制度和人才制度四个维度在组织类别上均不存在显著差异。

（三）相关性分析

1. 微观制度环境与社会组织活力的相关性

为检验微观制度环境对社会组织活力的直接影响，首先必须对微观制度环境与社会组织活力进行相关分析。相关分析的结果如表5—11所示。

表5—11　　微观制度环境与社会组织活力的相关性分析

		微观制度环境	登记制度	管理制度	监督制度	人才制度
社会组织活力	皮尔逊相关性	0.333**	0.241**	0.251**	0.247**	0.238**
	显著性（双尾）	0.000	0.000	0.000	0.000	0.000
	个案数（家）	357	357	357	357	357

注：** 表示在0.01级别（双尾），相关性显著。

由表5—11可知：微观制度环境与社会组织活力的相关系数为0.333，显著性 $P=0.000<0.01$，可见，微观制度环境与社会组织活力显著正相关，即微观制度环境对社会组织活力存在显著直接影响。微观制度环境的各维度登记制度、管理制度、监督制度和人才制度与社会组织活力的相关系数分别为0.241（$P=0.000<0.01$）、0.251（$P=0.000<0.01$）、0.247（$P=0.000<0.01$）和0.238（$P=0.000<0.01$），因此，登记制度、管理制度、监督制度和人才制度均与社会组织活力显著正相关，在此基础上建立微观制度环境对于社会组织活力的回归方程模型，从而验证微观制度环境对社会组织活力的直接影响效应具有实际意义。

2. 微观制度环境与社会认同度的相关性

为检验微观制度环境各维度对社会组织社会认同度的直接影响，首先必须对微观制度环境各维度与社会认同度进行相关分析。相关分析的结果如表 5—12 所示。

表 5—12　　微观制度环境与社会认同度的相关性分析

		微观制度环境	登记制度	管理制度	监督制度	人才制度
社会认同度	皮尔逊相关性	0.367**	0.253**	0.204**	0.291**	0.307**
	显著性（双尾）	0.000	0.000	0.000	0.000	0.000
	个案数（家）	357	357	357	357	357

注：** 表示在 0.01 级别（双尾），相关性显著。

由表 5—12 可知：微观制度环境与社会组织社会认同度的相关系数为 0.367，显著性 $P=0.000<0.01$，可见，微观制度环境与社会组织社会认同度显著正相关。微观制度环境的各维度登记制度、管理制度、监督制度和人才制度与社会认同度的相关系数分别为：0.253（$P=0.000<0.01$）、0.204（$P=0.000<0.01$）、0.291（$P=0.000<0.01$）、0.307（$P=0.000<0.01$），可见，微观制度环境四维度与社会认同度均在 0.01 显著性水平上正相关。

3. 微观制度环境与服务积极性的相关性

为检验微观制度环境各维度对社会组织服务积极性的直接影响，首先必须对微观制度环境各维度与服务积极性进行相关分析。相关分析的结果如表 5—13 所示。

表 5—13　　微观制度环境与服务积极性的相关性分析

		微观制度环境	登记制度	管理制度	监督制度	人才制度
服务积极性	皮尔逊相关性	0.058	-0.041	0.013	0.042	0.137**
	显著性（双尾）	0.272	0.793	0.804	0.432	0.009
	个案数（家）	357	357	357	357	357

注：** 表示在 0.01 级别（双尾），相关性显著。

由表5—13可知：微观制度环境与社会组织服务积极性的相关系数为0.058，显著性 $P=0.272>0.05$，可见，微观制度环境与社会组织服务积极性不存在显著相关关系。微观制度环境中的登记制度、管理制度、监督制度与社会组织服务积极性的相关系数分别为：-0.041（$P=0.793>0.05$）、0.013（$P=0.804>0.05$）、0.042（$P=0.432>0.05$）可见，微观制度环境中的登记制度、管理制度、监督制度与服务积极性之间相关性均不显著。而人才制度与社会组织服务积极性的相关系数为0.137（$P=0.009<0.01$），因此，人才制度与社会组织服务积极性在0.01显著性水平上正相关。

4. 微观制度环境与资源动员能力的相关性

为检验微观制度环境各维度对社会组织资源动员能力的直接影响，首先必须对微观制度环境各维度与资源动员能力进行相关分析。相关分析的结果如表5—14所示。

表5—14 微观制度环境与资源动员能力的相关性分析

		微观制度环境	登记制度	管理制度	监督制度	人才制度
资源动员能力	皮尔逊相关性	0.070	0.100	0.107*	0.062	0.063
	显著性（双尾）	0.185	0.058	0.042	0.241	0.234
	个案数（家）	357	357	357	357	357

注：* 表示在0.05级别（双尾），相关性显著。

由表5—14可知：微观制度环境与社会组织资源动员能力的相关系数为0.070，显著性 $P=0.185>0.05$，可见，微观制度环境与社会组织资源动员能力不存在显著相关关系。微观制度环境中的登记制度、监督制度和人才制度与资源动员能力的相关系数分别为：0.100（$P=0.058>0.05$）、0.062（$P=0.241>0.05$）、0.063（$P=0.234>0.05$），可见，微观制度环境下的登记制度、监督制度和人才制度与资源动员能力之间相关性不显著。而管理制度与社会组织资源动员能力的相关系数为0.107（$P=0.042<0.05$），因此，管理制度与社会组

织资源动员能力在0.05显著性水平上正相关。

5. 微观制度环境与社会组织之间竞争力的相关性

为检验微观制度环境各维度对社会组织之间竞争力的直接影响，首先必须对微观制度环境各维度与组织之间的竞争力进行相关分析。相关分析的结果如表5—15所示。

表5—15　　微观制度环境与组织之间竞争力的相关性分析

		微观制度环境	登记制度	管理制度	监督制度	人才制度
组织之间竞争力	皮尔逊相关性	0.161**	0.115*	0.173**	0.079	0.141**
	显著性（双尾）	0.002	0.030	0.001	0.134	0.008
	个案数（家）	357	357	357	357	357

注：** 表示在0.01级别（双尾），相关性显著；* 表示在0.05级别（双尾），相关性显著。

由表5—15可知：微观制度环境与社会组织之间竞争力的相关系数为0.161，显著性 $P = 0.002 < 0.01$，可见，微观制度环境与社会组织之间的竞争力显著正相关。微观制度环境中的登记制度与社会组织之间竞争力的相关系数为0.115（$P = 0.030 < 0.05$），因此，登记制度与社会组织之间竞争力在0.05显著性水平上正相关。管理制度、人才制度与社会组织之间竞争力的相关系数分别为：0.173（$P = 0.001 < 0.01$）、0.141（$P = 0.008 < 0.01$），因此，微观制度环境中的管理制度、人才制度与社会组织之间竞争力均在0.01显著性水平上正相关。

（四）模型检验

回归分析是在相关分析的基础上，对研究对象开展统计分析的继续和深入。本部分以微观制度环境各维度为自变量，以社会组织活力各维度为因变量，采用二元Logistic回归分析方法验证微观制度环境对社会组织活力的影响效应，探究微观制度环境各维度对社会组织活力各维度的影响。其中自变量为微观制度环境的四维度，即登记制度（m_1）、管理制度（m_2）、监督制度（m_3）和人才制度（m_4），因变量为社会认同度（y_1）、服务积极性（y_2）、资源动员能力（y_3）和组织之间竞争力（y_4）。

1. 微观制度环境对社会组织活力的影响

采用二元 Logistic 回归分析验证微观制度环境各维度对社会组织活力的影响，回归模型检验结果如表 5—16 所示。

表 5—16　微观制度环境对社会组织活力影响的二元 Logistic 回归分析

	B	标准误差	瓦尔德	自由度	显著性	Exp（B）
微观制度环境（*M*）	1.386	0.225	38.118	1	0.000	4.000
登记制度（m_1）	0.908	0.341	7.066	1	0.008	2.479
登记门槛	0.994	0.404	6.063	1	0.014	2.701
登记程序	0.606	0.279	4.726	1	0.030	1.833
管理制度（m_2）	0.629	0.249	6.357	1	0.012	1.875
双重管理体制	-0.104	0.550	0.036	1	0.850	0.901
孵化培育制度	0.475	0.290	2.671	1	0.102	1.608
项目购买制度	0.812	0.291	7.763	1	0.005	2.253
财税制度	-0.461	0.301	2.350	1	0.125	0.631
监督制度（m_3）	0.450	0.254	3.142	1	0.076	1.568
信息公开制度	0.563	0.382	2.175	1	0.140	1.756
年检制度	-0.464	0.338	1.889	1	0.169	0.629
评估制度	-0.426	0.431	0.980	1	0.322	0.653
淘汰制度	0.291	0.323	0.814	1	0.367	1.338
人才制度（m_4）	0.651	0.240	7.337	1	0.007	1.917
评价制度	0.577	0.281	4.209	1	0.040	1.780
激励制度	0.724	0.245	8.722	1	0.003	2.063

注：因变量（*Y*）为社会组织活力。

由回归分析结果可以看出，微观制度环境对社会组织活力影响的显著性 $P=0.000<0.05$，因此微观制度环境对社会组织活力存在显著正向影响。在微观制度环境下的登记制度、管理制度、监督制度和人才制度四维度中，登记制度的显著性 $P=0.008<0.05$，管理制度的显

著性 $P=0.012<0.05$，人才制度的显著性 $P=0.007<0.05$，因此，登记制度、管理制度、人才制度与社会组织活力在0.05显著性水平上正相关；而监督制度的显著性 $P=0.076>0.05$，因此，监督制度与社会组织活力的相关性不显著。进一步分析发现，在登记制度中，登记门槛与登记程序均对社会组织活力存在显著相关关系；在管理制度中，项目购买制度对社会组织活力存在显著正向影响，而双重管理体制、孵化培育制度和财税制度对社会组织活力的影响并不显著；在监督制度中，信息公开制度、年检制度、评估制度和淘汰制度对社会组织活力的影响均不显著；在人才制度中，评价制度和激励制度均对社会组织活力显著相关。通过以上结果分析，假设HB得到验证。

2. 微观制度环境对社会组织社会认同度的影响

采用二元Logistic回归分析验证微观制度环境各维度对社会组织社会认同度的影响，回归结果如表5—17所示。

表5—17　微观制度环境对社会组织社会认同度影响的二元Logistic回归分析

	B	标准误差	瓦尔德	自由度	显著性	Exp（B）
微观制度环境	1.544	0.228	45.820	1	0.000	4.684
登记制度	0.991	0.340	8.520	1	0.004	2.694
管理制度	0.287	0.254	1.283	1	0.257	1.333
监督制度	0.651	0.258	6.340	1	0.012	1.917
人才制度	0.952	0.243	15.396	1	0.000	2.590
常量	-1.268	0.210	36.294	1	0.000	0.281

注：因变量（y_1）为社会组织社会认同度。

由回归分析结果可以看出，微观制度环境的显著性 $P=0.000<0.05$，因此，微观制度环境对社会组织社会认同度存在显著正向影响。微观制度环境下的登记制度、管理制度、监督制度和人才制度四维度中，登记制度的显著性 $P=0.004<0.05$，监督制度的显著性 $P=0.012<0.05$，人才制度的显著性 $P=0.000<0.05$，因此，登记制度、监督制度、人才制度与社会组织社会认同度在0.05显著性水平上正相关；而

管理制度的显著性 $P = 0.257 > 0.05$，因此，管理制度与社会组织社会认同度的相关性不显著。通过以上结果分析可知，假设 HB1、HB1—1、HB1—3、HB1—4 得到验证，而假设 HB1—2 未能得到验证。

3. 微观制度环境对社会组织服务积极性的影响

采用二元 Logistic 回归分析验证微观制度环境各维度对社会组织服务积极性的影响，回归结果如表 5—18 所示。

表 5—18　微观制度环境对社会组织服务积极性影响的二元 Logistic 回归分析

	B	标准误差	瓦尔德	自由度	显著性	Exp（B）
微观制度环境	0.250	0.228	1.206	1	0.272	1.284
登记制度	-0.202	0.323	0.392	1	0.531	0.817
管理制度	-0.016	0.261	0.004	1	0.952	0.984
监督制度	-0.009	0.266	0.001	1	0.973	0.991
人才制度	0.626	0.250	6.286	1	0.012	1.871
常量	0.500	0.189	6.983	1	0.008	1.649

注：因变量（y_2）为社会组织服务积极性。

由回归分析结果可以看出，微观制度环境的显著性 $P = 0.272 > 0.05$，因此，微观制度环境对社会组织服务积极性不存在显著正向影响。微观制度环境下的登记制度、管理制度、监督制度和人才制度四维度中，登记制度的显著性 $P = 0.531 > 0.05$，管理制度的显著性 $P = 0.952 > 0.05$，监督制度的显著性 $P = 0.973 > 0.05$，因此，登记制度、管理制度、监督制度与社会组织服务积极性均不存在显著相关关系。人才制度的显著性 $P = 0.012 < 0.05$，因此，人才制度与社会组织服务积极性显著正相关。通过以上结果分析可知，假设 HB2—4 得到验证，而假设 HB2、HB2—1、HB2—2、HB2—3 未能得到验证。

4. 微观制度环境对社会组织资源动员能力的影响

采用二元 Logistic 回归分析验证微观制度环境各维度对社会组织服务积极性的影响，回归结果如表 5—19 所示。

表 5—19　　微观制度环境对社会组织资源动员能力影响的二元 Logistic 回归分析

	B	标准误差	瓦尔德	自由度	显著性	Exp（B）
微观制度环境	0.282	0.213	1.760	1	0.185	1.326
登记制度	0.374	0.308	1.480	1	0.224	1.454
管理制度	0.418	0.221	3.740	1	0.047	1.675
监督制度	0.018	0.247	0.005	1	0.943	1.018
人才制度	0.144	0.232	0.388	1	0.533	1.155
常量	-0.164	0.182	0.808	1	0.369	0.849

注：因变量（y_3）为社会组织资源动员能力。

由回归分析结果可以看出，微观制度环境的显著性 $P=0.185>0.05$，因此，微观制度环境对社会组织资源动员能力不存在显著正向影响。微观制度环境下的登记制度、管理制度、监督制度和人才制度四维度中，登记制度的显著性 $P=0.224>0.05$，监督制度的显著性 $P=0.943>0.05$，人才制度的显著性 $P=0.533>0.05$，因此，登记制度、监督制度、人才制度与社会组织资源动员能力均不存在显著相关关系。管理制度的显著性 $P=0.047<0.05$，因此，管理制度与社会组织服务积极性显著正相关。通过以上结果分析可知，假设 HB3—2 得到验证，而假设 HB3、HB3—1、HB3—3、HB3—4 未能得到验证。

5. 微观制度环境对社会组织之间竞争力的影响

采用二元 Logistic 回归分析验证微观制度环境各维度对社会组织服务积极性的影响，回归结果如表 5—20 所示。

表 5—20　　微观制度环境对组织之间竞争力影响的二元 Logistic 回归分析

	B	标准误差	瓦尔德	自由度	显著性	Exp（B）
微观制度环境	0.650	0.215	9.115	1	0.003	1.916
登记制度	0.334	0.316	1.116	1	0.291	1.396
管理制度	0.599	0.246	5.927	1	0.015	1.821

续表

	B	标准误差	瓦尔德	自由度	显著性	Exp（B）
监督制度	-0.115	0.251	0.212	1	0.645	0.891
人才制度	0.474	0.235	4.073	1	0.044	1.607
常量	-0.281	0.184	2.339	1	0.126	0.755

注：因变量（y_4）为组织之间竞争力。

由回归分析结果可以看出，微观制度环境的显著性 $P=0.003<0.05$，因此微观制度环境对社会组织之间竞争力存在显著正向影响。微观制度环境下的登记制度、管理制度、监督制度和人才制度四维度中，管理制度的显著性 $P=0.015<0.05$，人才制度的显著性 $P=0.044<0.05$，因此，管理制度、人才制度与社会组织之间的竞争力存在显著相关关系。登记制度的显著性 $P=0.291>0.05$，监督制度的显著性 $P=0.645>0.05$，因此，登记制度和监督制度与社会组织之间的竞争力不存在显著相关关系。通过以上结果分析可知，假设 HB4、HB4—2、HB4—4 得到验证，而假设 HB4—1、HB4—3 未能得到验证。

四　讨论与对策建议

（一）讨论

1. 我国社会组织面临的微观制度环境整体处于一般水平

通过对社会组织微观制度环境的分析，可以得出：我国社会组织面临的微观制度环境整体处于一般水平。通过对微观制度环境的描述性分析，微观制度环境平均得分为 3.45 分，处于一般水平，而微观制度环境各维度平均得分为：登记制度得分为 3.76，管理制度得分为 3.38，监督制度得分为 3.74，人才制度得分为 3.06，微观制度环境各维度均处于一般水平。与我国社会组织面临的宏观制度环境整体处于中上水平相比，社会组织面临的微观制度环境还有比较大的差距，存在诸多有待完善优化的地方。我们知道，微观制度环境是践行宏观制度价值理念和指导制度执行实施的中间环节和桥梁纽带，能够在制度设计和制度执行之间建立连接，具有相对具体性和针对性的特点。社会组织微观制度环境的不合理，将会使宏观制度的价值理念“失真走形”，也会使制度执行的具体指导缺乏可操作性，不利于社会组织活力的激发。总之，社会组织面临的微观制度环境距预期还有比较大的差距，存在诸多有待完善和优化的地方。

2. 微观制度环境对社会组织活力存在显著正向影响

对微观制度环境与社会组织活力进行相关性分析，分析结果显示微观制度环境与社会组织活力显著正相关；对微观制度环境对社会组织活力的影响进行二元 Logistic 回归分析，回归分析结果显示微观制度环境对社会组织活力影响的显著性 $P = 0.000 < 0.05$，微观制度环境对社会组织活力存在显著正向影响。由此说明微观制度环境越好，社会组织活力越高，反之，微观制度环境越差，社会组织活力越低。微观制度环境通过登记制度、管理制度、监督制度和人才制度四大制度安排对社会组织活力产生影响。微观制度环境作为制度环境中的重要组成部分，与宏观制度环境和制度执行环境共同作用于社会组织活力。

3. 微观制度环境与社会组织活力四要素的相关性不一致

社会组织的社会认可度、组织间竞争力与微观制度环境呈显著相关关系，说明微观制度环境越好，社会组织的认可度越高、组织间竞争力越强。反之，微观制度环境越差，社会组织的认可度越低、组织间竞争力越弱。但是，微观制度环境与社会组织服务积极性和资源动员能力不存在显著相关关系，这说明社会组织的服务积极性和资源动员能力可能受其组织的领导风格、组织氛围等的影响，与微观制度环境的关联度不高，虽然存在一定影响但并不明显。因此，社会组织活力四要素并不都与微观制度环境存在显著相关关系。

4. 微观制度环境各维度对社会组织活力的影响不一致

在微观制度环境下的登记制度、管理制度、监督制度和人才制度四维度中，登记制度、管理制度、人才制度与社会组织活力在 0.05 显著性水平上正相关，而监督制度与社会组织活力的相关性不显著。监督制度侧重于对社会组织的监督管理而不是培育支持，所以对社会组织活力有影响但并不显著。进一步分析发现，在登记制度中，登记门槛与登记程序均对社会组织活力存在显著相关关系；在管理制度中，项目购买制度对社会组织活力存在显著正向影响，而双重管理体制、孵化培育制度和财税制度对社会组织活力的影响并不显著；在监督制度中，信息公开制度、年检制度、评估制度和淘汰制度对社会组织活力的影响均不显著；在人才制度中，评价制度和激励制度均与社会组织活力显著正相关。

（二）对策建议

1. 优化社会组织登记制度提升社会组织监管效能

（1）降低社会组织登记门槛

立法时应明确设立的基本条件，如规定成立社团法人应当具有一定数量的成员、组织机构、章程、住所和活动资金，而具体的成员人数、资金数额等细化和量化条件可由各地根据当地具体情况通过制定实施细则、登记管理办法等形式予以明确，既可以避免因“一刀切”的条件设置造成的准入高门槛，也可赋予地方更多自主权，从而更好地鼓励、规范当地社会组织的设立发展。

（2）简化社会组织登记程序

精简登记程序，比如，取消社会组织登记现场勘察环节，除确有必要外，不再组织人员到现场进行勘察；简化社会组织登记验资程序，社会组织设立时不再要求必须提交中介机构出具的验资报告，可通过其他简化手续完成，如申请人提交出资承诺书和银行出具的出资函证。

（3）将登记与社会组织的合法性分离

登记制度改革应推动政府监管理念的改变和监管效能的全面提升，有必要解除登记制与社会组织合法性的绑定，而不是简单地通过双轨制来解决社会组织门槛高与登记难的问题。将登记与社会组织的合法性分离，在实体法上承认非法人社团的合法性和法律地位具有三方面的意义。一是实现了社会组织法与宪法的无缝对接，组织的行为决定组织在法律上的合法性，法律要追究的是违法行为。二是有助于实现政府监管从重登记向日常监管的转移，有助于有效处置法人和非法人社团的违法行为。三是使监管聚焦于法人，特别是享受减免税待遇的法人，有助于政府监管资源的合理配置，同时为充分发挥多元主体的监管作用创造空间，提升协同监管效能。登记为法人的组织得以享受减免税优惠和其他优惠待遇，但必须接受从登记到淘汰、从年检到税收监管、从信息公开到评估的全过程立体式监管。分类监管的分类依据应该是公益的程度、资产规模、优惠待遇的力度。此外，合理配置登记与登记后日常监管的职权与职责，以实现登记制度和其他监管制度的有效协同。

2. 优化社会组织管理制度支持社会组织健康发展

（1）逐步摒弃双重管理制度

双重管理制度一方面使得大量组织游离于政府监督与管理之外，另一方面使得政府将过多的精力和资源置于社会组织的设立上，不免弱化了对社会组织行为和过程的监控。纵观世界各国政府对社会组织的法律法规体系，一个共同的趋势是：从重视“入口”管理逐步转向重视“过程”监控，强化对社会组织开展活动及其组织运作的动态过程的监管、评估和控制，行业主管部门对社会组织只是进行行业性的管理。建议成立社会组织管理委员会，负责社会组织的登记、监督、规范和培育等事宜，对社会组织实施统一综合管理。

（2）优化孵化培育制度

第一，推进社会组织主导的孵化和培育模式。从社会组织孵化的运营主体来看，社会组织孵化培育主要包括政府主导模式、政社合作模式以及社会组织主导模式。[①] 就当前而言，政府主导模式和政社合作模式占主要地位。这两种模式下社会组织孵化培育带有一定程度的行政色彩，且培育的指向性多以政府的意志而有所转移，使孵化培育成为面向政府的孵化培育而不是面向社会的孵化培育，而社会组织主

① 金学文：《社会工作参与社会组织孵化与培育研究》，博士学位论文，安徽大学，2019 年。

导模式是社会组织在孵化培育过程中具有自主性，能够根据当前社会组织的实际情况给予重点培育，因此，应推进社会组织主导的孵化和培育模式，当然，社会组织主导的孵化和培育模式运行的前提是社会组织孵化主体必须具备培育其他社会组织的能力，包括资金储备、知识技能、空间场地、运行平台等，可当前社会组织孵化主体的实体空间和社会心理空间都严重不足，尤其在实体空间方面，社会组织拥有的社会资源还很少。所谓的实体空间，就是社会空间中最核心的一个概念，它包括社会组织实际活动和行为所占据的社会空间。因而政府需要加大对当前社会组织孵化主体的扶持力度，不仅要加大对社会组织孵化机构的资金、场地、空间等硬件资源的投入，也应当对社会组织孵化主体的能力建设、培训辅导、发展规划等“软实力”的发展给予积极指导。同时，政府要建立公益事业产业链，将各类企业、基金会、联合会、行业协会等社会组织相互结合，取长补短，以弥补社会组织孵化主体在培育其他社会组织中存在的不足。

第二，要制定完善的孵化评估标准。[①] 孵化社会组织的标准应该包括四个方面：一是申请入壳的资格审核；二是对入壳组织的筛选标准；三是孵化过程中的测评标准；四是出壳标准。如果缺少这四个环节的标准，很难保证孵化组织的质量。例如，上海 NPI 孵化器是目前国内做得比较成功的社会组织孵化机构，它们对申请入壳的社会组织的筛选就很具有借鉴意义。首先，它们要求是具备公益性、草根性、非营利性的初创社会组织，强调孵化对象必须以公共利益为导向，那些以营利为目的的民办非企业和互益性质的社会组织均不属于孵化对象；强调孵化对象的草根性指组织的民间性质，申请孵化的社会组织必须发起自最基层，不是政府职能的延伸和附属，能够独立于政府而运作。其次，NPI 选择那些直接提供公共服务的操作型社会组织，而非倡导型社会组织。因为社会组织是以解决社会问题而存在的，只有

① 徐丹：《社会组织培育机制与发展路径研究——基于武汉市武昌区社会组织孵化基地发展现状的分析》，《长江论坛》2017 年第 4 期。

脚踏实地切实进行项目活动和项目操作才能够实现此目标。最后，拥有解决社会问题的业务模式，社会组织是通过项目活动来承担政府转移的职责并提供公共服务，因此项目的可行性是 NPI 孵化器考察的一个标准，不仅要有可操作性，同时要有一定的项目活动经验。当然，社会组织孵化的具体标准制定是一个复杂而系统的工作，需要孵化专家、政府官员等多方的共同参与才能完成，也有必要借鉴国外先进经验，以制定出符合实际需要的评估标准。

第三，创新社会组织孵化培育运行机制以保证孵化培育效果、提升孵化培育效率。[①] 网络化格局的社会组织孵化和培育离不开各种体制机制、发展平台的支持。当前，各地皆对社会组织孵化和培育进行了创新，形成了各种运行机制，比如，南京的社会工作园、区县社会组织孵化中心、街道社会组织孵化器等三级孵化平台，北京市东城区包括协作者社会工作发展中心、社区参与行动服务中心在内的多元化社区社会组织的孵化培育等，南昌市社会组织孵化中心通过整合政府、社会组织、基金会、企业、媒体等多方资源，形成了以“政府支持 + 社会运作 + 多元参与 + 合作共赢”的运行机制，搭建了一个主体多元、服务完备、资源丰富的公益平台，促进资源共享、优势互补。各种孵化平台和运行机制各有千秋，全面、客观、正确地分析比较其中的异同，并使优秀的体制机制得以推广，能够增加成功孵化和培育社会组织的可能性，有利于社会组织的发展以及网络化格局的社会组织孵化和培育机制的形成。

（3）强化税收管理

政府购买服务、转移政府部分职能在社会组织整体活力不足的情况不失为有效的嵌入式管理策略，但从长远看需要通过有效的税收管理来拓宽社会组织管理的视野，发挥税收管理的常态化激励与约束功能。为此，建议建立合理的免税资格核准制度，免税组织需满足宗旨的非营利性、资产公共性、法人资格、不进行剩余（利润）的分配

① 王冰洁：《社会组织培育孵化的江西实践》，《中国社会组织》2017 年第 22 期。

(分红)、高层管理人员薪酬控制在行业平均水平的一定幅度内等条件。[①] 区分相关商业活动和无关商业活动，仅给予相关商业活动税收优惠。完善税收优惠政策，明晰征收与减免的界限，优化捐赠税收政策，鼓励对公益类社会组织的捐赠行为。合理配置税收管理机构和税收管理资源。在目前税收管理职责分工尚未明晰的情况下，应通过沟通和协商等方式加强登记管理部门和税务部门的协同合作。

(4) 完善社会组织项目购买制度

一是推进项目购买制度的立法工作，增强制度权威性。[②] 二是坚持项目购买过程公开、公平、公正，优化项目资源配置。应该致力于发挥项目的最大作用，而不是谋取项目的最大利益，应始终坚持项目购买过程公开、公平、公正。三是完善项目购买制度的考核评估体系，保证项目购买成效。需确定一套详细的公共服务项目评估指标，评估指标是开展评估的参照模板，直接关系到评估结果的信度，故应站在新时代的高度，调整和完善评估指标。[③] 需要对评估结果进行合理使用，奖惩结合，发挥评估的真正作用。

3. 优化社会组织监督制度规范社会组织良性运作

(1) 完善年检制度

为发挥年检的激励与约束功能，有必要规范年检的内容，年检的内容应该和强制信息公开的内容一致，年检报告书的内容须简明扼要且符合准确、完整与充分的原则，年检信息和年检结论信息一并公开并方便公众长期查询。由于社会组织有公益和互益之分，亦存在资产和收入规模之别，可分类按规范的格式设计年检表格，并明确规定年检程序，明确年检的职责和职责分工。年检涉及免税资格和捐赠者税前扣除资格的确认和延续，税收管理应纳入年检的视野。值得一提的是无论业务主管单位在登记和日常环节的隐退，均不意味着其完全放

---

① 刘春湘:《非营利组织治理结构研究》，中南大学出版社 2006 年版，第 164—177 页。

② 孙健:《我国政府向社会组织购买公共服务研究》，硕士学位论文，中共广东省委党校，2012 年。

③ 易承志:《完善政府购买社会组织服务制度》，《学会》2017 年第 2 期。

弃其监督权，它和相关业务主管部门依然根据其职权实施必要的监管，关键是政府部门的监督需要法律的明确授权。无论是行政强制措施、行政处罚还是行政指导等行政行为，都需要纳入整个法律框架之中来设置。①

（2）确立淘汰制度

首先，简化主动注销程序，明确社会组织退出时财产处置流程及清算组织的职权和责任。以明确的法律规范禁止侵占或损害社会组织财产，维护各方的合法权益。在退出环节上贯彻公共财产保护原则，其实质是实现对社会组织的全过程监管，确保组织行为始终保持与组织章程的一致性。非营利法人登记的条件之一是章程中明确的分红限制与不得以任何形式为任何个人和团体谋取不正当利益的规定。在法律确保组织章程合法性和组织行为合符章程规定的前提下，基于意思自治的原则，社会组织基于已完成宗旨，或者基于其他自身原因需要解散、分立或合并的，登记管理机关应以简便的形式消灭其合法主体资格的，并向社会公开。其次，建议废弃撤销制，统一将注销作为社会组织退出的通道。明确强制注销的依据，合理设置注销的程序和手续，强制注销的结果、处置与依据均属于强制信息公开的内容，实现淘汰制与其他监管制度的协同。此外，明确淘汰环节上的监管职责分工，建立政府各部门间的信息共享与沟通协调机制，提高监管在淘汰环节上的协同性和有效性。

（3）强化信息公开

一是明确信息公开的责任主体。首先，社会组织是主要的信息公开责任主体，需要公开信息公开制度中规定的基本信息、财务信息、重大变更事项等。其次，落实社会组织内信息公开责任主体，可以参照公司法的责任主体划分模式，理事会对日常业务活动中的基本信息、项目信息等公开信息的真实性、及时性负主要责任。二是明确信息公开的内容，根据组织的公益性与互益性，组织规模的差异性，可建立

① 金锦萍：《社会组织合法性应与登记切割》，《学会》2012年第11期。

分类信息公开制度，体现信息公开内容要求的差异性。组织的重大活动，如登记、变更、注销必须纳入强制信息公开的范畴，年检的内容与信息公开的内容一致。三是统一信息公开的质量要求，对于所有强制公开的信息和自主公开的信息，都必须遵循真实、准确、及时和完整的原则。通过信息公开和信息共享实现政府对社会组织的协同管理。四是明确社会组织违反信息公开法律要求应承担的法律责任。当社会组织违反强制信息公开要求没有公开信息，或公开的信息缺乏真实性、完整性、准确性或者及时性，组织及相关人员必须承担相应法律责任。为了加大信息公开的造假成本，可考虑修改刑法，对严重违反信息公开义务的组织和相关人员追究刑事责任。①

（4）构建第三方评估制度

构建第三方评估制度，建议尽快实现制度转换，这涉及以下几个方面的思量：第一，第三方应该定位于具有法人资格的公益类社会组织，同时是规范性、专业性提供评估服务的评估机构，且第三方必须接受比一般公益法人更严格和全面的监督，承担更广泛的信息公开义务，对评估结果负责，因而第三方在法律框架下独立自主地组建评估团队开展评估工作至关重要。第二，评估过程的透明化。从第三方的选择、评估标准与指标体系、评估方法、评估程序到评估结论都应该在阳光下进行。第三，评估的准确性。评估需要信息来揭示社会组织的运行状态，同时评估得出的结论又构成了新的信息。评估信息在评估活动中发挥着至关重要的作用。评估结论赖以形成的信息必须是准确的、有效的、可靠的、系统化的定量与定性信息，必须合理设计评估程序来采集、甄别信息，防止信息被污染，基于可靠的评估信息做出科学、客观、公正、合理的评判。结论形成后还需要对评估本身的质量进行评估以确保评估的准确性。可以期望第三方评估不仅有助于释放政府监管的能量，提升政府监管的能力，而且通过与信息公开制度的契合，成为实现柔性化多元监督与刚性化政府监督协同的主

① 刘春湘：《基于约束条件的非政府组织监管协同研究》，《湖湘论坛》2019年第4期。

要途径。[①]

4. 优化社会组织人才制度提升社会组织服务能力

（1）完善人才评价制度

完善社会组织人才评价制度的关键是完善社会组织人才选拔评价制度，也就是需要建立健全职业资格制度，稳步推进职业资格认证，鉴于制度推广的渐进性以及对原制度的路径依赖，可选择在某些条件相对成熟的社会组织先进行职称评定试点，在此基础上逐步积累经验，再逐步扩展到更多的社会组织以及全部的社会组织。[②] 为此，应把握以下几点：一是要明确职业定位以及职业资格。就职业定位而言，社会工作职业不同于一般性职业，其职业性质极具社会性、服务性；社会工作者不同于一般的工作者，其工作需要具备相应的专业技术。就职业资格而言，社会工作职业应有明确的专业资格要求，包括专业方向、专业定位以及专业能力等。与此同时，增强公众对社会工作职业的认可和理解，也将有助于推进职业资格制度。二是建立专业的职业资格认证管理机构。目前我国对社会组织从业人员的资格认证，由有关政府部门统一组织和管理，基于社会组织作为“第三部门”的特性，对社会组织从业人员的资格认证也应去笼统化，因此，需要建立一个专业的职业资格认证管理中心机构，负责职业资格认证有关管理事宜。主要包括：组建一支专门的职业资格认证专家智囊团，为各方面工作提出建设性意见；组织专家队伍建立并及时更新考试题库，保证考试的系统性和科学性；利用现代化信息技术建立职业资格认证的网络服务平台，提升职业资格认证的便利性和灵活性；参与制定有关文件、规则和程序，组织并实施职业资格认证相关工作；对有关工作人员开展培训和考核，如对考培员的工作指导；制定各分中心的标准和条件等。但是，职业资格认证管理中心机构不是完全独立的，应隶属民政部，并受其指导和监督。同时，在各地方设立分中心，主要负

① 刘春湘：《基于约束条件的非政府组织监管协同研究》，《湖湘论坛》2019 年第 4 期。

② 王名：《建立健全社会组织人才培养体系》，《经济界》2014 年第 3 期。

责配合职业资格认证管理中心机构工作；处理各地区社会组织从业人员职业资格认证的具体事宜；根据区域差异研究并设计具有地区特色、适应地区实际需要的职业资格认证制度等。三是要完善职称体系，对社会工作职业进行详细的等级划分。针对社会工作职业等级划分粗略的问题，应在现有职级划分的基础上，根据实际需要和优化标准加以细化。四是要完善职业认证。目前世界上对社会工作者职业认证方式主要包括学位认证、考试认证和注册认证等。学位认证主要依据社会组织从业人员的学历和学位，这种认证方式主要适合社会工作教育成熟的国家或地区，但学位认证通常不单独作为获取职业资格的方式，而是作为必要的前提辅助注册认证和考试认证。考试认证主要以社会组织从业人员参与职业资格等级考试的最终成绩作为参考指标，这种认证方式相对注册认证更加公平公正，而且覆盖面广，适合规模较大的认证群体，多见于社会工作教育比较稚嫩的国家或地区。注册认证是指由政府设立或许可的专门机构对社会组织从业人员的从业资格开展认定或认证，这种方式具有可控性和强制性，可以调整社会组织从业人员供需关系，避免供给过剩。就我国而言，2008 年开始在全国范围内对社会组织从业人员举行职业等级考试，实行考试认证方式，考试认证是我国主要的且在今后相当长时间会继续存在的社会工作者职业认证方式。为保证职业认证的持久作用，我国职业认证方式也应与时俱进，建议采取分阶段推进的战略。首先通过考试认证在较短的时间内引入较多的社会工作者以满足需求，同时大力推进我国的社会工作教育；其次在社会工作教育较为成熟和社会工作者供需相对平衡以后，采用注册模式，限制社会工作者准入以保证其专业素质；最后在社会工作教育成熟和社会工作者专业素质得到保证以后，则可以采取综合认证方式，设立学历、考试、注册等多重认证门槛，实行严格的职业准入制度。

（2）优化人才激励制度

优化人才激励制度应从两方面着手：一方面应建立健全社会组织人才薪酬制度，一方面应建立健全社会组织人才社会保障制度。

在社会组织人才薪酬制度方面，首先，要建立健全薪酬增长机制，提升福利保障。社会组织从业人员的薪酬正常增长机制是指社会组织从业人员的薪酬水平随着经济社会的发展和从业人员能力素质的提升而保持合理的增长幅度，以适应人的生存发展需要。社会组织建立薪酬正常增长机制，能强化社会组织职位认同，调动社会组织人才的主动性和创造性，增强社会组织服务效能，提升社会组织活力水平。随着社会组织发展规模的壮大，社会组织内部的组织结构由扁平化趋向层级化，出现不同层级的职业岗位，且各层级岗位的工作性质和工作职责不同，因此，以往对不同层级职业岗位的无差异薪酬标准不再被接纳，社会组织从业人员的薪酬需要根据岗位层级、根据经济发展水平适时适量地增长。就增长的幅度而言，社会组织可以参考当地企业工资指导线，同时结合自身财务承受能力，结合薪酬管理惯例以及专家意见，统筹兼顾，合理确定工资增长率，确保从业人员薪酬水平与经济发展水平相协调、与劳动生产率提高相适应，逐步建立薪酬正常增长机制。其次，要优化薪酬结构和标准。优化社会组织薪酬结构，应从其主要构成部分展开。优化基本工资，要充分考虑当地经济发展水平、行业发展态势和社会组织自身财务能力，在保证基本工资不低于地方和行业最低工资标准的前提下根据情况适当上调。优化绩效工资，要加强对社会组织从业人员的绩效评估，完善绩效评估相关配套措施，包括评估指标、评估方法、评估流程的确定等，进行科学合理的业绩考核，保证绩效评估的公平公正。优化津贴补贴，要明确津贴补贴的功能，其主要是作为对工作者额外劳动支出或其他特殊原因的补偿，因此，需要对额外劳动支出或特殊事项做出准确的预判并给予及时的补偿支付。除实行岗位绩效工资这一主体薪酬制度外，还要不断加强多层次、多元化、多因素的立体激励机制建设。一方面，要客观认识社会组织从业人员的多元化需求，可根据组织自身实际，采取灵活多样的分配制度和办法，比如针对某些特殊岗位或特殊人才尝试年薪制或者协议工资制。另一方面，要改善社会组织人才的工作和生活环境，在精神层面给予充分的关怀，最大限度激发其工作热情和创造活力。在设计社会组织薪酬标准时，要兼顾公平和效率，薪酬的内部公平性及外部竞争力是进行薪酬设计的重要原则。就内部公平性而言，薪酬的内部公平性是社会组织内部不同岗位和人员的薪酬水平关系，社会组织薪酬标准要紧紧依托薪酬结构，坚持全方位的公平，根据岗位的不同作用和责任设计不同程度的基本工资，根据从业人员的不同劳动付出设计不同层次的绩效工资，根据特殊人群的不同情况设计适当的津贴补贴，体现薪酬设计的差异性和公正性，保持劳动消耗与薪酬获得的正比关系。就外部竞争力而言，薪酬的外部竞争力是社会组织与其他同行业、同类别组织的薪酬水平关系，社会组织薪酬标准要紧紧依托经济态势，需要进行定期的薪酬调查，参考行业标准，对社会组织及所关联行业薪酬水平进行综合分析。在社会组织激烈的人才竞争中，薪酬的内部公平可以最大限度激发人才效能，薪酬的外部竞争优势可以使人才不断涌流，因此，从这两方面优化社会组织薪酬标准，是社会组织打赢人才攻坚战的有力武器。

在社会组织人才社会保障制度方面，首先，在目前我国社会保障立法处于空白的状况下，有必要先行制定社会组织人员的社会保险制度，然后明确有关社会组织的社会福利政策，同时，采取循序渐进的办法制订社会组织人员社会保障的相关法律法规，逐步完善社会组织人员社会保障。其次，应建立具有中国特色的社会保障体系。我国应立足于社会组织群体的特殊性，将社会组织人员这一新兴群体同机关事业单位人员和企业职工加以区分，而不是笼统地把社会组织人员归到基于传统的正规单位设计的社会保障政策范围之内。然后，应实现全覆盖、可持续的人才保障制度。社会组织人才保障制度不是少部分人的保障，应该全面覆盖、不留空白；要探索建立社会组织人才保障长效机制，长久稳定作用于社会组织的人才激励。最后，必须强化政府在社会组织社会保障体系中的监管作用，同时积极呼吁社会力量参与监督，切实保护社会组织从业人员的合法权益。①

① 和慧卿：《建设社会组织人才队伍的思考》，《中国社会组织》2013 年第 4 期。

第六章

制度执行环境对社会组织活力的影响

一　问题的提出和研究假设

（一）问题的提出

在中观与微观层面研究个案社会组织的行动策略过程中，社会组织活力的差异性开始进入研究者的视野，为什么一类组织比另一类组织更有活力？为什么不同区域的社会组织活力存在差异？为什么有些地方政府对社会组织的控制比其他区域的地方政府更为严格与持久？为什么在不同行政级别民政部门登记的社会组织存在显著的差异性？由此引发了学者对社会组织制度执行环境的初步研究。刘振国一般性地概括了地方政府试图创新制度环境的努力：（1）在上级部门的政策支持和业务指导下制定当地政策法规；（2）推动社会组织承接政府转移的职能，构建政社合作平台；（3）推进政府和社会组织脱钩，增强社会组织的自我发展能力；（4）加大扶持社会组织的力度，包括执行和完善扶持政策、购买社会组织服务，建立孵化机制。[①] 张紧跟试图解释地方政府不断加大培育和发展社会组织力度，但社会组织的发展仍困境重重的原因，他发现社会组织准入门槛并未降低，允许直接登

---

① 刘振国：《中国社会组织的治理创新——基于地方政府实践的分析》，《经济社会体制比较》2010 年第 3 期。

记的仅限于部分社会组织，政府购买服务明显存在不足。一些政府部门还自办社会组织承接社会服务，招投标过程不透明、暗藏猫腻等问题已露端倪。政府购买服务缺乏制度化，导致不同类型的社会组织发展不平衡，竞争不公平等问题突出。他认为问题的根源在于国家全面管制社会的“总体性社会”和“治理社会”逻辑的延伸，过分强化社会组织发展的“治理社会逻辑”，在相当程度上削弱了社会组织发展的“社会治理逻辑”[①]。孙发锋分析了社会组织执行环境的“选择性扶持和选择性控制”特征，我国政府实施选择性扶持和选择性控制策略的动因可以归结为政治稳定、管理成本、政府职能转变、执政党和政府对社会组织的矛盾态度。[②]

黄晓春研究了相关政策的执行后果，试图揭示社会组织发展面临的实际激励与约束。他认为由于当前中国社会组织发展的宏观政策领域存在多种模糊的政策信号，从而导致不同政府部门各自为政形成多重治理逻辑，正是因为地方政府对宏观政策和微观制度的碎片化执行，继而使社会组织面临复杂和非系统性的制度执行环境而不得不采用各种组织策略来动员资源并获得发展机遇。尔后，他将结构性要素、行动者以及彼此的关系机制纳入总体性框架，关注社会组织领域不同层级政府在互动中塑造的制度环境。[③] 黄晓春、嵇欣认为，当前社会组织发展中的许多深层问题如资金不足、人才缺乏、专业化水平低、公共性不足等都与其缺乏稳定制度预期有关。[④]

张东苏研究现有微观制度安排（如“项目化”“锦标赛”体制）在执行和运行过程中对社会组织行为构成实际影响。他认为在复杂的基层治理实践中，地方政府自身往往也身处不同的考核体系与治理竞

① 张紧跟：《治理社会还是社会治理？——珠江三角洲地方政府发展社会组织的内在逻辑》，《天津行政学院学报》2015 年第 2 期。

② 孙发锋：《选择性扶持和选择性控制：我国社会组织管理体制改革的新动向》，《上海行政学院学报》2012 年第 5 期。

③ 黄晓春：《当代中国社会组织的制度环境与发展》，《中国社会科学》2015 年第 9 期。

④ 黄晓春、嵇欣：《非协同治理与策略性应对：社会组织自主性研究的一个理论框架》，《社会学研究》2014 年第 6 期。

赛之中，这导致其在不同场合与情境中会对社会组织产生不同的预期，他描绘的制度执行环境包括：第一，低准入门槛与分类配置资源；第二，项目化与过程管理；第三，上下有别的共治制度环境，在居民区层面，大多数街、镇对社会组织参与共治都持鼓励和扶持的态度。相比之下，在街（镇）层面的共治格局中，社会组织却很少有参与的制度化路径。因此，他得出结论不能简单地判定社会组织环境是鼓励性或约束性，在多维的“制度丛”影响下，社区社会组织呈现出复杂的行为取向。其参与公共服务的积极性不断提升，但其公共性并未同步提高，组织动员能力增强，但共治参与水平低。① 吴月运用“嵌入式控制”的行动策略研究社团行政化现象，发现不同层级的政府部门对社会组织的定位并非一致，政府对社会组织的控制呈现层级差异性特征，越是基层政府，对社会组织的控制越严密，政府“在场”的领域越广。安子杰的研究发现了层级制度执行环境的差异性特征，他认为，地方政府“碎片化治理”结构反而在客观上为草根组织提供了生存机会，中央政府与地方政府的行动存在差异性，草根组织的重要生存策略就是与某个下级政府或某个政府部门结成“权宜共生”关系。管兵注意到区域治理结构对社会组织的成长具有显著影响，认为权威碎片化导致社会管理相对宽松，为社会组织的自主发育提供了机会，而权威集中的政府行政能力强大，对社会组织实施强有力控制，挤压了社会组织自主发展的机会和空间。②

综上所述，社会组织面对的宏观制度环境和微观制度环境的不确定性和动态性特征，形塑了社会组织的制度执行环境的基本格局，但中国政府有着复杂的党政关系、条块关系与部门间关系，政府各层级各部门均可视为理性的有着自身利益考虑的主体，他们在执行法律政策时的行为选择造就了我国社会组织执行环境的复杂性、动态性与地方性，很难简单归之为约束或激励。简单地说，在模糊的宏观制度环

---

① 张东苏：《重视社会组织发展的微观制度环境——以上海城市社区为例》，《探索与争鸣》2012 年第 7 期。

② 管兵：《城市政府结构与社会组织发育》，《社会学研究》2013 年第 4 期。

境和碎片化的微观制度环境的共同作用下，社会组织制度执行环境在各层级各区域各领域呈现较大的相异性，并处在不断变化的过程中，从而对社会组织产生比宏观制度环境和微观制度环境更为直接与现实的影响。这种影响在性质（或构成激励或构成约束或两者兼具）与程度上均存在较大的差异性。那么作为制度环境的重要组成部分的制度执行环境给社会组织带来怎样的影响？影响的机制如何？如何优化制度执行环境？只有对上述问题做出回答，才能厘清制度执行环境对社会组织活力的影响。

（二）制度执行环境的理论分析

在层级结构上，中国的行政层级从中央（国家）到镇（街道）共分为五级。在单一制国家结构形式下，中央政府对各级政府具有领导权。鉴于面积广袤的领土和各异的地方环境，中央政府采取行政逐级发包和属地化管理进行国家治理，将治理目标和行政权力逐级下放、逐级下达指标，最后由地方政府执行落实中央政府的相关决策。每级政府拥有属地内行政、经济和社会事务管理权，每个属地自成体系，属地之间相对独立。[①] 如果将每一级政府视为理性主体，长链条的行政层级政策执行在利益驱动与风险规避等要素的影响下出现科层损耗现象，由此，社会组织的制度执行环境呈现层级差异性特征。同级地方政府基于不同的职能和任务划分成不同职能部门，部门协作环境的复杂性在于地方部门的“双重从属制”，社会组织相关的职能部门纵向上从属于上级职能部门，从而期望可以保证“层级治理结构上”的行动统一；横向上从属于本级政府，从而期望可以推动本地区的“部门之间”的合作与协同，提高政策执行的整体效能。“双重从属”下的政府部门同样是理性主体，出于本部门利益的考虑和风险规避等因素的影响可能会对同一项政策采取不同的态度、行为和执行策略。部

① 桑玉成、鄢波：《论国家治理体系的层级结构优化》，《山东大学学报》（哲学社会科学版）2014 年第 6 期。

门职责不清、相互推诿和不配合工作等问题，最终降低了政府行政效率效能，政府监管不当与监管不力并存，政府培育和扶持社会组织效果不佳。总体而言，层级治理环境与部门协作环境均不理想，兼具控制约束与支持发展的两面性，且存在层级差异、地域差异与部门分化现象。本质上，层级治理环境和部门协作环境是很难截然划分的，为研究方便，本书将制度执行环境分为层级治理环境和部门协作环境两个部分。

1. 层级链条下的社会组织政策选择性执行和模糊化执行

国际上通行的惯例是一级政府的职能部门执行本级政府的政策，接受本级政府的领导，但中国有着复杂的条块关系，地方政府的职能部门受属地政府领导的同时，需接受上级对口部门的业务的指导或领导。[①] 从层级治理环境来看，中央政府如何影响和控制地方政府？地方政府如何执行上一级政府的政府决策呢？

在社会组织政策领域，中央政府主要通过两类方式影响和控制地方政府。一类是通过上级职能部门影响下级职能部门对中央政策的执行，主要运用三种形式：第一种形式是中央部委通过行政规章、通知、意见、实施办法、公告等各种方式指导下级职能部门的业务工作，业务主管部门可以纠正下级单位在执行相关政策过程中的不当之处。就社会组织登记管理部门而言，民政部社会组织管理局是最高登记管理部门，省民政厅社会组织管理局是第二层次的登记管理部门，地级市民政局社会组织管理科是第三层次，县级民政局社会组织管理科是第四层次，基层部门需要执行三个层次登记管理部门的指示、规定、命令和条例。第二种形式是上级职能部门要求下级职能部门对于其业务范围内发生的重大事务必须及时报告。第三种形式是下级职能部门还

---

① 《中华人民共和国地方各级人民代表大会和地方各级人民政府组织法》第 66 条规定：省、自治区、直辖市的人民政府的各工作部门受人民政府统一领导，并且依照法律或者行政法规的规定受国务院主管部门的业务指导或者领导。自治州、县、自治县、市、市辖区的人民政府的各工作部门受人民政府统一领导，并且依照法律或者行政法规的规定受上级人民政府主管部门的业务指导或者领导。

必须经常就工作中遇到的问题向上级部门请示，请求给予指导和帮助。另一类是中央对地方政府进行人事任免并对地方官员政绩进行监督、评估与控制。鉴于中央统一决策与地方情况各异之间矛盾的客观需要，中央政府趋向于采取诸如行政承包的激励方式。① 由此可见，中央政府通过赋予地方政府自由裁量权使地方政府对中央决策精神进行再细化、再规划和再处理。为使地方政府的运行在可控范围之内，确保自由裁量权不被滥用，中央政府确立了目标导向与效能导向。通过责任制、政治承包制以及压力与激励并举等方式推动地方政府对中央政策的执行。自 1984 年正式确立了“下管一级”的干部管理体系，各级政府凭借以人事任免权为核心的自上而下的科层体系，保障了中央对地方官员评价、罢免和任命等维度的总体把控。政绩考核是评价官员的主要依据，地方官员想要晋升，就必须执行上级决策，在重大任务和目标上和中央保持一致。基层行为的策略和逻辑亦如出一辙。定量考核是目标责任制的主要考核方法，指标根据不同的优先性与考核力度被分为一般指标、硬指标与一票否决指标，控制政策导向和确保优先目标的实现得益于这些指标的广泛应用。② 在众多指标体系中，社会稳定和治理安全具有最高级别的重要性。

具体到社会组织领域，国家层面的政策已由单一控制转向鼓励和控制并举的多元控制。明显不同于改革开放前对社会组织的警惕防范与不信任，20 世纪 90 年代中期以后，国家层面对社会组织的认知、判断和态度发生了积极的转变，社会组织的发展已逐步成为党和国家的重要治国战略。社会组织的宏观制度环境在逐渐改善，政府高层对社会组织持明显肯定的态度，但存在一定的不确定性与模糊性，分类控制策略明显。如前所述，宏观制度环境的模糊性问题并没有通过具体制度安排得到有效解决，碎片化的微观制度环境加剧了制度执行环

---

① 艾云、周雪光：《国家治理逻辑与民众抗争形式：一个制度主义视角的分析》，《社会学评论》2017 年第 4 期。

② 马原：《当代中国中央—地方关系与基层社会冲突治理》，《信访与社会矛盾问题研究》2018 年第 6 期。

境的不确定性，宏观制度环境和微观制度环境的缺陷必定给社会组织的制度执行环境带来先天的影响。

对于地方政府而言，需要将中央总体的政策精神结合本地实际情况进行落实。地方政府拥有政策执行的自由裁量权，上级政府对下级政府的评估和控制主要是基于绩效结果。鉴于宏观制度环境的模糊性，鼓励与约束的并存性，上级机构监督资源的有限性，民政、财政、税务、公安等部门对下级部门的指导多限于通过行政规章、通知、意见、实施办法、公告等方式展开，数据统计与信息汇总亦是一个重要的监督方式，间或运用一般性的工作督查和问题处理，其他方式的监督指导则很少运用。也就是说，模糊的鼓励政策被层层发包，地方政府则层层承包国家层面的关于社会组织的模糊性政策目标。基于地方情况和地方利益的考虑，地方政府在执行中央政策时往往以改革创新的“试验”态度从地方政府视角发展社会组织。[①] 为规避风险，在鼓励发展与严格监管的张力下，地方政府固化与强化了对社会组织的“工具主义”与“平衡主义”的思路，按政府意志引导和管控的目标优先于发展和促进的目标。政策模糊性、法律环境的不完善性以及主流价值观的支持强度不足，直接导致了众多地方政府未能清晰地将社会组织的发展纳入当地发展规划，缺乏细致的实施标准，亦少有清晰的相关绩效测度，执行效果很难测量，对社会组织政策执行沿袭宏观环境的模糊性。调查表明，仅11.9%的被调查者非常赞同当地政府制定社会组织发展的中长期规划。当社会组织的发展与维护稳定和治理安全目标相契合时，地方政府倾向于选择性执行、扶持与政府联系密切且风险小的社会组织。

层级执行环境的模糊性和选择性特征在以下几方面妨碍社会组织活力的迸发。其一，由于宏观政策环境的模糊性，地方政府承袭了国家层面对社会组织兼具鼓励与怀疑的互相矛盾的态度：一方面希望发挥其治理主体和服务主体作用，承接政府职能，因而强调其有序发展；

---

① 黄晓春：《当代中国社会组织的制度环境与发展》，《中国社会科学》2015年第9期。

另一方面又认为社会组织容易失控，甚至可能危害国家安全与社会稳定，因而强调严加管控。地方政府和基层政府感知到自身直接面对风险，自觉不自觉地将管控置于优先位置，不同地方政府在执行国家层面的政策时存在很大的不确定性和模糊性，积极发展社会组织的总体动力不足。其二，社会组织的发展与社会治理属于复杂的多元目标系统，且未能获得社会稳定和治理安全同样的重要性，没能通过量化指标来衡量社会组织的相关政策执行效果。既然发展社会组织不能纳入地方政府官员晋升或奖励的硬指标体系之中，地方政府自然而然地缺乏支持和培育社会组织的动力。从目前的财税制度来看，地方政府发展社会组织几乎难以获得上一级政府的财政支持。在财政弱激励和晋升弱激励双重作用下，地方政府在运用自由裁量权时，社会组织的发展在有意无意中被忽视。其三，地方政府包含多层级政策执行主体。省市级政府和民政部门处于政策执行链条的中端。[①] 地方政府趋向于沿用模糊决策的方法来设置社会组织方面的激励与评估机制。当风险控制的意识渗入到层级治理环境中，地方政府的模糊化执行便蕴含了选择性执行，毕竟模糊化政策目标需要分解为最低限度的清晰化的政策目标，否则无法运行。为最大化发挥社会组织的服务功能，把社会组织可能带来的风险降到最低限度，地方政府趋向于支持那些和政府保持一定亲缘关系的社会组织。[②] 调查表明，政府购买社会组织服务的资金主要用于支持服务类（如养老服务、志愿服务与环保服务等）、行业协会商会、科技类、公益慈善类等组织。与此同时，地方政府通过对社会组织实施登记、评估和树立标杆等模糊方式来监督和激励社会组织按照可预期的方向发展。受模糊打包和选择性激励影响，基层政府在执行社会组织政策时，选择性特征更加明显，对社会组织发展的激励被“打包”到具有优先重要性的社区治理领域。基层政府缺乏

---

① 黄晓春、嵇欣：《非协同治理与策略性应对：社会组织自主性研究的一个理论框架》，《社会学研究》2014 年第 6 期。

② 何云峰、孟祥瑞：《政府对新生社会组织的催化与公共服务社会化》，《上海师范大学学报》（哲学社会科学版）2011 年第 4 期。

专门负责社会组织领域的职能部门，社会组织发展的考核被纳入县域建设和社区建设的绩效指标体系中，由此社区型社会组织基本上定格为协助政府承担事务性工作。[①] 由于激励体系是出于服务社区建设的需要而非专门为发展社会组织“量身定做”，导致考核评估中容易忽视那些与社会组织发展相关的指标。社会组织被视为提供公共服务的辅助工具。基层政府一方面选择性支持辖区内或对当地政府创新治理机制具有重要“外显功能”的社会组织；另一方面为避免麻烦，对辖区外的或者可能挑战现有基层治理秩序的社会组织设置隐性障碍，在很大程度上不可避免地妨碍了社会组织间的合作与竞争。

2. 部门壁垒下的社会组织政策碎片化执行

国家层面的社会组织政策和具体的社会组织制度最终需要一级政府中的行政部门执行。行政部门是政府中主管与执行某一方面或某一领域行政事务的机构，但作为同时接受上级主管部门指导和属地政府领导的单一部门无法独立执行社会组织政策。无论是对社会组织的有效监督还是对社会组织发展的激励都需要政府部门间的协同执行。协同执行意味着承担营造社会组织适宜制度环境的两个或两个以上的机构从事的任何共同的监管或扶持活动，通过一定的合作方式采取协调配合的活动来推进社会组织的健康有序发展，激发社会组织活力。值得指出的是当前大量的研究主要在“整体政府”的视角下进行，部门协同的形式可包括横向协同和纵向协同两种形式。横向协同是同一层级政府之间、同一层级政府内不同职能部门之间的协同行动；纵向协同是上下级政府之间的协同行动。纵向协同置于层级治理环境中因存在层级节制相对容易实现，而同一层级政府部门之间在社会组织领域的合作在实践中十分罕见。下面从部门协作环境来考察社会组织的制度执行环境，分析社会组织的登记管理部门、业务主管部门以及其他政府部门的协同合作状况。

跨部门协同机制应该分为不同的行政层级下的部门协同，每一个

① 黄晓春：《当代中国社会组织的制度环境与发展》，《中国社会科学》2015 年第 9 期。

层次包含着不同程度的内容和形式的差异性，不同层级的政府部门监管着不同活动区域、范围、规模的社会组织。鉴于不同层级的政府部门主要负责监管本级政府登记的社会组织，监管内容与目标以及跨部门协作情况整体相似，故本研究的讨论不区分不同的行政层级下的部门协同。目前，跨部门协同不容乐观，无论从部门协调与配合的程度，还是协同的效率和效能来看，都体现了跨部门协同的失灵。主要表现在：

第一，协同意识薄弱。以对社会组织的监督与管理为例，对社会组织的监管应该是对其行为的监管，在双重监管体制只是局部突破的情况下，无法改变“重登记轻行为”的事实，目前在制度运行过程中，社会组织的监督与管理基本依靠登记管理机关一己之力，很难获得业务主管（指导）部门的有效配合，长期条块分割的行政体制造就了固化的部门文化，合作和协调精神难以培育。对社会组织的支持和培育行为涉及各类党政部门，以购买社会组织服务为例，各单位对于购买意义、向谁购买、购买什么、如何购买、如何评估、如何监管等缺乏共识，致使当前的政府购买公共服务，基本是由各级政府、各个部门基于自身需要碎片化完成，相互掣肘、相互拆台行为时有发生。

第二，缺乏跨部门协同的制度支持。如前所述，中央制订的宏观社会组织政策需要适用于全国各区域。同时，由于国家宏观层面的社会组织政策设计最终是要在地方和基层落实与执行，而在这个落实过程中实际上已经转变为一次次的政策再细化和再规划的过程。[①] 从这个意义上政策执行的过程同时又是一个政策制定的过程。各部门可能会根据部门利益运用自由裁量权对中央政策采取策略化处理，从而形成政策内容不一致，政策矛盾的现象。[②] 此外，地方在执行社会组织政策时机械式照搬政策文本，复制了国家层面政策的原则性和难操作性，相较于监管型政策执行，激励型政策执行上的碎片化更加凸显。[③] 政府购买社会组织服务的法律依据是政府采购法的相关章节，但只涉

---

① 贺东航、孔繁斌：《公共政策执行的中国经验》，《中国社会科学》2011 年第 5 期。

② 《教育行政部门与政府其他部门的协同性研究》，《教育发展研究》2006 年第 4 期。

③ 刘春湘：《基于约束条件的非政府组织监管协同研究》，《湖湘论坛》2019 年第 4 期。

及原则性要求，规定了具体操作及实施细则的专门性法律和制度包括2013 年国务院《关于政府向社会力量购买服务的指导意见》，财政部、民政部、工商总局《政府购买服务管理办法（暂行）》以及 2016 年中共中央、国务院《关于改革社会组织管理制度促进社会组织健康有序发展的意见》等，但同样只是指导性意见，缺乏明确清晰、系统完备的规定，如鼓励在基层成立社区的社会组织联合会，以便更好地协调管理服务，却并未对联合会的设置、运作与管理等方面的具体内容做出详细的规定。地方政府各部门在执行政府购买服务政策时，发布碎片化规章，鲜有关于购买关系、目录、方式、内容、资金、程序、绩效评价等方面的可操作性规定，从而为各地的碎片化政府购买行为提供制度便利。调研发现，购买范围狭窄、购买资金不足、服务质量和效果不理想等现象十分普遍，内部转包、虚假招标、寻租交易等问题也时有发生。基于上述可以看出，社会组织政策执行的法律规范冲突与原则性，加之法律制度的不合理性和存在大量空白之处，使其无法为各部门的协同行动提供法律保障。

第三，协同责任分割失衡。官僚制以分工和专业化为基础，部门职责清晰、权限明确是协调与配合行动的必要前提。以政府部门对社会组织的监管为例，登记管理机关与相关职能部门存在职责配置不清晰、职责交叉、责权利不匹配等问题。登记管理机关、业务主管单位与专业职能部门也鲜有信息共享及协同行动的制度化机制。①

第四，脆弱的协同力量。登记管理部门实施从登记、日常行为到淘汰的全过程监管，并被赋予惩治违规违法行为的职责，同时内在地兼有营造适宜环境激励社会组织发展的职能，但研究发现部门经费不足，人员配备少，授权欠充分且缺乏与监管职责相称的专业水平。②在政府购买社会组织服务的实践中，政府各部门间的协调不畅问题十分明显，一级政府在购买社会组织服务时通常会参照“项目指南”，

① 倪咸林：《社会组织跨部门合作监管与制度设计——登记制度改革情境下的实证研究》，《北京行政学院学报》2017 年第 5 期。

② 刘春湘：《基于约束条件的非政府组织监管协同研究》，《湖湘论坛》2019 年第 4 期。

将购买任务分解为数百个具体的项目，站在项目制的角度，项目越细化越易于执行，效率也会越高。但从部门协作的角度来看，不同行政部门都在进行类似的“购买服务”，具体而琐碎的项目分类会造成部门的各自为政，各部门之间的壁垒不能有效打通反而变得更为严重。项目越专门化、具体化，就越能加强职能部门的控制，实现发包方的单向权力控制，部门壁垒越高，协同执行的动力和意愿越弱。从监控项目实施过程来说，一级政府通常会成立由相关行政部门（民政部门、监察部门、社区办等）组成的申请管理委员会和评估委员会，对项目执行环节严格执行“一月一检查”，对评估结论也非常严谨，但项目一结束，由部门协作成立的临时机构也会解散，因此，由于许多项目的可持续性有限，部门之间无法生成长期开展协同执行工作的动力。总之，无论从监管还是从激励的视角来考察，部门间协同力量亟须汇聚。

在碎片化的执行环境下，无法形成对社会组织发展的稳定预期。政府各部门与社会组织之间呈现相互利用和相互怀疑的关系，社会组织提供的社会服务，力图解决的社会问题如果和部门目标相契合时易形成脆弱性和偶发性合作关系，这就足以说明制度执行环境的控制性与约束性特征。

（三）研究假设

基于对文献的梳理以及对制度执行现实情况的分析，可以确认制度执行环境对社会组织活力有着不可忽视的影响。不同于宏观制度环境与微观制度环境，制度执行环境对于社会组织的影响因素更加复杂，在政策执行过程中，无论是纵向的模糊性以及选择性，还是横向的碎片化以及部门壁垒，都会导致社会组织活力的差异。制度执行环境越好，制度执行的有效性、及时性、灵活性越高，部门间配合效率、配合程度、衔接性越高，社会组织的发展越会呈现良性状态，所对应的社会认同度、服务积极性、资源动员能力以及组织间的竞争力也会越强。为确认制度执行环境与社会组织活力的影响关系，有必要从二者的构成要素着手，探究各要素之间的相关性以及重要性，因此根据已有研究对制度执行环境与社会组织活力的逻辑关系进行假设。

黄晓春（2014）认为政府制度执行的主体分为“条”（中央到地方各级政府中业务内容性质相同的职能部门）、“块”（不同职能部门组合而成的各个层级的地方政府）以及党群部门，三者有各自的制度逻辑并同时影响制度的执行以及社会组织的运行。陈成文（2016）认为制度环境与社会组织活力有关，他指出制度执行环境就是不同层次政府以及同级政府不同部门围绕社会组织政策执行营造的制度环境。基于二者的研究，制度执行环境可以分解为上下级部门政策执行方式（层级治理环境）以及不同职能部门政策执行方式（部门协作环境）。从本质意义上说，制度执行环境指社会组织生存和发展所面临的动态政治生态环境。在模糊鼓励的宏观制度环境和碎片化的微观制度环境共同作用下，不同层级政府以及同级政府不同部门往往会结合当地实际和自身治理目标来实施社会组织的相关政策，最终可能形塑不同的社会组织发展格局，造就社会组织活力的差异性。层级治理环境是指政策制度从中央到地方层层下达和执行过程中所营造的政治生态环境，体现了党和国家关于社会组织顶层设计在地方政府和基层政府的执行现状，反映了不同层级之间社会组织政策执行的及时性、有效性和灵活性。而部门协作环境则是同层级不同职能部门间的政策执行配合，反映了与社会组织相关的部门之间的配合程度、配合效率和衔接性。层级治理环境的优劣决定着政策的科层损耗程度，良好的层级治理环境意味着地方政府能结合当地实际和自身治理目标来实施社会组织的相关政策，根据地方实际创新地制定适宜的社会组织发展规划。而部门协作的程度映射部门协作环境的好坏程度，部门间的配合程度、配合效率及衔接性越好，则社会组织制度执行的部门协作环境越佳，社会组织的活力水平越高。

本书基于已有文献研究，认为层级治理环境和部门协作环境对社会组织活力的影响程度一致。层级治理环境和部门协作环境均与社会组织活力呈正相关关系。由此，提出以下基本假设。

HC：制度执行环境对社会组织活力存在显著正向影响

本研究前述部分已将社会组织活力的要素定义为社会组织的社会认同度、服务积极性、资源动员能力和组织之间的竞争力。要确认制度执行环境与社会组织活力的影响关系，必须从二者的构成要素着手，探究各要素之间的相关性以及重要性，因此本书根据已有研究对制度执行环境与社会组织活力的逻辑关系进行分假设。有必要说明的是虽然层级治理环境中的制度执行有效性、及时性、灵活性以及部门协作环境中的部门间配合效率、配合程度、衔接性等指标间存在逻辑差异，但是在实际数据整理及访谈过程中发现，数据存在共通性以及重叠性，无法将各指标单独分开，因此不对制度执行环境的三级指标与社会组织活力的关系进行单独论述分析。

HC1：制度执行环境对社会组织社会认同度存在显著正向影响

该假设即制度执行环境越好，社会对社会组织的认同度就越高，反之制度执行环境越差，社会组织的社会认同度越低。由于前文中已将制度执行环境分解为层级治理环境以及部门协作环境，因此 HC1 又包含了两个分假设：

HC1—1：层级治理环境对社会组织社会认同度存在显著正向影响

HC1—2：部门协作环境对社会组织社会认同度存在显著正向影响

HC2：制度执行环境对社会组织服务积极性存在显著正向影响

该假设即制度执行环境越好，社会组织的服务积极性越高，反之制度执行环境越差，社会组织的服务积极性越低。由于前文中已将制度执行环境分解为层级治理环境以及部门协作环境，因此 HC2 又包含了两个分假设：

HC2—1：层级治理环境对社会组织服务积极性存在显著正向影响

HC2—2：部门协作环境对社会组织服务积极性存在显著正向影响

HC3：制度执行环境对社会组织资源动员能力存在显著正向影响

该假设即制度执行环境越好，社会组织的资源动员能力越强，反之制度执行环境越差，社会组织的资源动员能力越弱。由于前文中已将制度执行环境分解为层级治理环境以及部门协作环境，因此 HC3 又包含了两个分假设：

HC3—1：层级治理环境对社会组织资源动员能力存在显著正向影响

HC3—2：部门协作环境对社会组织资源动员能力存在显著正向影响

HC4：制度执行环境对社会组织间的竞争力存在显著正向影响

该假设即制度执行环境越好，社会组织竞争力越强，反之制度执行环境越差，社会组织间的竞争力则越弱。由于前文中已将制度执行环境分解为层级治理环境以及部门协作环境，因此 HC4 又包含了两个分假设：

HC4—1：层级治理环境对社会组织之间的竞争力存在显著正向影响

HC4—2：部门协作环境对社会组织之间的竞争力存在显著正向影响

二　研究设计

（一）研究模型

本书分别将社会组织活力记为 Y，制度执行环境记为 N，社会认同度、服务积极性、资源动员能力以及竞争力分别记为 y_1、y_2、y_3和 y_4，层级治理环境和部门协作环境分别记为 n_1和 n_2。为检验前述部分的假设，本研究构建的研究模型如下所示：

$$Y = \alpha_1 y_1 + \alpha_2 y_2 + \alpha_3 y_3 + \alpha_4 y_4$$

$$N = \mu_1 n_1 + \mu_2 n_2$$

$$Y = \lambda N + \varepsilon$$

其中，α,μ,λ 分别为相应因素的系数。关于 α,μ 系数的确认，本书采用层次分析法（Analytic Hierarchy Process），即 AHP 法的计算步骤进行运算。

（1）计算 α（见第四章）

（2）计算 μ

基于已有研究，本书将制度执行环境分解为层级治理环境和部门协作环境，根据众多学者的研究以及逻辑推导，层级治理环境与部门协作环境对于制度执行环境同样重要，故认为二者权重相同，在此可认为 $\mu_1 = \mu_2 = 0.5$，则关于制度执行环境的计算方式为：$N = 0.5(n_1 + n_2)$。

（二）变量定义

1. 制度执行环境的维度及其操作化路径

制度执行环境是本研究的自变量，由于制度执行环境指不同层次的政府以及同级政府不同部门在施行相关政策而塑造的制度环境，因而实质上是社会组织发展和生存所面临的政治生态环境。具体包括纵向的和横向的，纵向是从中央到地方政府再到基层政府围绕社会组织的政策执行而塑造的层级治理环境，横向是地方政府不同的部门之间形成的部门协作环境，因而根据第二章关于制度执行环境的定义与分析将其操作化为层级治理环境和部门协作环境两个次级指标。

（1）层级治理环境

层级治理环境的优劣决定着政策的科层损耗程度，良好的层级治理环境意味着地方政府能结合当地实际和自身治理目标来实施社会组织的相关政策，根据国家关于社会组织发展的战略部署制定发展社会组织的中长期规划。也就是说地方政府和基层政府越能有效执行相关法律法规政策，根据地方实际创新地制定适宜的社会组织发展战略规划，层级治理环境越佳。如果地方政府和基层政府对相关政策的执行采取不作为、模糊执行、选择性执行、象征性执行甚至错误执行等策略，地方政府如果存在腐败现象，政治生态不佳等都会严重对层级治理环境造成污染，这些都构成政府的层级治理环境的表征，反映上下级部门政策执行的及时性、有效性、灵活性程度。各层级之间的关系越协调，说明制度执行环境越好，社会组织活力水平越高。

（2）部门协作环境

部门协作的程度映射部门协作环境的好坏程度，部门之间对社会组织的认知取向和监管能力各不相同，因此在围绕社会组织的制度执行过程中倾向于采取不同的策略，从而形成了社会组织发展的不同机会结构，进而影响社会组织的发展格局和特征。部门之间配合程度、部门之间的配合效率以及部门之间制度的衔接性越好，则社会组织制度执行的部门协作环境越佳，社会组织的活力水平越高。[①] 如何对社会组织的部门协作环境做出判断呢？不言自明，与社会组织相关的政府各部门职责清晰、协作良好、效率高则说明部门协作良好。由于部门职责和权限的清晰是部门协同合作的前提，因此，从各级民政部门对社会组织的监管职责和权限明晰程度可以窥见部门协作环境状况。此外，本书还采用了判断微观制度环境下的具体制度运行状况的指标，如考察申报社会组织的审批手续简便性以及对社会组织违规行为的惩处机制顺畅性。基于上述分析，本书将制度执行环境做了如下操作化定义，如表6—1所示。

表6—1　　　　制度执行环境变量操作表

二级指标	问题	操作化说明
层级治理环境	当地政府对社会组织的中长期发展有规划	1. 非常赞成（5分）；2. 赞成（4分）；3. 一般（3分）；4. 不赞成（2分）；5. 很不赞成（1分）
	政府预期会有效执行相关法律法规政策	1. 非常赞成（5分）；2. 赞成（4分）；3. 一般（3分）；4. 不赞成（2分）；5. 很不赞成（1分）
	当地政府相关部门存在不作为或错误执行法律法规政策（如腐败、厚此薄彼）的现象（此项反向计分）	1. 非常赞成（1分）；2. 赞成（2分）；3. 一般（3分）；4. 不赞成（4分）；5. 很不赞成（5分）
	社会组织很少受政府腐败、政府不作为的影响	1. 非常赞成（5分）；2. 赞成（4分）；3. 一般（3分）；4. 不赞成（2分）；5. 很不赞成（1分）

① 陈成文、黄诚：《论优化制度环境与激发社会组织活力》，《贵州师范大学学报》（社会科学版）2016年第1期。

续表

二级指标	问题	操作化说明
部门协作环境	各级民政部门对社会组织的监管职责和权限明晰	1. 非常赞成（5分）；2. 赞成（4分）；3. 一般（3分）；4. 不赞成（2分）；5. 很不赞成（1分）
	与社会组织相关的政府各部门职责清晰、协作良好、效率高	1. 非常赞成（5分）；2. 赞成（4分）；3. 一般（3分）；4. 不赞成（2分）；5. 很不赞成（1分）
	申报社会组织的审批手续简便	1. 非常赞成（5分）；2. 赞成（4分）；3. 一般（3分）；4. 不赞成（2分）；5. 很不赞成（1分）
	对社会组织违规行为的惩处机制顺畅	1. 非常赞成（5分）；2. 赞成（4分）；3. 一般（3分）；4. 不赞成（2分）；5. 很不赞成（1分）

2. 社会组织活力的维度及其操作化路径（参见第四章）

3. 数据来源（参见第四章）

三　实证结果与分析

（一）描述性统计

1. 制度执行环境的描述性统计

（1）层级治理环境的描述性统计

为确定在层级治理环境方面的制度执行环境状态，问卷中将层级治理环境操作化为政策执行的及时性、有效性、灵活性程度，设置的题项共有4项，每项均为5分制，共20分，总得分越高，则代表其所处的层级治理环境越好。

当填写人被要求就当地政府有社会组织的中长期发展规划的判断做出再判断时，11.9%的填写人表示非常赞同，45.0%的填写人表示赞同，做出一般判断的占36.3%，6.2%的填写人持不赞同看法，仅0.6%的填写人表示很不赞同。可见超过40.0%的社会组织相关负责人不认为当地政府制定了关于发展社会组织的中长期规划，中央和国家层面关于发展社会组织的大政方针和治国战略在层级治理环境下被“科层损耗”。这一现象从问卷填写人对题项“政府预期会有效执行相关法律法规政策”的回答结果得到印证。当填写人被要求就“社会组织可以预期政府会有效执行相关法律法规政策”的判断进行再判断时，8.0%的填写人表示非常赞同，53.9%的填写人表示赞同，认为一般判断的占34.1%，3.4%的填写人持不赞同看法，0.6%的填写人表示很不赞同，表明近40.0%的社会组织负责人不认为可以预期政府会有效执行相关法律法规政策。当填写人被要求对当地政府相关部门存在不作为或错误执行法律法规政策现象的判断做出再判断时，5.5%的填写人表示非常赞同，28.9%的填写人表示赞同，做出一般判断的占36.7%，20.6%的填写人持不赞同看法，8.3%的填写人表示很不赞同，可见超过34%的社会组织负责人肯定当地政府相关部门存在不作为或错误执行法律法规政策现象。当填写人被要求就社会组织很少受政府腐败、政府不作为的影响的观点发表看法时，10.5%的填写人表示非常赞同，50.1%的填写人表示赞同，做出一般判断的占31.1%，6.6%的填写人持不赞同看法，1.7%的填写人表示很不赞同，可见持不置可否、不赞同和很不赞同看法的占比近40.0%。也就是说，只有60.0%的社会组织负责人认为不受政府腐败、政府不作为的影响。由此，可以初步判断社会组织所处的层级治理环境欠佳。

根据对问卷调查结果进行数据分析，层级治理环境的描述性统计如表6—2、图6—1所示。

表6—2　　描述性统计：层级治理环境

变量	N	平均值	标准差	最小值	中位数	最大值	极差
层级治理环境	0	13.848	2.546	4.000	14.000	20.000	16.000

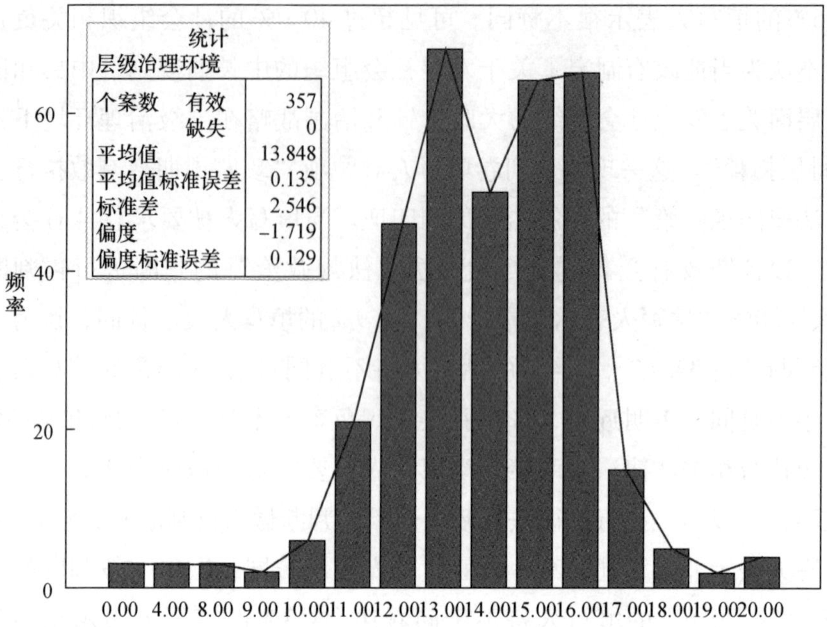

图6—1　层级治理环境条形图

从表6—2、图6—1可得，问卷调查的357家社会组织所面临的层级治理环境得分集中在11—17分，层级治理环境平均得分为13.848分，得分标准差为2.546，极差为16.000，由此可见，不同的社会组织面临的层级治理环境存在一定差异。将得分从20分制转换为5分制，得出层级治理环境平均得分为3.45分，根据1分差、2分较差、3分一般、4分较好、5分好的5分制标准来看，社会组织面临的层级治理环境整体上处于一般水平。

（2）部门协作环境的描述性统计

部门协作环境通过三级指标——不同职能部门政策执行的配合程度、配合效率以及部门间制度的衔接性来测量，为此，问卷中设计的题项共有4项，每项均为5分制，共20分，总得分越高，则代表其所处的部门协作环境越好。当填写人被要求对各级民政部门对社会组织的监管职责和权限明晰的判断进行评价时，13%的填写人表示非常赞同，51.8%的填写人表示赞同，认为不置可否的占28.6%，5.4%的填写人持不赞同看法，1.2%的填写人表示很不赞同，说明将近4成的填写人认为各级民政部门对社会组织的监管职责和权限不够清晰。当填写人被要求对与社会组织相关的政府各部门职责清晰、协作良好、效率高的观点进行评价时，仅10.2%的填写人表示非常赞同，48.3%的填写人表示赞同，不置可否的占35.8%，4.3%的填写人持不赞同看法，1.4%的填写人表示很不赞同。这说明与社会组织相关的政府各部门职责清晰度、协作性、效率均不太理想。对于申报社会组织审批手续简便的观点，14.6%的填写人表示非常赞同，50.3%的填写人表示赞同，不置可否的占26.3%，6.8%的填写人持不赞同看法，2.0%的填写人表示很不赞同。可以这样理解，65%的社会组织负责人认为社会组织登记手续简便，这也许与被调查组织多为慈善类与城乡社区服务类组织有关，相比其他类别的社会组织，较容易获得登记，26.3%的填写人表示不置可否，有8.8%的填写人认为审批手续烦琐，这表明，仍有较大比例的社会组织负责人否认审批手续简便。对于社会组织违规行为的惩处机制顺畅的观点，9.0%的填写人表示非常赞同，52%表示赞同，33.3%持不置可否的态度，4.8%表示不赞同，0.9%表示很不赞同。

根据对问卷调查结果进行数据分析，部门协作环境的描述性统计如表6—3、图6—2所示。

表6—3　　　　描述性统计：部门协作环境

变量	N	平均值	标准差	最小值	中位数	最大值	极差
部门协作环境	0	14.431	2.889	4.000	15.000	20.000	16.000

从表6—3、图6—2可知，社会组织所面临的部门协作环境得分主要集中与11—16分，平均得分为14.431分。部门协作环境的得分标准差为2.889，极差为16。将部门协作环境得分从20分制转换成5分制，可得出部门协作环境的平均得分为3.6。根据1分差、2分较

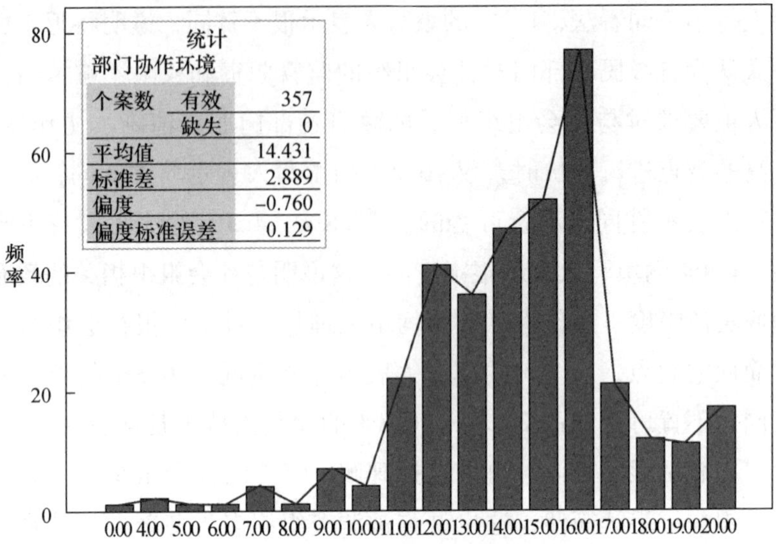

图 6—2　部门协作环境条形图

差、3 分一般、4 分较好、5 分好的 5 分制标准来看，数据显示出社会组织面临的部门协作环境整体上处于一般水平，且不同社会组织间的部门协作环境还是比较分散的。

（3）制度执行环境的描述性统计

根据上文层次分析法所得公式 $N = \mu_1 n_1 + \mu_2 n_2$，根据问卷调查所得的层级治理环境以及部门协作环境有关数据，统计可获得制度执行环境的相应数据，其描述性统计如表 6—4、图 6—3 所示。

表 6—4　　描述性统计：制度执行环境

变量	N	平均值	标准差	最小值	中位数	最大值	极差
制度执行环境	0	14. 120	1. 977	5. 500	14. 500	18. 500	13. 000

从表 6—4、图 6—3 可知，社会组织所面临的制度执行环境得分区间为 12—16. 5 分，制度执行环境的平均得分为 14. 120 分，得分标准差为 1. 977，极差为 13. 000，中位数为 14. 500，众数为 15. 500，

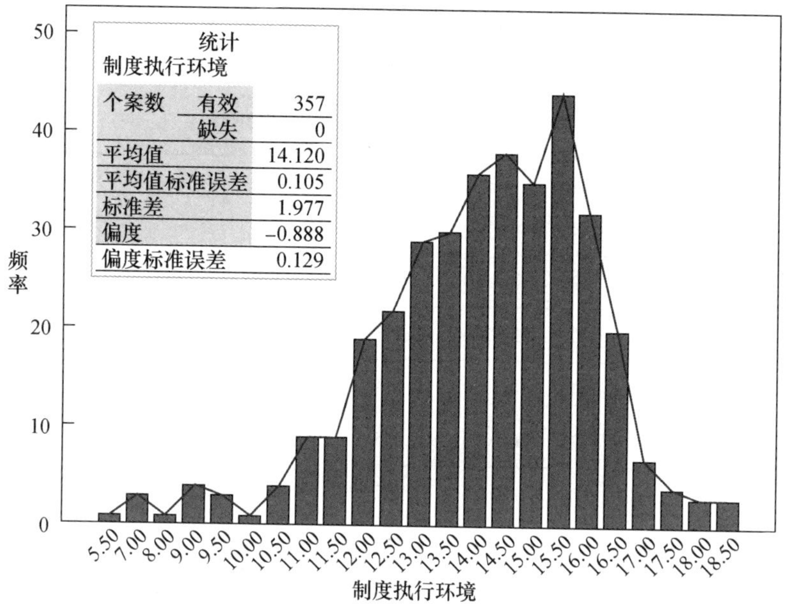

图6—3　制度执行环境

根据社会组织面临的制度执行环境的描述性统计数据，将制度执行环境得分从20分制转换成5分制，可得出制度执行环境的平均得分为3.53分。根据选项中1分差、2分较差、3分一般、4分较好、5分好的评分标准看，可知不同社会组织间的制度执行环境整体上处于一般水平。

2. 社会组织活力的描述性统计（参见第四章）

（二）差异性分析

本部分差异性分析以制度执行环境的两个维度为因变量，运用单因子方差分析（ANOVA）检验组别平均数间的差异是否达到显著性水平，并运用事后多重比较进行组间差异检验。

1. 制度执行环境在组织所在区域上的差异分析

将社会组织所在区域分成三个组别：湖南省标记为1、广东省标记为2，青海省标记为3。对社会组织制度执行环境在区域上的特征进行描述统计和单因素方差分析，计算结果如表6—5所示。

表6—5　　　　制度执行环境在区域上的差异检验

	区域	个案数（家）	平均值	标准差	方差齐性检验显著性	F	ANOVE显著性	邦弗伦尼多重比较
层级治理环境	湖南省	100	13.510	3.196	0.154	1.826	0.163	3 >1 3 >2
	广东省	108	13.776	2.553				
	青海省	149	14.128	1.984				
部门协作环境	湖南省	100	14.000	3.085	0.133	3.510	0.031	3 >1 3 >2
	广东省	108	14.185	3.097				
	青海省	149	14.899	2.528				

由统计结果可以看出：莱文方差齐性检验的显著性均大于显著水平0.05，因此可以认为样本数据之间的方差是齐次的，可以进行单因素方差分析。根据单因素方差分析结果，不同区域的微观制度环境在部门协作环境（$F=3.510$，$P=0.031<0.05$）上存在显著差异，在层级治理环境这一维度上的显著性水平为0.163，未达到0.05的显著性水平，说明层级治理环境这一个维度在区域上不存在显著差异。根据多重比较结果，青海省的部门协作环境与层级治理环境均与湖南省、广东省存在一定差异性，青海省的部门协作环境优于湖南省和广东省。

2. 制度执行环境在组织资产规模上的差异分析

将社会组织资产规模分成四个组别：30万元以下标记为1，30万—100万元标记为2，100万—500万元标记为3，500万元以上标记为4。对社会组织制度执行环境在资产规模上的特征进行描述统计和单因素方差分析，计算结果如表6—6所示。

表 6—6　　　　微观制度环境在组织资产规模上的差异检验

	资产规模（元）	个案数（家）	平均值	标准差	方差齐性检验显著性	F	ANOVE 显著性	邦弗伦尼多重比较
层级治理环境	30 万以下	250	13.930	2.575	0.542	0.118	0.950	
	30 万—100 万	56	13.722	2.218				
	100 万—500 万	35	13.818	3.330				
	500 万以上	16	13.750	1.693				
部门协作环境	30 万以下	250	14.587	2.758	0.345	3.110	0.027	
	30 万—100 万	56	13.722	3.389				
	100 万—500 万	35	13.706	2.669				
	500 万以上	16	15.688	2.726				

由统计结果可以看出：莱文方差齐性检验的显著性均大于显著水平 0.05，因此可以认为样本数据之间的方差是齐次的，可以进行单因素方差分析。根据单因素方差分析结果，不同组织资产规模的制度执行环境在部门协作环境（$F=3.110$，$P=0.027<0.05$）上存在显著差异，在层级治理环境这一个维度上的显著性水平为 0.950，未能达到 0.05 的显著性水平，说明层级治理环境这一个维度在组织资产规模上不存在显著差异。根据多重比较结果，组织资产规模 500 万元以上社会组织的部门协作环境最好，明显优于组织资产规模在 30 万—500 万元的社会组织，30 万元以下资产规模的社会组织的部门协作环境劣于 500 万元以上的社会组织，但却优于 30 万—500 万元的社会组织，资产规模在 30 万—100 万元的社会组织与资产规模在 100 万—500 万元的社会组织所面临的部门协作环境大致相等。这说明了社会组织的组织规模在极大和极小的状况下比起社会组织处于中等规模时更容易受到部门协作环境影响。

3. 制度执行环境在组织类别上的差异分析

将社会组织类别分成三个组别：公益慈善类标记为 1、城乡社区服务类标记为 2，其他标记为 3。对社会组织制度执行环境在组织类别上的特征进行描述统计和单因素方差分析，计算结果如表 6—7 所示。

表 6—7　　制度执行环境在组织类别上的差异检验

	类别	个案数（家）	平均值	标准差	方差齐性检验显著性	*F*	ANOVE 显著性	邦弗伦尼多重比较
层级治理环境	公益慈善类	175	13.713	2.919	0.192	0.707	0.494	
	城乡社区服务类	108	14.083	1.982				
	其他	74	13.824	2.355				
部门协作环境	公益慈善类	175	14.154	3.071	0.281	2.118	0.122	
	城乡社区服务类	108	14.432	2.615				
	其他	74	14.431	2.780				

由统计结果可以看出：莱文方差齐性检验的显著性均大于显著水平 0.05，因此可以认为样本数据之间的方差是齐次的，可以进行单因素方差分析。根据单因素方差分析结果，层级治理环境和部门协作环境两个维度上的显著性水平分别为 0.494 和 0.122，均未达到 0.05 的显著性水平，说明层级治理环境和部门协作环境两个维度在组织类别上均不存在显著差异。

（三）相关性分析

1. 制度执行环境与社会组织活力的相关性

为验证制度执行环境是否对社会组织活力具有直接影响，首先必须对制度执行环境及其两个子维度（层级治理环境、部门协作环境）和社会组织活力之间的相关程度进行检验（用皮尔逊相关系数表示），以此检验各要素之间是否存在显著的相关，如表 6—8 所示。

表 6—8　　制度执行环境与社会组织活力相关性分析表

		制度执行环境	层级治理环境	部门协作环境
社会组织活力	皮尔逊相关性	0.271 **	0.180 **	0.301 **
	显著性（双尾）	0.000	0.001	0.000
	个案数（家）	357	357	357

注：** 表示在 0.01 级别（双尾），相关性显著。

从检验表可以看出，制度执行环境和社会认同度之间皮尔逊相关系数为0.271，显著性 $P<0.01$，说明社会组织认同度与制度执行环境之间存在显著相关性。再观察制度执行环境的两个子维度与社会组织活力的相关数据，层级治理环境和社会组织活力之间皮尔逊相关系数为0.180，显著性 $P=0.001<0.01$；部门协作环境和社会组织活力之间皮尔逊相关系数为0.301，显著性 $P=0<0.001<0.01$，说明层级治理环境及部门协作环境均与社会组织活力存在显著相关性。因此，可以在此基础上建立制度执行环境对于社会组织活力的回归方程模型，从而验证制度执行环境对社会组织活力的直接影响效应具有实际意义。且对比层级治理环境与社会组织活力之间的显著性可以发现，部门协作环境与社会组织活力之间的显著性更强，由此可以得出，社会组织活力相比于层级治理环境，更多的是受到部门协作环境的影响。

2. 制度执行环境与社会认同度的相关性

为检验制度执行环境各维度对社会组织社会认同度的影响，首先必须对制度执行环境各维度与社会认同度之间的相关程度进行检验（用皮尔逊相关系数表示），以此检验各要素之间是否存在显著相关性，相关性分析结果如表6—9所示。

表6—9　　制度执行环境与社会组织活力相关性分析表

		制度执行环境	层级治理环境	部门协作环境
社会认同度	皮尔逊相关性	0.329**	0.223**	0.368**
	显著性（双尾）	0.000	0.000	0.000
	个案数（家）	357	357	357

注：** 表示在0.01级别（双尾），相关性显著。

根据表6—11的数据可知，制度执行环境与社会组织认同度的皮尔逊相关性为0.329，显著性 $P=0.000<0.01$，可见制度执行环境与社会组织社会认同度显著相关。同时，制度执行环境的两个子维度层级治理环境及部门协作环境与社会认同度的皮尔逊相关系数分别为：

0.223（$P=0.000<0.01$）、0.368（$P=0.000<0.01$），由此可得，制度执行环境两个子维度均与社会认同度显著相关。

3. 制度执行环境与服务积极性的相关性

为检验制度执行环境各维度对社会组织服务积极性的影响，首先必须对制度执行环境各维度与服务积极性之间的相关程度进行检验（用皮尔逊相关系数表示），以此检验各要素之间是否存在显著相关性，相关性分析结果如表6—10所示。

表6—10　　制度执行环境与服务积极性相关性分析表

		制度执行环境	层级治理环境	部门协作环境
服务积极性	皮尔逊相关性	0.252**	0.217**	0.325**
	显著性（双尾）	0.000	0.000	0.000
	个案数（家）	357	357	357

注：** 表示在0.01级别（双尾），相关性显著。

从表6—12可以看出，制度执行环境与社会组织服务积极性的皮尔逊相关性为0.252，显著性 $P=0.000<0.01$，可见制度执行环境与社会组织服务积极性显著相关。同时，制度执行环境的两个子维度层级治理环境及部门协作环境与服务积极性的皮尔逊相关系数分别为：0.217（$P=0.000<0.01$）、0.325（$P=0.000<0.01$），由此可得，制度执行环境两个子维度均与社会组织服务积极性显著相关。这说明了尽管宏观制度环境与微观制度环境并不对社会组织服务积极性构成直接的正向影响，但社会组织生存和发展所面临的动态政治生态环境，却对社会组织服务积极性产生了明显的正向影响。

4. 制度执行环境与资源动员能力的相关性

为检验制度执行环境各维度对社会组织资源动员能力的影响，首先必须对制度执行环境各维度与资源动员能力之间的相关程度进行检验（用皮尔逊相关系数表示），以此检验各要素之间是否存在显著相关性，相关性分析结果如表6—11所示。

表 6—11 制度执行环境与资源动员能力相关性分析表

		制度执行环境	层级治理环境	部门协作环境
资源动员能力	皮尔逊相关性	0.019	0.056	0.011
	显著性（双尾）	0.720	0.290	0.843
	个案数（家）	357	357	357

从检验表可以看出，制度执行环境和资源动员能力之间皮尔逊相关系数为0.019，显著性 $P>0.01$，制度执行环境的两个子维度层级治理环境及部门协作环境与社会认同度的皮尔逊相关系数分别为：0.056（$P=0.290>0.01$）、0.011（$P=0.843>0.01$），说明制度执行环境与社会组织资源动员能力之间相关性不明显。

5. 制度执行环境与竞争力的相关性

为检验制度执行环境各维度对社会组织竞争力的影响，首先必须对制度执行环境各维度与竞争力之间的相关程度进行检验（用皮尔逊相关系数表示），以此检验各要素之间是否存在显著相关性，相关性分析结果如表 6—12 所示。

表 6—12 制度执行环境与竞争力相关性分析表

		制度执行环境	层级治理环境	部门协作环境
竞争力	皮尔逊相关性	0.195 **	0.175 **	0.181 **
	显著性（双尾）	0.000	0.001	0.001
	个案数（家）	357	357	357

注：** 表示在 0.01 级别（双尾），相关性显著。

根据表 6—14 的数据可知，制度执行环境与社会组织竞争力的皮尔逊相关性为 0.195，显著性 $P=0.000<0.01$，可见制度执行环境与社会组织竞争力显著相关。同时，制度执行环境的两个子维度层级治理环境及部门协作环境与社会认同度的皮尔逊相关系数分别为：0.175（$P=0.001<0.01$）、0.181（$P=0.001<0.01$），由此可得，制度执行

环境两个子维度均与社会组织竞争力在0.01显著性水平上正相关。

（四）回归分析及其稳健性检验

根据上文的相关性分析以及差异性分析，可以确认制度执行环境中的层级治理环境与部门协作环境均与社会组织活力具有显著相关性，并且通过社会组织活力四要素与制度执行环境的相关性分析以及进一步将社会组织活力数据与制度执行环境数据进行相关性分析，证明了制度执行环境对社会组织活力具有显著影响。因此，可以将社会组织活力作为因变量 Y，将层级治理环境以及部门协作环境分别作为自变量 n_1 与 n_2，对其进行线性回归分析考察三者之间的线性回归关系。

表6—13　　输入/移去的标量[b]

模型	输入的变量	移去的变量	方法
1	部门协作环境，层级治理环境[a]	0	输入

注：a，已输入所有请求的变量；b，因变量：Y。

表6—14　　变量摘要

模型	R	R^2	调整后 R^2	标准估算的误差	更改统计				
					R^2 变化量	F 变化量	自由度1	自由度2	显著性 F 变化量
1	0.302[a]	0.091	0.086	0.435	0.091	17.726	2	354	0.000

注：a，预测变量为（常量），部门协作环境，层级治理环境。

表6—15　　Anova[b]

模型		平方和	自由度	均方	F	Sig.
1	回归	6.711	2	3.355	17.726	0.000[a]
	残差	67.009	354	0.189		
	总计	73.720	356			

注：a，预测变量：（常量），部门协作环境，层级治理环境；b，因变量：社会组织活力。

表 6—16　　**系数**[a]

模型		标准化系数		标准系数	t	Sig.	相关性		共线性统计量		
		B	标准误差	系数 Beta			零阶	偏	部分	容差	VIF
1	（常量）	2.991	0.135		20.867	0.00					
	层级治理环境	0.020	0.048	0.028	0.412	0.01	0.180	0.022	0.021	0.575	1.740
	部门协作环境	0.201	0.042	0.343	5.149	0.00	0.314	0.264	0.260	0.575	1.740

注：a，因变量为社会组织活力。

表 6—17　　**共线性诊断**[a]

模型	维数	特征值	条件索引	方差比例		
				（常量）	层级治理环境	部门协作环境
1	1	2.968	1.000	0.00	0.00	0.00
	2	0.020	12.115	0.93	0.06	0.32
	3	0.012	15.594	0.06	0.93	0.68

注：a，因变量为社会组织活力。

综合上述数据，从表 6—14、表 6—15 可以得到，模型显著性 Sig. =0.000，变量之间的显著性 F 也为 0.000，且在表 6—16 中，数据显示拟合回归方程式中常量、层级治理环境、部门协作环境的系数的 Sig. 指数均小于 0.05，因此可以得出社会组织活力与层级治理环境和部门协作环境之间存在线性相关关系，且将社会组织活力作为因变量 Y，以制度执行环境中的层级治理环境和部门协作环境为自变量 n_1 与 n_2，根据表 6—17 中的模型标准化系数 B 可以得到因变量 Y 与自变量 n_1 与 n_2 之间的回归方程式为：

$$Y = 2.968 + 0.020\,n_1 + 0.201\,n_2$$

根据数据表 6—16 显示，共线性统计量容差 $0 < 0.575 < 1$，VIF 为

1.740<10，由此可以证明该回归方程显著性强且具有稳健性，通过回归方程式可以发现，制度执行环境中的部门协作环境与层级治理环境均对社会组织活力存在正相关影响。

四　讨论与对策建议

（一）讨论

本书根据已有文献的梳理和问卷调查结果对制度执行环境以及社会组织活力进行综合分析，并探究二者之间的关联，通过定性和定量的研究方法进行研究，得出以下几个方面的结论。

1. 我国社会组织面临的制度执行环境整体处于一般水平

本书从社会组织活力研究的视角出发，基于已有研究将制度执行环境分解为层级治理环境（上下级部门政策执行方式）以及部门协作环境（不同职能部门政策执行方式）两大指标，并将层级治理环境的评判标准表达为政策执行的及时性、有效性、灵活性，将部门协作环境的评判标准表达为部门之间的配合程度、配合效率以及衔接性。通过对层级治理环境以及部门协作环境与社会组织活力相关数据进行描述性分析发现我国社会组织的制度执行环境总体上处于一般水平，不同社会组织面临的制度执行环境却仍然存在一定差异性，这说明不同地区之间由于地域特殊性其制度执行环境存在差异，抑或是即使在相同地区不同社会组织仍然面临不同的制度执行环境，也可能这两种因素同时存在，这需要进行更深层次的挖掘与分析。

2. 层级治理环境和部门协作环境对社会组织活力的影响程度不一致

制度执行环境对社会组织活力的影响方面，根据数据显示，层级治理环境与部门协作环境这两个制度执行环境的指标都与社会组织活力呈显著正相关，说明了二者均对社会组织活力存在显著的影响作用。通过对比制度执行环境的两个子因素与社会组织活力的相关性，能够看出部门协作环境与社会组织活力之间的相关性更显著，影响程度更大。这说明虽然在逻辑层面上层级治理环境与部门协作环境对社会组织活力的影响同样重要，但是在制度执行的实际过程当中，不同部门之间的配合程度、配合效率以及衔接性对社会组织活力的影响更为直接也更为显著。

3. 社会组织活力四要素与制度执行环境的相关性

通过社会组织活力四要素与制度执行环境的相关性分析可以发现，社会组织的认可度、社会组织的服务积极性、社会组织的资源动员能力与社会组织的竞争力均与制度执行环境呈显著正相关关系，说明制度执行环境越好的地区，其社会组织的认可度越高，服务积极性越高，资源动员能力和竞争力也越强，反之社会组织越受到社会认可，服务积极性越高，资源动员能力越强，竞争力越好，也可以影响到政府的政策执行。但制度执行环境与社会组织的资源动员能力相关性不显著，这说明资源动员能力主要是社会组织自身的能力，与制度执行的关联度不高，虽然存在一定影响但是并不明显。这证明假设 HC3 不成立，社会组织活力四要素并不都与制度执行环境存在显著相关性。

4. 制度执行环境与社会组织活力之间存在显著相关性

根据问卷的数据整理，得出制度执行环境中的层级治理环境以及部门协作环境均与社会组织活力显著相关，因此将社会组织活力设为因变量，将层级治理环境和部门协作环境设为自变量，得出制度执行环境与社会组织活力之间呈线性回归，并存在一定的稳定性，其回归方程可表达为：

$$\text{社会组织活力} = 2.968 + 0.020 \times \text{层级治理环境} + 0.201 \times \text{部门协作环境}$$

且此回归方程通过了稳健性检验。这也验证了之前的假设 HC，层级治理环境与部门协作环境越好，社会组织的活力水平越高，其活力水平可以预测为每当层级治理环境提高一分，社会组织活力能提高 0.020 分；部门协作环境每提高一分，社会组织活力提高 0.201 分，故通过优化制度执行环境能激发社会组织的活力，研究假设 HC 得到了验证。

（二）对策建议

1. 更新理念，树立协同意识

首先，在国家层面上，社会组织被赋予社会治理的主体地位，社会组织活力的激发已经纳入国家战略规划体系。在加快推进中国特色社会组织建设的战略性政策确定之后，地方政府部门应当根据当地社会发展的特点和需求，明确社会组织的发展目标，树立整体性政府意识、协同意识，优化层级治理环境和部门协同环境。社会组织发展的有效性取决于政府推动社会组织发展的协同性。政府应站在推进国家治理体系和治理能力现代化的高度，充分认识社会组织的主体地位，明确社会组织自主治理的重要性。通过协同意识的教育、制度效应和协同的行为，增强各级政府和政府部门执行国家层面上的社会组织政策的积极性和主动性，汇聚协同执行的力量。①

2. 完善法律法规，为协同执行提供制度保障

目前法规体系混乱，法规缺少权威性。现行的社会组织相关管理文本就有 50 种之多，其中包括了众多与之直接相关的“条例”“规定”“办法”“通知”“意见”“制度”“指引”“方案”和“解释”等，以及间接相关的“法律”和“条例”等（参见附录一），且文本之间分歧、相互矛盾的现象大量存在。为了确保社会组织政策执行的有效性，需要整体设计，完善社会组织的法律体系，应着力解决现有法规体系的碎片化、可操作性低、规范性差的问题，实现宪法、专门法、部门法规的无缝衔接。为此，有必要对现有的规范性文件以及法律条例进行全面梳理，对于已经过时的与现行政策相悖的法律条令进行废止或修改，对于没有充分覆盖的组织类型以及缺位的相关社会组织管理条例要制定有针对性的法规，形成一套协调一致的完善的法律制度体系。应制定一部统一的社会组织法，提高规范社会组织行为的相关法律法规的权威性和约束力。为强化对社会组织行为的监管，激

---

① 刘春湘：《基于约束条件的非政府组织监管协同研究》，《湖湘论坛》2019 年第 4 期。

励社会组织的公益和互益行为，须尽快完成税收领域的专门立法。根据法制的平衡精神，在强化社会组织法律责任的同时，政府的责任须同步强化，需要引入社会组织监管的司法救济机制，在监管运行中运用司法的权威保障各主客体的合法权利，防止政府监管自由裁量权的滥用，从而奠定协同行动的制度基础。

为了建立社会组织政策执行的部门协作机制，促进有关部门之间的协同与合作，应制定相关法律法规。建议在国家层面出台政府部门之间关系法或《政府部门间关系条例》，对同一级政府不同部门间协作配合的原则、权利、义务、人员、经费等相关事项做出明确统一的法律规定。[①] 从法律和制度上，明确划分各级政府、各部门的权责边界，不仅要从纵向上划分不同层级的政府、部门之间的职责范围、支出权利和监管责任，还要在同级政府内部划分不同部门的权力、责任和义务，避免协同运行中存在的职责不清、合作不力、不合作甚至相互拆台行为。[②] 政府的财政部门应该充分发挥部门协作的催化剂作用，考虑允许跨部门协作在必要时可以更便捷、灵活地使用、流通资金，提高财政资金的利用率，以促进跨部门合作。此外，还应该鼓励储备更多的部门合作预算，为部门协同执行提供坚实的物质保障。在地方层面，应根据省、市、县（区）、乡（镇）不同级政府的不同情况，因地制宜地出台《地方（基层）政府部门间关系条例》，在条例中应针对不同活动领域制定具体的差异化的部门协调步骤和程序，如在社会组织领域，应明确社会组织登记注册加上后续管理的登记管理部门与业务主管部门之间的协作细则和程序，明确社会组织承接公共服务时，业务主管部门与其他行政部门（如社会组织参与精准扶贫与财政部门）之间的协作规则和程序等，以清除影响部门间协作的法律障碍，用制度保障部门协同执行机制的建立与实施。[③]

---

① 陶希东：《跨界治理：中国社会公共治理的战略选择》，《学术月刊》2011 年第 8 期。

② 高轩：《当代中国政府组织协同问题研究》，中共中央党校出版社 2011 年版。

③ 李莹：《中国海事管理部门协作机制初探》，《中国行政管理》2010 年第 6 期。

3. 构建动态立体、分层运行的政策执行协同机制

社会组织相关政策执行机制基本上属于常态化协同机制范畴。需要按照优化顶层设计—地方执行—基层执行的分层原则，提升社会组织政策执行在层级政府上的有效性，及时性和灵活性。按照各层级政府中跨部门在责任、职能、运行等方面分工与整合，推动各部门间的相互配合、制度和行为的衔接与契合，形成立体交叉社会组织政策执行协同机制，实现宏观制度环境、微观制度环境和制度执行环境的有机整合。在顶层设计方面，应着力于社会组织全面发展的国家战略，强调国家将社会组织发展和建设方面的制度设计、战略布局、整体把控和全方位监督过程进行有机集合。① 在地方政府和基层政府层面，应协调各方统一制定一致的社会组织发展规划，形成明晰一致的社会组织发展目标，并具有明确的政策执行规划、实施方案和评估标准，确保各部门在社会组织发展规划的引领下明确职责分工、制定与政策相符合的管理措施和配套机制，如信息渠道的互通互享平台、权限与资源分配、绩效考评方法、争端处理办法等。与此同时，应建立有效的问责机制，确保在层级行政体制序列内能实现有效社会组织政策的跨部门协同。

在目前制度体系欠完善的状况下，为改善部门协作环境，提高各部门之间的配合效率以及衔接性，应加快领导协调体系的建设。各级地方政府为了加强对社会组织的管理与监督，成立了形态各异的领导协调体系，以统筹当地社会组织的发展和资源配置，其中，典型模式有安徽模式，北京模式，广东模式，上海模式，温州模式，铜陵模式等。对比上述六种具有代表性的领导协调体系，可以发现各个地方建立的部门协同机制基本都是由各省市的政府领导组建领导小组对社会组织管理进行地方设计，以民政局为中心对各政府部门进行协调组织工作。当然，每个地区都有各异的领导理念，有不同的协调方式与协

---

① 孙迎春：《国外政府跨部门协同机制及其对中国的启示》，《行政管理改革》2013 年第 10 期。

调关系。在这六种领导协调体系中，上海模式最为简洁，直接由民政局协调社会组织的各业务主管单位对社会组织进行监督管理，由外办负责涉外社会组织的管理。北京模式最为模糊，协调关系最为复杂，由进行顶层设计的“社会建设工作领导小组”对各部门进行协调，然后由“领导小组办公室”召集各部门部署“枢纽型社会组织”对社会组织的管理工作，并由“市委社工委”以及“市府社工办”对社会组织进行指导和规划，“市民政局”对社会组织进行登记注册以及监管工作，再由“有关行政部门”负责对社会组织进行政策指导，形成了一条跨越六大职能单位的冗长链条。如此多的职能部门同时对社会组织进行监督管理，势必会加大各部门之间的配合与衔接难度，加大协调以及传达的行政成本。协同机制模糊的还有铜陵模式，虽然铜陵模式的职责链条不如北京模式冗长，但是其负责对社会组织进行管理的主体不仅有市委市政府成立的“社会建设工作委员会”，还有以组织部牵头的“非公有制经济和社会组织工作委员会”以及由政法委牵头的“创新社会管理加强社会建设领导小组”，责任主体过于多元化，势必会导致权责模糊，衔接不畅，配合不力。

基于对六种具有代表性的领导协调体系的分析，可以找到改善领导协调体系的方向。首先是责任集中化，避免多头管理的状况，尽可能地将与社会组织相关的协调职责集中在一个领导主体上。这样的设置符合大部制建设的原则，避免各部门间职能交叉，从而提高制度执行效率，降低行政成本。同时这种协调职责集中的政府部门往往在地方上具有很强的权威性，能够应对各种各样的突发状况，确保了对各部门的全面照应以及有效协调。其次是结构简洁化，领导协调体系中要尽可能地缩短行政链条。过多的治理单元往往意味着高协调成本以及配合困难，在制度执行过程中必然存在效率低下的问题，因此，领导协调体系中的机构设置要简洁化，避免职能交叉和部门重叠。最后是体系逻辑合理化，领导协调体系的设置要合乎组织逻辑，保证各部门的责任幅度适当。

4. 加强信息交流和共享，为社会组织政策的协同执行提供技术保障

惠藤提出了有效实现部门协同的五个基本要素：第一，具备协同的意愿；第二，各方对协同需求和协同行动达成共识；第三，对合作伙伴的了解和信任；第四，协同行动可行性的科学评估；第五，较强的协同过程控制能力。[①] 显而易见，为满足有效协同的条件，信息互联互通和共享共用是必要的前提。为突破信息垄断、信息壁垒、信息失真等对社会组织政策的有效执行和协同执行的障碍，有必要建立信息共享机制，构建各层级政府之间以及同一层级政府各部门间的制度化的信息交流，规范信息交流与共享的内容、范围、时间、方式等。

首先，要建立各层级政府与同一层级政府行政部门间信息共享的统一技术标准，提高信息的一致性。信息交流与共享的关键技术在于实现信息平台、资源数据库的高度兼容，需要确保统一的来源和标准。部门之间信息的兼容性是共享与交换的重要前提，职能分工结构使得部门的专业性及独特的信息流动偏好影响着信息的融合度，进而影响着部门之间信息共享的范围、速度及过滤性。因此，要建立起一个能用统一技术标准进行信息收集、分类、处理的标准化信息共享机制，为跨部门协同执行社会组织相关政策提供技术支持。

其次，应分阶段推进数据统筹，着手于政府部门间信息资源的逐步整合，以打破部门间“信息孤岛”的状况。要突破现有体制框架的限制，以数据资源为中心，整合行政部门长期积累的社会组织相关数据信息，建立共享数据资源池。部门之间数据共享的动力受共享的激励、共享的数量、共享的目的等制约，在目前宏观政策促进社会组织发展，但微观上社会组织活力不足的大环境下，应分阶段对社会组织领域的相关数据进行统筹，前期以“行政主导型”为主要模式，运用“强国家”下具有优势的行政命令手段去推动部门数据整合，打破民政部门拥有核心数据资源而维持短暂优势的局面，利用大数据时代下

① 周志忍、蒋敏娟：《中国政府跨部门协同机制探析——一个叙事与诊断框架》，《公共行政评论》2013 年第 1 期。

的虚拟组织架构冲淡竞争优势，加深部门数据共享程度。后期以“积极参与型”模式为主，此时，社会组织的登记管理部门、业务主管部门及其他行政部门间实现前所未有的数据统筹，云端处理技术将整合“条数据”与“块数据”，破除“条数据”“块数据”的壁垒性，解决信息分散问题，推动部门协同发展。

最后，应清除来自管理层面的阻力，加强部门协同机制建设，打破科层制下各部门信息不对称的局面，使等级权力日益失去色彩，突破部门壁垒的限制，有效控制信息共享所面临的复杂性，实现整体功能大于部分功能之和的功效。其中信任机制是必不可少的，为促进部门之间的相互信任而设计一系列行为规范和准则，不仅会促成社会组织相关管理部门之间的数据统筹，而且能在不涉及任何权力、资源及利益分配的情况下，明确各利益相关者的真实诉求。可考虑运用集合预算、合作预算、整体预算等先进的财政工具，尝试跨部门协同预算。建立信息交流共享评估与问责机制。

第 七 章

结论与展望

一　研究结论

在中国话语背景下，中国社会组织在中国特有的制度环境下生根发芽、曲折成长，虽历经几十年的发展，仍然处于不成熟的初期发展阶段。为探究中国社会组织面临的制度环境对社会组织活力的影响，本书基于国家与社会关系理论、治理理论和资源依赖理论，在发掘、分析与借鉴已有研究成果的基础上，分别从宏观、微观和制度执行三个层面提出研究模型，并对模型进行分析和稳健性检验。通过理论和实证分析，得出如下结论。

（一）制度环境对社会组织活力的三大影响途径

学界对社会组织制度环境的分析基本上从要素着手，并普遍认为社会组织的制度环境在宏观上以鼓励为主，而在微观上以控制为主。本书认为中国社会组织面临的制度环境的宏观层面由国家层面对社会组织的认知、判断、态度和法律制度体系构成，微观层面是正式和非正式的具体制度安排，执行层面则由社会组织身处其中的层级治理环境和部门协作环境构成。由此认为制度环境对社会组织活力的总影响经由宏观制度环境、微观制度环境和制度执行环境来发挥作用。应该看到，制度环境的三大组成部分相互影响、相互作用，很难分开。宏观制度环境的作用往往会通过微观的具体制度安排以及制度的执行来影响社会组织的活力；微观制度安排在制度环境系统中起着承上启下的作用，因为宏观方面的总体制度设计需要具体制度安排来体现，这本质上属于宏观制度设计的实施与执行；具体制度的制度目标能否达成，又取决于具体制度的具体执行，显然，制度执行环境构成对社会组织活力的直接和现实影响。

（二）社会组织活力随制度环境动态变化

社会组织活力可以定义为在动荡与瞬息万变的组织环境中所具有的确保组织可持续发展的能力以及相应的行为、结果和影响的综合体现。在一定的社会组织活力状态下，社会组织与外部环境进行信息能量交换和转化，持续获得发展动力和资源并维持组织持续成长，不间断地向环境输出公共服务和创造社会价值。

从静态的角度来考察，社会组织活力呈现一定的要素结构。社会组织活力的构成要素包括社会组织的社会认同度、参与公共服务的积极性、资源动员能力以及社会组织的竞争力。

从动态的角度来看，社会组织活力状况随着制度环境的变迁处于动态变化的过程中，不同历史时期下不同的制度环境决定着该时期社会组织的生存和发展状况。对制度变迁下社会组织活力的纵览有助于诠释制度环境对社会组织活力的影响并有助于构思优化制度环境的方案。

1949 年中华人民共和国成立，开启了国家与社会关系的新时期，社会结构变迁巨大，社会组织的发展也因应体现了不同的时代特点。

第一阶段，从新中国成立以后至改革开放以前。在总体性社会中，社会组织发展空间十分有限，这一阶段的社会组织基本为政府服务，行政倾向严重，缺乏独立性和自主性，为数不多的社会组织成为执政党进行社会建构的有机部分。在国家权力的社会性扩展的情况下，社会组织活力几乎不存在。

第二阶段，从 1978 年至 1998 年社会组织的复兴阶段。面对骤然兴起的社会组织，1988 年国务院授权民政部承担相关管理职能，随后，通过行政立法，由登记管理机关和业务主管单位共同负责的双重管理体制最终确立，使得在法律框架内的社会团体的数量增长趋于缓慢。此阶段社会组织的发展从生成路径来看既存在“自上而下”路径，也存在“自下而上”路径。[①] 但应该看到，社会组织作为一种新兴事物，是国家主动向社会释放一部分资源，主动从全能主义治理转向威权主义治理的产物，对政府的依附性仍很强。社会组织在各自的专业领域中具有绝对的垄断地位，缺乏积极竞争的动力，几乎不存在组织间的竞争力，此阶段的社会组织活力严重不足。

第三阶段，从 1998 年至 2012 年的多元化和法制化发展阶段。随着社会主义市场经济体制渐趋成熟，党和政府已经充分认识到社会组织的重要地位和作用，同时对社会组织的怀疑与不信任亦隐约可见。制度环境和社会组织的互动塑造了这一阶段社会组织发展的两个基本特点：一是制度化的发展道路，二是多元化的发展态势。由此，社会组织社会认同度逐步提高，从政府、企业和社会公众汲取资源的能力得到增强，服务社会的能力不断提高，社会组织活力初显，发挥了政府与企业无法替代的功能。

第四阶段，从 2013 年至今，在激励与约束同在的制度环境下的社会组织进入策略发展阶段，此阶段的制度环境以分类控制与分类扶持为特征，社会组织在数量上增速转缓而总量持续增长。此阶段，社会组织开始注重内涵式与规范化增长，有意识地提升组织能力，增强服务功能，积极承接政府转移出的部分职能，参与公共服务的提供，积极争取政府购买资金，辅助政府开展社会建设和公共事务治理。在功利性动机驱使下，中国社会组织服务性功能增强，但使命追求、价值维护、权利维护与倡导等功能弱化。社会组织生态系统功能趋同化势必带来社会组织的合法性不足、社会认同度低、竞争不足与竞争过度并存等问题，社会组织活力得到增强，但远非理想。

从现实的角度来考察社会组织活力，有助于使在纵览中获得的对

---

① 王向民：《中国社会组织的历史演变及其发生缘由》，《东岳论丛》2014 年第 10 期。

现阶段社会组织活力的初步印象更加明晰。明晰的社会组织的活力现状也是提出有效的优化制度环境的方案的前提和基础。本书基于历时达20个月的大规模正式问卷调查，并结合已有研究成果得出我国社会组织在现阶段社会认同度较高、资源动员能力较低、服务积极性较低以及竞争能力一般的结论。

（三）宏观制度环境对社会组织活力的影响

宏观制度环境考察国家层面的认知、判断、态度及相关法律制度。宏观层面的制度安排体现执政党与国家对社会组织的基本看法和态度，对社会组织的发展具有指导性和规范性作用，可以说宏观制度环境为社会组织的制度环境勾画了整体轮廓和框架，为社会组织发展提供合法性、制度性空间，是社会组织活力的前提条件。研究发现，党和国家对社会组织发展的重视程度较高，社会组织对“党和国家支持社会组织的发展”认可度较高，其在发展过程中能够感知到政府的政策支持。国家层面的认知、判断与态度整体向好，但仍处于相对不稳定状态，法律制度无论从相关法律的位阶来看还是法律的完善程度来分析均不理想。总体来看，我国社会组织所面临的宏观制度环境处于一般水平。宏观制度环境对社会组织活力具有显著的正向影响。宏观制度环境对社会组织的社会认同度、资源动员能力以及社会组织之间的竞争力产生显著正向影响。国家层面的认知、判断与态度以及法律制度均与社会组织活力显著正相关。当前，社会组织活力不足很大程度上受制于社会组织所面临的宏观制度环境。

（四）微观制度环境对社会组织活力的影响

微观制度环境是社会组织制度环境体系的重要组成部分。微观制度环境主要包括四个方面，即登记制度、管理制度、监督制度与人才制度。社会组织微观制度环境是执政党与国家对社会组织基本看法和态度的具体体现，是承接宏观制度环境与制度执行环境的纽带，对制度环境激发社会组织活力发挥着承上启下的作用。

经验分析表明，微观制度环境总体欠佳。（1）就登记制度而言，尽管各地纷纷开展慈善组织的直接登记，但未能改变登记制度的高门槛特征，既不利于社会组织的健康发展，亦不利于有效阻止和处置非法人组织和自然人以公益的名义所从事的非法行为。（2）就管理制度而言，双重管理体制限制了社会组织发展，地方政府孵化培育社会组织的体制机制不完善，社会组织税收制度滞后于现实需要，政府对社会组织的财政支持造成了社会组织对政府的依赖性，加剧了社会组织的非均衡发展。社会组织税收制度主要包括三大内容：一是对社会组织的税收优惠（减免）特殊待遇；二是个人和企业公益捐赠的税收优惠制度；三是社会组织减免税资格的认定。现有社会组织税收优惠制度存在制度安排碎片化问题，税收优惠涉及的种类众多，但征免规定的边界不清晰，税收优惠制度的激励功能和导向功能未能有效发挥，公益捐赠的激励作用亦未能得到有效释放，公益捐赠税前扣除资格的垄断现象尚未得到根本突破。项目购买制度的制度化水平低，非规范性、碎片化特征十分突出。在这种非均衡的管理制度之下，社会组织无法感受到发展社会组织的政策激励，反而因为不稳定的财税制度和政府购买制度强化了社会组织对政府的依赖性，增大了为追逐政府财政支持和政府购买项目而背离使命，忽视组织核心竞争能力建设的风险。（3）就监督制度而言，我国虽已形成了覆盖从组织成立、组织活动到组织退出的社会组织运行全过程的监督体系，但制度远非完善。社会组织监督制度存在的基本问题主要体现在相关法律的碎片化、监督制度结构不合理、监督责任配置不当三个方面。（4）就社会组织人才制度而言，初生稚嫩，凸显不成熟特征。社会组织人才制度的两大支柱是人才评价制度与人才激励制度。目前我国社会组织人才评价制度体系十分单薄，职业资格制度仅囊括社会组织专业技术人才——社会工作者，已有的职业资格认证和评价制度也并不具备限定就业准入的法律效力等。从社会组织人才激励制度分析，人才激励制度处于明显滞后状态。无论从社会组织的薪酬制度还是从社会组织的社会保障制度来观察，社会组织的人才激励制度尚未有效构建。

实证分析验证了社会组织上述具体制度安排的不合理性，表明微观制度环境对社会组织活力具有显著的正向影响，微观制度环境对社会组织社会认同度、组织之间的竞争力具有显著的正向影响，微观制度环境下的登记制度、管理制度和人才制度对社会组织活力具有显著正向影响。这说明了社会组织活力很大程度受制于其所面对的微观制度环境。微观制度环境越好，社会组织活力就越高；反之，微观制度环境越差，社会组织活力水平就越低，这启示我们要激发社会组织活力，必须优化微观制度环境。

（五）制度执行环境对社会组织活力的影响

在模糊的宏观制度环境和碎片化的微观制度环境的共同作用下，社会组织制度执行环境在各层级各区域各领域呈现较大的相异性，并处在不断变化的过程中，从而对社会组织产生比宏观制度环境和微观制度环境更为直接与现实的影响。这种影响在性质（或构成激励或构成约束或两者兼具）与程度上均存在较大的差异性。因此很有必要研究制度执行环境对社会组织活力的影响。

从理论分析来看，政府非铁板一块。在层级结构上，中国的行政层级可分为五级，实行单一制的国家结构形式，各级政府均受中央政府统一领导，但实际上可视为理性主体。① 长链条的行政层级在利益驱动与风险规避等要素的影响下必然出现科层损耗，由此，社会组织的制度执行环境呈现层级差异性特征。地方政府同一行政级基于不同的职能和任务目标划分成不同职能部门。部门协作环境的复杂性在于地方部门的“双重从属制”，“双重从属制”下的政府部门同样是理性主体，出于本部门利益的考虑和风险规避等因素的影响可能会对同一项政策采取不同的态度、行为和执行策略。部门职责不清、相互推诿和不配合工作等问题，最终降低了政府行政效率效能。

---

① 桑玉成、鄢波：《论国家治理体系的层级结构优化》，《山东大学学报》（哲学社会科学版）2014 年第 6 期。

文献梳理发现，层级链条下的社会组织政策选择性执行和模糊化执行特征凸显。层级执行环境的模糊性特征和选择性特征在以下几方面妨碍社会组织活力的迸发。其一，由于宏观政策环境的模糊性，地方政府承袭了国家层面对社会组织的兼具鼓励与怀疑的互相矛盾的态度，自觉或不自觉地将管控置于优先位置，从而在无形中妨碍了社会组织的发展。其二，社会组织的发展与社会治理的政绩属于复杂的多元目标系统，社会组织的发展未能纳入量化指标体系来考察政府官员的政策执行效果，地方政府自然而然处于相对弱的激励状态。在财政弱激励和晋升弱激励双重作用下，地方政府在运用自由裁量权时有意无意地忽视了社会组织的发展。其三，地方政府具有多层级政策执行主体。省市级政府处于政策执行链条的中端。双重身份意识与地方利益的意识渗透到层级治理的土壤中，地方政府的模糊化执行中蕴含着选择性执行，加剧了社会组织非均衡发展。

部门壁垒下的社会组织政策执行呈现出碎片化与非协同化特征。国家层面的社会组织政策和具体的社会组织制度最终需要一级政府中的行政部门执行。行政部门作为同时接受上级主管部门指导和属地政府领导的单一部门无法独立执行社会组织政策。需要不同行政部门之间为了执行同一关于社会组织的政策而相互协作、相互配合。从部门协作环境来看，学界已有研究成果表明，跨部门协同不容乐观，无论从部门协调与配合的程度、还是协同的效率和效能来看，都体现了跨部门协同的失灵，主要表现在协同意识薄弱、缺乏跨部门协同的制度支持、协同责任分割失衡、协同力量脆弱四个方面。受制于现有模糊化和选择性层级治理环境和碎片化的部门协作环境，社会组织无法形成高效运行的动力。

实证分析表明制度执行整体水平一般，从而证明了经验分析的合理性，实证结果显示，制度执行环境对社会组织活力存在显著正向影响，制度执行环境对社会组织的社会认同度、服务积极性以及社会组织之间的竞争力产生显著正向影响。层级治理环境和部门协作环境均与社会组织活力显著正相关。因此，制度执行环境越好，政策执行的及时性、有效性、灵活性程度越高，部门协同程度越高，社会组织活力就越高；反之，制度执行环境越差，社会组织活力水平就越低，这说明要激发社会组织活力，必须突破制度执行环境的障碍。

二　研究建议

（一）社会组织活力的基本制度约束

中国社会组织面临着众多的制度性压力。现有研究成果表明，社会组织来自政府的制度性因素可以分为两个层面：一是传统意义的合法性概念，即社会组织可以获得政府的认可；二是更具积极意义的制度支持，即社会组织可以获得政府的赋予。最后得出结论：合法性和制度支持均会直接影响到社会组织基本功能的发挥，其对于组织的有效性和创新有着直接的提升意义。[①] 基于现有研究成果和前述实证分析，本书认为，制度环境对中国社会组织的基本约束主要表现为合法性约束、资源性约束和价值性约束。

1. 合法性约束

（1）中国社会组织的“法律合法性残缺”

基于对我国社会组织的产生、生存与发展轨迹的考量，有学者发现中国的社会组织行政化倾向是“与生俱来”的。[②] 这从社会团体、民办非企业单位、民间组织、中介组织、非政府组织、非营利组织、社会组织等一系列既近似又纠缠不清的概念使用上，就可以略窥一二。在我国，学界对具体词汇的选择和偏好，常取决于其对某个西方概念的理解、对本国社会组织发展善的判断和发展取向的期盼。[③] 而政府对具体词汇的选择和偏好，则取决于政治环境变化和政府管理目标的

---

① 张载晖：《社会组织自主性的合法性基础及其有效性影响研究》，博士学位论文，浙江大学，2016 年。

② 张良：《我国社会组织转型发展的地方经验：上海的实证研究》，中国人事出版社 2014 年版。

③ 谢海定：《中国民间组织的合法性困境》，《法学研究》2004 年第 2 期。

考量。概念的“混乱”状态，导致内涵不清，外延不明，从侧面说明了中国社会组织合法性问题亟待解决的迫切性。

“合法性”（legitimacy）是社会科学研究中的重要概念，既可以被用来讨论社会的秩序与规范，也可以用来理解国家的统治类型与政治秩序。合法性对组织的重要性在于一方面可以规范组织的行为，另一方面也可以成为组织获得其他资源的基础。曹正汉认为合法性机制对组织的作用分为两个方面，一个是强意义上的合法化机制，另一个是弱意义上的合法化机制。[①] 强意义的合法性是指组织的结构和行为是无法自主选择的，组织的产生都是由自上而下的大制度环境所影响的。弱意义上的合法性是指制度通过影响资源的分配和改变激励方式来影响组织。从这个角度来看，制度是通过激励机制或者惩罚来影响组织的行为或选择的。

关于合法性的分类，学界有不同的理解。斯科特（Scott）将组织合法性分为规制合法性、规范合法性和认知合法性三种。[②] 高丙中根据中国的国情，将社会团体的合法性区分为社会合法性、行政合法性、政治合法性和法律合法性。[③] 管兵和岳经纶将社会组织的合法性分为外部合法性和内部合法性，并指出这两类合法性共同影响了社会组织的行动能力和生死存亡。外部合法性，是指外界（特别是国家）赋予社会组织对特定群体集体利益的代表性的认可；而内部合法性是指社会群体对社会组织代表其利益的授权。相比而言，社会组织的内部合法性更为重要。[④] 邓燕华在此基础上提出了社会组织的情境合法性概念，即指享有总体合法性的社会组织在开展具体的项目时需要获取来

① 曹正汉：《无形的观念如何塑造有形的组织对组织社会学新制度学派的一个回顾》，《社会》2005 年第 3 期。

② W. Richard Scott, *Institutions and Organizations: Ideas, Interests, and Identities*, Los Angeles: Sage, 2014, p. 74.

③ 高丙中：《社会团体的合法性问题》，《中国社会科学》2000 年第 2 期。

④ 管兵、岳经纶：《双重合法性和社会组织发展——以北京市 19 个小区的业主委员会为例》，《广西民族大学学报》2014 年第 5 期。

自服务对象和基层精英的认可与支持。①

本书认为，从制度环境视角出发考察社会组织的合法性，更多的是强调社会组织的法律合法性。一般而言，社会组织必须在民政部门登记注册，得到法律的认可，成为合法组织，否则是不具有合法性、不受法律认可的。社会组织经过合法登记后，还须按现行的社会组织制度政策规定，受到经费管理、运作监督管理和激励约束管理等一系列的法律约束。

在我国，制度运行的主要目的之一就是确保违反规则与法规的行为受到相应的处罚，使其主体付出应有的代价。因此，在这种条件下，一旦失去合法性，组织就会由此受到处罚，进而失去准入地位。组织为了获得合法性，为了得到长足的发展，就要创立、遵守制度，制度环境本身也就对社会组织形成某种影响，给其造成制度压力。组织合法性的增加使得组织可以获得更多的社会资源，从而增加了社会组织的生存能力。陈扬等认为组织在预见这些可能的结果后，出于自身利益的考量，被动地满足利益相关方的期望进而获得合法性。② 一言以蔽之，这样的合法性是组织用以获得更多利益的工具。制度环境所提供的合法性是社会组织立足生存的基础。但迄今为止，我国没有一部完整的“社会组织法”，基本法阙如和相关法律体系的不完善构成了社会组织发展的瓶颈。

（2）中国社会组织制度环境的“变迁谨慎性”

随着社会组织的管理制度的不断变迁，社会组织在不同时期也呈现不同的特点、内涵和发展方向。本书梳理了社会组织管理制度的发展脉络，发现我国社会组织的制度变迁具有较强的“谨慎性”，相继出现了“双重管理—渐进改革—分类管理”的交叉与并存的管理特点。这个“谨慎”小步走的制度变迁过程，一定程度上抑制了社会组织合法性的发展进程。

---

① 邓燕华：《社会建设视角下社会组织的情境合法性》，《中国社会科学》2019 年第 6 期。

② 陈扬、许晓明、谭凌波：《组织制度理论中的“合法性”研究述评》，《华东经济管理》2012 年第 10 期。

在新中国成立初期，为了厘清各类旧社会团体，政务院在 1950 年颁布了《社会团体登记暂行办法》。到 1988 年国务院颁布《基金管理办法》，社团管理进入新阶段，1989 年国务院又重新颁布了《社会团体登记管理条例》，我国的各类社会组织得以恢复重建，此后，逐渐形成了“双重负责，分级管理”的社会组织管理体系。即由民政部门对社会组织进行归口登记，由登记管理机关和业务主管单位双重管理，各级民政部门、业务主管单位分级登记分级管理的体制。其核心是由登记管理机关和业务主管单位对社会组织进行双重管理，这种管理体制降低和控制了社会组织可能带来的政治风险，也规避了政府部门的相关管理责任风险。

进入 21 世纪，我国对社会组织发展的规范、引导多以文件或决定的形式出现，实行渐进改革的策略。2004 年，《中共中央关于加强党的执政能力建设的决定》指出：“发挥社团、行业组织和社会中介组织提供服务、反映诉求、规范行为的作用。”2006 年，《中共中央关于构建社会主义和谐社会若干重大问题的决定》提出：“完善培育扶持和依法管理社会组织的政策，发挥各类社会组织提供服务、反映诉求、规范行为的作用。”2007 年，党的十七大把社会组织放到社会建设新课题的高度进行论述，提出“要发挥社会组织在扩大群众参与、反映群众诉求方面的积极作用”。

随着新的治理理念的提出，政府职能加快转变，全社会自上而下地加大了对社会组织的认可程度，社会组织也得以进一步发展，进入“共建共治共享”的新时代。由于国家从宏观层次加大对社会组织的认可与保障，推动了社会组织相关法律法规的完善，从而为社会组织的健康长远发展提供了基础性的制度环境。2012 年，党的十八大报告指出，要“加快形成政社分开、权责明确、依法自治的现代社会组织体制”，“强化企事业单位、人民团体在社会管理和服务中的职责，引导社会组织健康有序发展”。党的十八届三中全会明确提出，行业协会商会类、科技类、公益慈善类、城乡社区服务类社会组织可以直接登记注册。党的十九大之后，党委领导、政府负责、社会协同、公众参与的社会组织管理制度框架逐渐明晰。这些都为我国社会组织的发展提供了重要支持与保障，构成了当前我国社会组织发展的制度环境。

（3）中国社会组织制度环境的“政策含混性”

在中文文献中，俞可平在2006年最早发现社会组织发展的制度环境中蕴含“含混性”的特征，他曾指出，国家在发展和管理社会组织时存在“宏观鼓励与微观约束”并存的制度现象。张杰也认为我国社会组织的制度环境呈现以下特点：一是宏观鼓励为主，微观限制居多；二是区别性对待，选择性扶持；三是重目标设计，轻实际执行。[①] 同时，社会组织领域的制度安排还往往具有很强的“权宜性”和“碎片化”特征。各级政府和职能部门在设计关乎社会组织发展的关键制度时，大多遵循“事本主义”原则，缺乏长远思考。[②] 这些特征实际上呈现出了宏观政策导向与实践管理行为之间的张力，换句话说，这种特征折射出了中国社会组织所处制度环境中，不同制度逻辑的交叉与并存。

黄晓春等人追溯了自20世纪90年代末以来中国政府关于社会组织发展的诸多制度和文件，发现社会组织的宏观政策环境存在以下特征：一是多重政策信号并存，且缺乏系统梳理；二是新近的宏观政策对社会组织的发展提出了更宽泛的功能预期，导致社会组织的发展开始与越来越多的政府部门“挂钩”；三是参与构建社会组织制度环境的政府部门，来自多个不同的党政系统，这意味着管理实践中的“控制权”分布变得极为复杂；四是地方政府发展社会组织缺乏充分的激励。[③]

总之，当前中国社会组织的制度环境呈现出的特征是：存在多重逻辑、制度生产的主体日益多元、各政府部门之间的协同治理水平较低。一方面，政府部门认识到，社会组织能够在政府、市场与社会之

① 张杰：《我国社会组织发展制度环境析论》，《广东社会科学》2014年第2期。

② 黄晓春：《当代中国社会组织的制度环境与发展》，《中国社会科学》2015年第9期。

③ 黄晓春、张东苏：《十字路口的中国社会组织：政策选择与发展路径》，上海人民出版社2015年版。

间发挥沟通、协调、监督、服务等独特的功能和作用，成为政府的得力助手。另一方面，受传统的“官民对立”思想的影响，政府又往往把社会组织看作其权威的挑战者，是社会不稳定因素。[①] 因此，虽然出台很多宏观政策用以鼓励支持社会组织发展，但对社会组织的发展还是存在顾虑。在这种情况下，地方政府和基层政府在发展社会组织时面临很大的不确定性，以致地方政府采用技术主义制度实践、基层政府采用事本主义制度逻辑，从而抑制了社会组织的合法性发展。

2. 资源性约束

任何组织在资源需求上都不是自给自足的，一个组织为了生存和发展，必须与其他组织进行资源交换。制度环境对社会组织的资源约束是直接的，主要体现在政治资源约束、资金资源约束和人力资源约束。

（1）现行制度环境对社会组织的政治资源约束

政治资源是社会整体资源中最重要的组成部分之一，尤其是在政治生活中占据举足轻重的地位。能否掌握政治资源、是否掌握更多的政治资源以及是否能够保持政治资源掌握的稳定性等一系列问题都是政治生活中谈论最多的话题。政治资源的延伸性、不可量化性以及传递性等特性决定了它只可能被掌握在少数有影响力的人群手中，而这部分人群多以政党的身份活跃在政治生活中，通过对政治资源的调节配置利用，从而谋求个人或团体的利益。

政治资源这一概念最早出现在20世纪中期西方企业管理领域，由英国学者Fainsod提出，它主要强调的是工商业的发展需要政治强大的支持。[②] 随着政治学行为主义方法论的兴起，行为主义政治学家逐渐将政治资源的范畴确定到政治分析的范围内。在罗伯特·达尔的《现代政治分析》中，他认为政治资源是“一个人可用于影响他人行为的手段。因而政治资源包括金钱、信息、食物、武力威胁、职业、友谊、

---

① 张杰：《我国社会组织发展制度环境析论》，《广东社会科学》2014年第2期。

② 陈文新：《论罗伯特·达尔的政治资源理论》，《黑龙江社会科学》2014年第2期。

社会地位、立法权、投票以及形形色色的其他东西”[①]。罗伯特·达尔主要从两个层面讨论政治资源，即分别从国家（政治体系）和公民社会两个层面理解政治资源。政治资源的主体不同，政治资源的内容体系有所不同。从国家层面来看，罗伯特·达尔将权力、军队、生产性资源等视为政治资源；从公民社会层面来看，主要把权利尤其是投票权等作为政治资源。[②]

本书认为，社会组织的政治资源划分为三种类型：一是关于社会组织的制度与政策资源，是十分重要的战略资源；二是社会组织及成员获得的各种政治身份或地位，是一种重要的博弈资源，赢取对话的可能性；三是社会组织与政府官员建立的私人关系等，是影响社会组织获取合法性的非正式资源。[③] 这三种不同类型的政治资源的整合和利用，对自身的可持续发展非常重要，对社会组织拓展发展空间具有重要的实践价值。

社会组织的存在和发展需要以一定的政治环境为保障，中国的社会组织与世界上许多国家相比起步较晚，社会组织的管理呈现出“先发展、后管理”的特点，表现出政府对社会组织强大的政治管制与行政干预特征。相关经验研究也证明，制度影响着社会组织的发展。社会组织可以通过与其他类似组织的相互作用，采取集体行动或单独行动，创造性和策略性地应对制度环境对社会组织自身发展的不利影响。在其中，社会组织对不同类型政治资源的汲取、整合和综合利用策略，无疑是非常重要的选择。但同时，本书也意识到，并不是所有的社会组织都能够汲取和利用这些政治资源，可以说，绝大多数的社会组织都没有这样机会获取这些政治资源。即便是社会组织获取了宝贵的政治优势，也不能无限制地依赖政治资源，部分官办型组织对政治资源的过度利用，反而影响社会组织的健康发展，阻碍其制度创新，不利

① ［美］罗伯特·达尔：《现代政治分析》，王沪宁等译，上海译文出版社 1987 年版。

② 陈文新：《论罗伯特·达尔的政治资源理论》，《黑龙江社会科学》2014 年第 2 期。

③ 赵晓峰：《政治资源与农民合作社信用合作的生长》，《天津行政学院学报》2019 年第 1 期。

于提升发展质量。

(2) 现行制度环境对社会组织的资金资源约束

在我国既定的制度环境下，社会组织普遍面临着严重的资金困难和严峻的生存困局。调查显示，缺乏资金是社会组织面临的重要难题，而资金相当于社会组织的生命线和确保组织肌体健康的不可或缺的血液。一些知名社会组织负责人认为："现在很多像我们这样的机构就变成这样，吃了上顿没下顿。"[①] 由于缺乏资金，许多社会组织难以组建专业化的管理团体，难以维持对会员的吸引力，结果，这些社会组织靠一两个人在苦苦支撑。在资金匮乏的情况下，为了维持其正常运转，一些社会组织号召讲奉献、讲风格。社会组织是使命和价值驱动的组织，但是一味肯定精神因素的作用，物质激励缺位，社会组织的发展就会缺乏可持续性。

我国社会组织的资源困境可以从其收入渠道进行分析。一般来说，社会组织的收入来源主要包括会费收入、社会捐赠、商业收入、国际援助等几个部分。然而，通过大量的调研和数据分析，社会组织从会费、社会捐赠、商业收入、国际援助等途径获取的收入极其有限。[②]

会费是会员型社会组织的收入来源之一。但是会员型社会组织的会费标准一般较低。然而，即使执行较低的会费标准，许多社会组织的会员也不愿意缴纳。

社会捐赠是社会组织的理想收入来源，是最符合社会组织根本性质的收入渠道。当前，我国社会的慈善意识不强，慈善文化氛围较淡，主要表现是我国的社会捐赠总额与人均捐赠额较小。

商业收入是社会组织最符合国际潮流的资金来源渠道。我国尽管允许社会组织从事经营活动弥补收入的不足，但是税收规制较严。根据《企业所得税法实施条例》，社会组织的免税收入不包括社会组织从事经营性活动取得的收入，这一规定表明，我国政府对于社会组织

---

① 王名：《中国 NGO 口述史：第一辑》，社会科学文献出版社 2012 年版。

② 孙发锋：《依附换资源：我国社会组织的策略性生存方式》，《河南社会科学》2019 年第 4 期。

经营收入的税收优惠，态度较为严格。

国际援助是发展中国家社会组织获取资金的重要方式。但是，国际援助容易受世界经济形势波动的影响，如世界经济不景气，援助资金就会大幅度减少，因此具有不稳定性。同时，由于政治敏锐性，近年我国政府对社会组织接受国际援助的行为监管较严。在这种情况下，能够获取国际援助资金的社会组织较少，获得的援助总额也较小。

为了突破资源瓶颈，社会组织主要向政府寻求资源支持。许多研究者认为，我国社会组织的经费来源主要依赖政府，或者说，政府提供了社会组织收入中的主要部分。政府不仅提供了社会组织生存和发展所需要的资金，而且提供了社会组织正常运转所需要的办公场所、办公设施（电话、传真、互联网、打印复印设备等）。邓国胜发现，社会组织最主要的收入来源是政府资助，该项来源几乎占了社会组织所有收入来源的一半。① 许德明认为，政府提供的财政拨款和补贴占社会组织总资金的 49.97%，在所有资金来源中排名第一。② 尹海洁、游伟婧发现，大部分社会组织的经费来自政府拨款，政府的资金支持主要表现为财政拨款和实报实销。③

社会组织这种生存方式的基本特征其实就是“依附换资源”④。“政府办社会组织”的路径依赖效应、政府掌控的资源较为丰裕、获取和使用政府资源的低成本倾向、社会组织的主动“嵌入”行为等原因导致我国社会组织具有较强的财政依赖倾向。社会组织在接受政府的资源支持时，也将本组织的自主控制权转移至政府部门。因此，社会组织的财政依赖与政府依附之间存在密切的逻辑关联性。基于资源依赖而形成的强依附关系妨碍社会组织比较优势的发挥，催生社会组织官僚化，遏制社会组织活力，延缓社会组织去行政化改革的步伐，

---

① 邓国胜：《非营利组织评估体系研究》，《中国行政管理》2001 年第 10 期。

② 许德明：《国外非政府组织运作管理》，文汇出版社 2008 年版。

③ 尹海洁、游伟婧：《非政府组织的政府化及对组织绩效的影响》，《公共管理学报》2008 年第 3 期。

④ 孙发锋：《依附换资源：我国社会组织的策略性生存方式》，《河南社会科学》2019 年第 4 期。

所以，减少和杜绝“依附换资源”生存策略，是培育和壮大我国社会组织的必然要求。

(3) 现行制度环境对社会组织的人力资源约束

人力资源是现代组织发展中最具活力、最富有创造性、最不可或缺的资源，是组织发展和事业进步的第一资源、核心资源，社会组织也不例外。人力资源的开发在社会组织的成长和发展中具有举足轻重的地位。一般来说，社会组织的人力资源构成包括三个结构性部分：一是专职工作人员；二是兼职人员；三是志愿者。从是否从社会组织中领取薪水角度，可以划分为两大类：一类是社会组织内职位相对固定并领取薪酬的工作人员，可称为有薪酬的社会组织工作人员，包括社会组织中有薪酬的领导者、管理者以及工作执行者等；另一类是在社会组织中并没有相对固定职位，不领取薪酬的志愿者。[①]

目前，我国的社会组织人力资源管理无法提供面对“公民社会”工作的人力资源管理的制度性激励，社会组织在人力资源配置上不具适应性和弹性，造成普遍的人力资源缺乏、结构失衡、志愿者不足、专业化职业化程度不高、服务能力有限等现实困境。[②] 具体表现在社会组织人力资源数量与社会组织发展非同步；社会组织人力资源专业素质与社会组织发展非同步；社会组织公众认知与社会组织发展非同步。

关于社会组织人力资源缺乏、专业性不强的问题，稍微梳理一下社会组织的发展就不难发现，有着直接的历史原因。由于我国社会组织恢复重建的历程并不长，通过社会组织发展实践培养出来的专业人才较少，而且他们大都被规模较大的社会组织聘用；同时，改革开放以来我国的社会科学恢复重建，但由于社会组织发展滞后，很长一段时间，高校并未开设与社会组织相关的课程，社会组织的科班人才也

---

① 窦泽秀、李晓箐：《社会治理现代化视阈下社会组织人力资源开发问题研究》，《青岛行政学院学报》2015 年第 5 期。

② 唐代盛、李敏、边慧敏：《中国社会组织人力资源管理的现实困境与制度策略》，《中国行政管理》2015 年第 1 期。

很缺乏。尽管近年来高校开始探索建立与社会组织相关的课程，但培养的社会组织专业人才数量仍然稀少，无法满足我国社会组织发展的现实需求。

此外，从宏观层面的政策平台和发展环境角度来看，人力资源匮乏有着更深层次的制度环境原因。其一，发展平台缺失。社会组织岗位设置缺乏制度性管理，缺乏明确的岗位和施展抱负的平台降低了社会组织对从业人员的吸引力。其二，社会认同度较低。社会组织目前还缺乏行业自律，无法有效规范和管理社会组织从业人员的资格水平与服务质量，无法建立社会组织职业的社会威望和地位。其三，制度供给不足。社会组织人力资源管理缺乏明确和专门的法律规范与保护，缺乏长效的财政投入体制和运行机制，无法有效地保护社会组织从业人员的个人利益和合法权利。其四，管理体制不明确。对社会组织从业人员存在管理主体不明确、管理体制不健全的问题，缺乏统一的联动机制和政策支持，一些政策文件没有形成有效的细化标准，难以落地实施。上述诸多限制性因素表明，制度供给不足和理念碎片化导致社会组织整体性文化和价值体系缺乏，使得在宏观层面上无法为社会组织微观人力资源管理运行提供社会组织的愿景和使命，导致其人力资源管理缺乏清晰而明确的战略。

3. 价值性约束

制度是有价值的。制度的价值取向是指制度的内容同人们的共同生活的需要之间的一种关系，它反映着人们对一定的制度对社会生活所产生的积极影响的预期。概括地说，制度的价值取向主要有秩序、效率、正义、协调。① 同时，价值性也是社会组织的重要特征。相对于其他社会部门，社会组织的一个特征在于，其组织或机构的动力和运行主要是建立在价值承诺之上（value - based commitment）。② 政治理论的视角下，社会组织的重要性不仅体现在其服务提供者的角色，

① 陈颐：《论制度的价值取向》，《学海》1994 年第 6 期。

② I. Atack, “Four Criteria of Development NGO Legitimacy”, *World Development*, Vol. 27, 1999, p. 860.

还表现在其作为潜在的公民养成（constitution of citizens）的场所，以及共同利益、共同价值表达的载体。① 在社会学家看来，社会组织既是公共物品提供方式的“非营利部门”，还是参与者及行动者的“价值的所在”（locus of values），包含了志愿精神、多元主义、利他主义和参与共享等价值理念。② 在制度空间以及其他各类资源十分匮乏的背景下，社会组织的价值取向对其发展就显得尤为重要。对于中国社会来说，社会组织的生长路径和发展模式深嵌于中国社会的具体情境之中，表现之一则是价值因素同组织发展的复杂关联。一方面，社会组织因其承载和表达了多元的价值理念而影响广泛且意义深远，同时多元的价值诉求也成为其成长发育的重要原动力，赢得生存空间；另一方面，组织发展过程中所生发的价值迷思又使组织发展陷入困境和歧途，使组织发展背离其应有之角色，成为其发展的障碍性因素，甚至使组织的发展走向歧途。

我国社会组织特殊的生成模式和制度环境，使社会组织的活动领域和责任边界很难明确划定。社会组织有着多元且异质的利益相关者，但由于社会组织缺乏有效的利益整合能力，从而使其基于公共利益形成的公共责任框架表现为边界模糊、内容含混的状态。面对处于紧张状态的期望和要求，社会组织显得无所适从，进而功能紊乱。坚守的使命及其使命所蕴含的价值信念和运作规范经常被扭曲，抑制社会组织的使命、宗旨和功能的实现。

正是在这种背景下，社会组织呈现出价值缺失、自主性弱化等问题，这一方面使其偏离了独立性和自治性，另一方面滋生了组织的半政府状态和官僚化倾向。社会组织存在较为普遍的“行政化”或“准行政化”的现象，一些社会组织依附于政府而存在，一些社会组织主

---

① E. S. Clemens, “The Constitution of Citizens: Political Theories of Nonprofit Organizations”, in W. W. Powell, R. Steinberg (ed.), *The Nonprofit Sector: A Research Handbook*, New Haven & London: Yale University Press, 2006, p. 216.

② P. J. DiMaggio, H. K. Anheier, “The Sociology of Nonprofit Organizations and Sectors”, *Annual Review of Sociology*, Vol. 16, 1990, pp. 137－159.

要依赖财政资源来运作。调查显示，我国有相当一部分社会组织的运作基本上完全依赖于政府的拨款或资助，这种状况导致社会组织对政府财政支持的过度依赖，这无疑将会危及社会组织的自主性。这样，社会组织往往只能被动地服从或依赖政府主管部门，按照主管部门划定的方向去运行，而不会主动地探索新的方向和新的领域；只能去实施政府主管部门交办的任务，而难以主动地开拓新的服务项目和服务方式；只会依赖政府主管部门提供有限的财政资源，而不具备自主获取资源的意识和能力。①

社会组织的这种“行政化”或“准行政化”倾向，背离了组织独立、自治的价值限定，成为政府合法转化社会公共资源以及满足政府利益和个人利益的变革工具，进而也导致了社会组织的公共责任模糊和自律机制失效。目前，我国一些社会组织仍处于自发的状态，组织架构和制度规范还未能有效建立起来，存在管理制度不健全、财务制度不完善、资金使用不公开、财务报告不透明等问题。这些问题主要表现为：有的社会组织未能以组织章程为核心建立健全各项管理制度和运作机制，财务管理制度、印章管理制度及章程履行制度等不完善；有的社会团体会员代表大会、理事会“走过场”，按领导人的意志进行选举；有的社会组织自我约束意识不强，内部治理机制流于形式，未能起到自律作用；有的社会组织负责人民主意识淡薄，管理决策搞“一言堂”，家长制作风严重。管理制度和自律机制的缺失，使得本来就边界模糊的责任在履行时更是“雪上加霜”，甚至会滋生腐败问题。有的社会组织违背其非营利准则，从事商业性的活动；有的社会组织存在“行政化”倾向，利用手中掌握的权力“创租”和“寻租”；有的社会组织违背公益使命，积极牟取私利，甚至侵吞善款；有的社会组织从事反科学的活动，败坏社会道德。

对社会组织来说，崇高的公益使命可以形成一种“道德驱动的自

---

① 关信平：《当前我国增强社会组织活力的制度建构与社会政策分析》，《江苏社会科学》2014年第3期。

律”，促使社会组织资源服务于公益目标，但这只是一种理想状态。现实中，社会组织往往存在公益能力不及（无法获取足够的资源用于公共服务）、公益的“父权性”（掌握资源的人拥有对资源配置和管理决策的实质性影响）、公益的业余性（主要依靠非专业的志愿者开展活动）、公益的特殊性（公益活动的狭隘性）等问题，这些问题容易诱发“公益不足”，导致公共性偏离与“志愿失灵”，从而引发社会组织的信任危机，使得公众以“用脚投票”的方式远离它们。[①]

（二）优化社会组织制度环境的建议

1. 优化社会组织的宏观制度环境

要激发社会组织活力，首要的就是切实转变国家层面对社会组织的认知、判断与态度。只有政府认知准确、预判到位、态度积极，才能更好地为我国社会组织“量体裁衣”，主动供给促进社会组织发展的制度。制度完善，理念先行，对社会组织的认知和判断应体现为对社会组织定位认知转变以及对社会组织功能的认知转变。其次应加快完善社会组织立法体系。完善立法体系，可从以下几方面发力：首先，制定一部完整统一的社会组织基本法。其次，加快社会组织管理的相关立法。最后，加强制度内部的协调配套。

2. 优化社会组织的微观制度环境

首先，降低社会组织登记难度、简化社会组织登记程序，并将登记与社会组织的合法性分离。

其次，优化社会组织管理制度，支持社会组织健康发展：（1）逐步摒弃双重管理制度。（2）优化税收管理。（3）优化社会组织项目购买制度，推进项目购买制度的立法工作，增强制度权威性。坚持项目购买过程公开、公平、公正，优化项目资源配置。完善项目购买制度的考核评估体系，保证项目购买成效。（4）优化孵化培育制度。

---

① 方晓彤：《论社会组织的三重困境》，《辽宁师范大学学报》（社会科学版）2017 年第 2 期。

再次，优化社会组织监督制度规范社会组织良性运作：（1）完善年检制度，克服年检的形式化倾向。（2）确立淘汰制度。应简化主动注销程序，以明确的法律规范禁止侵占或损害社会组织财产，建议废弃撤销制，统一将注销作为社会组织退出的通道。（3）强化信息公开。（4）优化第三方评估。

最后，优化社会组织人才制度提升社会组织服务能力。（1）完善社会组织人才评价制度。一是明确职业定位和职业资格，建立健全相关职业资格认证制度；二是完善职称体系和职业认证。（2）完善社会组织人才激励制度。一是建立健全社会组织人才薪酬制度。建立健全薪酬增长机制，提升福利保障；优化薪酬结构和标准，保证薪酬兑现；完善薪酬管理体系，加强政策法规保障。二是建立健全社会组织人才社会保障制度。有必要先行制定社会组织人员的社会保险制度，然后明确有关社会组织的社会福利政策。

3. 优化社会组织的制度执行环境

为实现制度执行环境的优化，各级政府和部门有必要更新理念，树立协同意识、完善法律法规，为协同执行提供制度保障。（1）应着力解决现有法规体系的碎片化、可操作性低、规范性差的问题，实现宪法、专门法、部门法规的无缝衔接。[①] 建议在国家层面出台政府部门间关系法或《政府部门间关系条例》，对同一层级政府不同行政部门之间就社会组织相关问题协作配合的原则、权利、义务、人员、经费等相关事项做出明确统一的法律规定。[②]（2）构建动态立体、分层运行的政策执行协同机制。社会组织相关政策执行机制基本上属于常态化协同机制范畴，需要按照优化顶层设计—地方执行—基层执行的分层原则，提升社会组织政策执行在层级政府上的有效性、及时性和灵活性，按照各层级政府中跨部门在责任、职能、运行等方面分工与整合，推动各部门间的相互配合、制度和行为的衔接与契合，形成立

---

① 刘春湘：《基于约束条件的非政府组织监管协同研究》，《湖湘论坛》2019 年第 4 期。
② 陶希东：《跨界治理：中国社会公共治理的战略选择》，《学术月刊》2011 年第 8 期。

体交叉社会组织政策执行协同机制，实现宏观、微观和制度执行的有机整合。在目前制度体系欠完善的状况下，为改善部门协作环境，提高各部门之间的配合效率以及衔接性，应加快领导协调体系的建设。各部门也应加强信息交流和共享，为社会组织政策的协同执行提供技术保障。

（三）研究局限与未来研究方向

虽然本书在已有研究成果的基础上就制度环境如何影响社会组织活力以及如何优化制度环境方面取得了一定的研究成果，且这些成果对理论与实践均具有一定的启示意义，但本书依然存在一定的局限有待突破。

首先，社会组织在性质、地域、活动领域、规模、生命周期等诸多方面存在很大的差异性，本书调研的社会组织仅选取公益慈善类社会组织和城乡社区服务类社会组织。调查对象为社会组织负责人，先从东部地区的广东省、中部地区的湖南省和西部地区的青海省三个省份中分别抽取三个市；然后在所抽取的 9 个市中按系统抽样法，从每个市中抽取 50 家社会组织，合计 450 家社会组织，对它们的情况进行问卷调查，但实际获得有效问卷仅 357 份，且部分组织负责人对少数题项未做回答，这些可能影响结论的可靠性。

其次，变量定义与测量的局限。本书对制度环境、社会组织活力的定义与测量的设计均由课题组结合已有研究成果、探究性调研和专家咨询经过反复研究修改不断完善，虽然被证实有较好的信度和效度，但是其仍然不免具有一定的缺陷。在确定了调查问卷后，撰写了问卷填写详细说明书，确保每个题项所要说明的问题都能被填写人员准确无误地理解。此外，问卷还考虑了可能影响问卷调查质量的其他因素，为了保证数据的客观真实性，对部分填写人进行了积极跟踪与沟通。通过显著性检验，表明问卷内部一致性效度良好，尽管如此，问卷结果还是可能受到个人主观性的影响。

再次，本书采用了截面数据进行研究，只能得出某一时间节点上的评价结果，无法考察社会组织活力的动态性变化发展过程及其与制度环境的关联。本书运用历史分析、理论分析和经验分析来补充说明在制度变迁中社会组织活力的动态演变，在定量分析的同时，综合运用相关理论视角和已有研究成果对制度环境及其对社会组织活力的影响进行定性分析以加强观点的支撑，但仍然存在较大的局限性，今后研究中可以采用时间序列设计，通过时间序列数据刻画社会组织活力和制度环境的动态演变过程。

同时，社会组织活力的表现呈现出明显的结构性差异和区域差异，未来的研究可着眼于社会组织活力的差异分析及政策启示。制度环境是宏观制度环境、微观制度环境和制度执行环境构成的有机整体，很难截然分开，三大组成部分相互联系相互影响，后续研究可对三者的交互作用做进一步的研究。

最后，本书初步探讨了社会组织制度环境对社会组织活力的影响以及社会组织的行动策略，社会组织与制度环境的交互作用反过来会对制度环境的变迁产生重要影响，后续研究可在这方面继续发力，并进一步细化对于制度环境因素的考量，进而提出有针对性的、可操作性的解决问题的方案。

附 录 一

社会组织政策法规（截至2019年9月）

类别	数量（条）	政策法规示例
社会团体管理	62	《国务院办公厅关于部门领导同志不兼任社会团体领导职务问题的通知》（1994）； 《社会团体登记管理条例》（1998）； 民政部《关于对部分团体免予社团登记有关问题的通知》（2000）； 民政部《关于开展行业协会行业自律与诚信创建活动的通知》（2013）； 《社会团体登记管理条例》（1998，2016修订）； 《关于做好全面推进全国性行业协会商会与行政机关脱钩改革工作的通知》（2019）
基金会管理	14	《基金会管理条例》（2004）； 《基金会年度检查办法》（2006）； 民政部《关于基金会等社会组织不得提供公益捐赠回扣有关问题的通知》（2009）； 民政部《关于印发〈关于规范基金会行为的若干规定（试行）〉的通知》（2012）； 教育部、财政部、民政部《关于加强中央部门所属高校教育基金会财务管理的若干意见》（2014）； 民政部《关于进一步加强基金会专项基金管理工作的通知》（2015）

续表

类别	数量（条）	政策法规示例
民办非企业管理	30	《民办非企业单位登记管理暂行条例》（1998）； 《民办非企业单位登记管理暂行办法》（1998）； 民政部《关于民办非企业单位名称管理暂行规定》（2003）； 民政部《关于民办学校民事主体资格变更有关问题的通知》（2005）； 民政部《关于促进民办社会工作服务机构发展的通知》（2009）； 国务院《关于鼓励社会力量兴办教育促进民办教育健康发展的若干意见》（2016）； 国务院办公厅印发《关于规范校外培训机构发展的意见》（2018）
社会组织财税部分	40	财政部国家税务总局《关于对社会团体收取的会费收入不征收营业税的通知》（1997）； 国家税务总局《关于对老年服务机构有关税收政策问题的通知》（2000）； 财务部《关于印发〈民间非营利组织会计制度〉的通知》（2004）； 财政部国家税务总局民政部《关于公益性捐赠税前扣除有关问题的通知》（2008）； 财政部国家税务总局《关于非营利组织企业所得税免税收入问题的通知》（2009）； 财政部国家税务总局《关于非营利组织免税资格认定管理有关问题的通》知（2014）； 《关于非营利组织免税资格认定管理有关问题的通知》（2018）
综合部分	61	《取缔非法民间组织暂行办法》（2000）； 民政部《关于促进慈善类民间组织发展的通知》（2005）； 民政部《关于推进民间组织评估工作的指导意见》（2007）； 民政部《关于加强社会组织专职工作人员劳动合同管理的通知》（2011）； 《社会组织登记管理机关行政处罚程序规定》（2012）； 最高人民法院、民政部、环境保护部《关于贯彻实施环境民事公益诉讼制度的通知》（2014）； 民政部、办公厅《关于在社会组织登记管理工作中加强名称管理有关问题的通知》（2018）
合计	207	

附 录 二

部分重要领导人公开发言

时间	地点/环境	发言人	发言内容	出处
2008 年 7 月	上海市社会组织规范化建设评估试点工作总结推进会	（原国家民间组织管理局局长）孙伟林	民政部非常重视社会组织的评估工作，把评估工作作为培育发展社会组织，改进政府监督管理方式的重要举措	中国社会组织网
2009 年 7 月	对民政部与深圳市政府签订的《推进民政事业综合配套改革合作协议》的解读	（原深圳市民政局局长）刘润华	此次改革将彻底打破社会组织双重管理的体制障碍，解决社会组织难于找到合适的主管部门的制度问题，可以预见，深圳社会组织将会有一个量的激增。深圳将充分发挥社会组织的作用，将其打造为公共服务的主要提供者，尤其是对新增的公共服务，将可能交由社会组织去提供，构建“小政府，大社会”的格局	新华网
2010 年 9 月	在北京调研新社会组织深入学习实践科学发展观活动	（时任国家副主席）习近平	要扎实抓好新社会组织党组织组建工作，认真落实新社会组织党建工作责任制，进一步理顺新社会组织党组织管理体制，积极探索新社会组织党组织发挥作用的有效途径，切实加强党员队伍建设，不断提高新社会组织党建工作科学化水平	中国社会组织网

续表

时间	地点/环境	发言人	发言内容	出处
2010 年 7 月	全国社会组织评估工作经验交流会	（原民政部民间组织管理局局长）孙伟林	社会组织等级评估工作已正式纳入了民政部管理标准化的范围，这也为今后开展社会组织评估工作，从政策上提供了有力的依据和保障	中国社会组织网
2010 年 9 月	《瞭望》新闻周刊撰文	（原民政部民间组织管理局局长）孙伟林	我国社会组织总体上处在发展的初级阶段，影响社会组织健康发展的思想观念、体制机制、法制政策等方面存在着亟待解决的问题。应当加快修订《社会团体登记管理条例》《基金会管理条例》《民办非企业单位登记管理条例》等法规，进一步完善社会组织的制度环境	中国新闻网
2010 年 9 月	全国社会组织创先争优活动推进会	—	“社会组织创先争优活动进度不够平衡，少数地区、部分业务主管单位重视不够，宣传动员不充分”“社会组织党建管理体制不够顺畅，社会组织党组织隶属关系复杂，管理责任不明确，落实力度不大”“民政部门要把社会组织党组织和党员开展创先争优活动情况作为社会组织等级评估的重要内容，予以重点考评”	中国新闻网

续表

时间	地点/环境	发言人	发言内容	出处
2011 年 7 月	—	（原民政部部长、党组书记）李学举	社会组织是社会建设和管理主体力量之一，具有政府和企事业单位无可替代的功能，要把社会组织建设纳入我国现代化建设大局之中，使之与国家经济社会发展相协调，最大限度地发挥其积极作用	安徽省社会组织信息网
2011 年 9 月	—	（原广东省委书记）汪洋	有关部门要转变观念，努力成为社会公益和社会慈善发展的助推者，而不是障碍。规范社会公益组织发展，重在监管，而不是把“人”挡在门外，这样广东的社会组织健康有序发展才有良好的空间	人民网
2011 年 11 月	广东省全省深化体制改革工作会议	（原广东省省委书记）汪洋	加大政府职能转移管理力度，舍得向社会组织“放权”，敢于让社会组织“接力”。凡是社会组织能够“接得住、管得好”的事，都要逐步地交给他们。与此同时，还要通过积极引导和依法监管，将社会组织引入规范健康的发展轨道中来	党建网

续表

时间	地点/环境	发言人	发言内容	出处
2012年2月	全国社会组织在创先争优活动中开展基层组织建设年视频会	（原民政部部长）李立国	中央确定2012年为基层组织建设年，开展基层组织建设年要紧紧围绕“强组织、增活力，创先争优迎十八大”的主题，全面落实党的十七大和十七届四中全会提出的基层党建工作各项任务。通过开展基层组织建设年活动，使社会组织党组织覆盖率进一步提高、社会组织党建领导体制进一步理顺、社会组织服务能力进一步增强	中国文明网
2012年	艾滋病防治工作会议	（原国务院副总理）李克强	防治艾滋病，政府责任重大，同时必须发挥社会组织的作用。用社会的力量办好社会的事情，是推动社会体制改革、加强社会建设的必然要求	凤凰网
2012年3月	第十三次全国民政会议	（原国务院总理）温家宝	政府的事务性管理工作、适合通过市场和社会提供的公共服务，可以适当的方式交给社会组织、中介机构、社区等基层组织承担，降低服务成本，提高服务效率和质量	凤凰网

续表

时间	地点/环境	发言人	发言内容	出处
2012 年 3 月	接受《瞭望》新闻周刊记者采访	（原民政部民间组织管理局局长）孙伟林	在民政事业“十二五”发展规划中，社会组织发展的总体要求是落实统一登记、各司其职、协调配合、分级负责、依法监管的社会组织管理体制，一手积极引导发展，一手严格依法管理，发挥社会组织在社会管理服务中的协同作用	中国社会组织网
2012 年 9 月	广东省全省推广顺德南海综合改革试点工作现场会	（原中央政治局委员，广东省委书记）汪洋	要解放思想，积极培育发展行业协会、异地务工人员的社会组织、枢纽型社会组织等社会组织，放手把一些社会管理和服务性事务交由社会组织管理，让它们在“管理中学习管理”，并不断成熟壮大，确保政府职能“转得出、接得好”，同时，加大对社会组织的规范管理，确保社会组织“搞得活、稳得住”	中国社会组织网
2012 年 10 月	—	（原北京市副市长）丁向阳	着力解决社会组织数量少、能力弱的问题。近年来北京市社会组织发展较快，但仍然数量少、能力弱，缺乏品牌社会组织；政府购买社会组织服务还比较分散，向社会组织转移的职能有限。对于一些新型社会组织存在监管空白或监管不到位，部分社会组织运作不透明、不规范等问题	中国新闻网

续表

时间	地点/环境	发言人	发言内容	出处
2012 年 11 月	首届“上海公益伙伴日”开幕	（原上海市委书记）俞正声	社会公益组织为上海的发展、为社会各界的和谐共处、为困难群体的生活改善，付出了辛勤劳动。市委和市政府将继续提供支持，希望有更多的人参与有益于人民、有益于社会的公益事业中来，使上海的公益事业有更好的发展	中国文明网
2013 年 3 月	—	（原全国人大代表、广东省发改委主任）李春洪	“一件事不能让一个社会组织干，一垄断就糟糕。应该让这个行业里的企业自由组织、自由竞争，政府看谁的服务好，就买哪家组织的服务”，“我们的社会组织长期不发达，民众缺乏能够为自身利益代言的组织，难以同政府有效沟通、协调。这实际上造成政府与百姓‘硬碰硬’，处理不好很容易出现矛盾，而且不容易化解。如果由社会组织出面，则可以起到缓冲的作用，对民众来说也更有公信力”	党建网
2013 年 8 月	国务院常务会议	（国务院总理）李克强	要放开市场准入，释放改革红利，凡社会能办好的，尽可能交给社会力量承担，加快形成改善公共服务的合力，有效解决一些领域公共服务产品短缺、质量和效率不高等问题，使群众得到更多便利和实惠	中国社会组织网

续表

时间	地点/环境	发言人	发言内容	出处
2013 年 9 月	在“推进社会建设创新社会组织座谈会”上的讲话	（原民政部部长）李立国	“必须改变过去以政府为单一主体、以行政管理为主要手段的传统方式，从政策导向上、体制机制上支持和引导社会组织参与社会管理，加快构建党委领导、政府负责、社会协同、公众参与、法治保障的社会管理体制”，“要把社会组织登记管理体制改革作为重中之重，尽快确立直接登记和双重管理相结合的登记管理体制，厘清民政部门、综合职能部门和行业主管部门的职责，推动形成统一登记、各司其职、协调配合、分级负责、依法监管的登记管理体制”	民政部门户网站
2014 年 5 月	首届全国地方党政领导干部社会组织管理工作专题研究班开班式上的讲话	（民政部党组成员、副部长）顾朝曦	社会组织在促进城市治理现代化中具有重要作用，要全面推动社会组织参与城市治理。要创新理念，充分认识社会组织在城市治理中的作用；统筹规划，改革社会组织管理制度；完善政策，加大政府培育扶持社会组织发展力度；加强引导，提高社会组织参与城市治理能力	中国社会组织网

续表

时间	地点/环境	发言人	发言内容	出处
2014年9月	—	（原民政部部长）李立国	为了更好地发挥社会组织承接政府转移职能的作用，必须加快实施政社分开，积极稳妥推进行业协会商会在机构、职能、资产、财务、人员等方面与行政机关脱钩。同时引入竞争机制，探索一业多会，保持良性竞争，增强社会组织内在活力，使其真正成为提供服务、反映诉求、规范行为、发挥作用的主体	中国政府网
2014年9月	中华慈善总会成立二十周年纪念会上的讲话	民政部副部长姜力	“社会组织，特别是慈善组织和我国所有的事业一样，要在依法治国、建设法制社会的轨道上进一步发展”，“公开透明是慈善组织的立身之本。没有公开透明，就没有公信力；没有公信力，就得不到捐赠人和社会公众的支持，慈善组织的生存就失去了条件”	中国社会组织网
2015年5月	—	（民间组织管理局局长、民间组织服务中心主任）詹成付	建立第三方评估机制有利于政府转变职能，淡化社会组织评估的行政色彩；有利于加强对社会组织的事中事后监管；有利于社会力量参与监督，增强社会组织评估工作公信力	新华网

续表

时间	地点/环境	发言人	发言内容	出处
2015 年 7 月	到遵义、贵阳和贵安新区考察	习近平总书记	高度关注基层政权组织、经济组织、自治组织、群团组织、社会组织发展变化的特点，加强指导和管理，使各类基层组织按需设置、按职履责、有人办事、有章理事，既种好自留地、管好责任田，又唱好群英会、打好合力牌	人民网
—	—	习近平总书记	只有切实加强社会组织党建工作，提升党组织覆盖率，增强党在社会组织领域的影响力和凝聚力，才能牢牢占领社会组织这块阵地，弥补党建“空白点”。社会组织与党组织的有效融合，可以有效激发社会组织的活力	人民网
2015 年 6 月	在普洱市调研扶贫开发工作	（原云南省委书记）李纪恒	搭建社会扶贫人人皆愿为、人人皆可为、人人皆能为的开放性平台，把各类市场主体、社会组织和社会各界凝聚到扶贫事业中来，动员全社会力量继续向贫困宣战	人民网

续表

时间	地点/环境	发言人	发言内容	出处
2015 年 8 月	—	（民政部党组成员、副部长）顾朝曦	“一鼓作气 再接再厉 继续深入推进全国性行业协会商会与行政机关脱钩改革”，“我们要有清醒的认识，要以高度负责的精神，解决好脱钩试点中的问题和困难，落实好脱钩试点的各项任务，精心组织、周密部署、再接再厉，继续深入推进脱钩试点工作开展”	中国社会组织网
2015 年 12 月	在部党组理论中心学习组扩大会议学习十八届五中全会精神会议上的发言	（民间组织管理局局长、民间组织服务中心主任）詹成付	建立在市场经济基础上的中国特色社会主义，没有社会组织的地位和作用是不可想象的。一套更加成熟更加定型的社会制度，必须包含有更加成熟更加定型的社会组织制度在内，必须要有更加成熟更加定型的社会组织制度来配套	中国社会组织网
2016 年 7 月	—	（民间组织管理局局长、民间组织服务中心主任）詹成付	薪酬管理作为劳动合同管理中的重要组成部分，对于推动社会组织与从业人员建立良好雇佣机制，促进社会组织内部和谐劳动关系的建构，具有极其有力的推动作用	中国社会组织网
2016 年 10 月	第二届中国第三方评估论坛	（民政部民间组织服务中心副主任）刘锋	目前我国社会组织评估行业面临数量少、能力弱、人员不够专业等问题，下一步将加强顶层设计、强化培育和监管，加强第三方评估的标准体系建设	界面新闻网

续表

时间	地点/环境	发言人	发言内容	出处
2016 年 11 月	在 2016 年地市级党政领导干部社会组织改革发展专题研究班开班式上的讲话	（民政部党组成员、副部长）顾朝曦	重视、引导、管理好社会组织，切实把加强社会组织建设纳入党委和政府主导的社会治理体系，真正把社会组织发展成为党和政府可以放心、可以依靠和可以使用的力量	中国社会组织网
2017 年 2 月	—	（民间组织管理局局长、民间组织服务中心主任）詹成付	“对党和政府来说，解决社会组织发展的外在条件和环境问题，必须有两手：一手是引导、培育、扶持，这是激励的一手；一手是监督、管理、检查，这是约束的一手。这两手都要有，而且都要硬，不能只有一手，也不能一手硬、一手软”，“要把社会组织培养成自己能够开拓、自己能够运作、自己能够纠错这样一种主体，只有这样的社会组织才是我们所需要的”	中国社会组织网
2017 年 2 月	全国社会组织管理情况沟通视频会议	（民间组织管理局局长、民间组织服务中心主任）詹成付	“要充分认识 2017 年这一时间节点的极端重要性，坚持问题导向，积极寻找差距，确保社会组织最大限度地发挥出正能量、最大限度地减少负能量，使我们的社会组织工作能够为大局和全局工作服好务”，“要把各种力量拧成一股绳，推动 2017 年社会组织改革发展的任务落到实处”	中国社会组织网

续表

时间	地点/环境	发言人	发言内容	出处
2017 年 3 月	十二届全国人大五次会议新闻中心记者会	（原环保部部长）陈吉宁	“引导和支持非政府组织健康有序地参加环保工作”，“我们也通过一些项目资助或购买服务来支持公益诉讼，支持社会公益组织开展相关的环保活动，凝聚社会力量，最大限度地形成污染治理和保护环境的合力”	中国网
2018 年 1 月	全国民政工作会议	民政局各部门领导	会议指出，做好 2018 年民政工作，必须深化改革创新，着力攻克制约民政事业发展的难点问题，进一步健全党委和政府领导体制机制，推动将有关改革事项纳入党委和政府重点工作部署，及时建立健全相关议事协调机制。继续深化“放管服”改革，完善事中事后监管机制，提高服务质量。加强民政法治建设，及时制（修）定民政法规，加强执法队伍和能力建设，不断增强民政工作的法治保障。进一步发挥市场的作用，实现资源要素的优化配置，为人民群众提供更加优质、高效、便捷的产品或服务	—

续表

时间	地点/环境	发言人	发言内容	出处
2019年5月	2019年互联网公益峰会	民政部副部长詹成付	指出第一要讲政治，用正确的政治方向引领互联网公益慈善的发展；第二要讲法治，用遵规守法保障互联网公益慈善的发展，第三，要讲自治，用自律诚信维护互联网公益慈善的发展，第四，要讲德治，用道德教化滋养互联网公益慈善的发展。第五，要讲智治，用科技创新支撑互联网公益慈善的发展	—
2019年6月	社会组织参与脱贫攻坚专题发布会	民政部社会组织管理局副局长黄茹	积极支持、广泛动员、引导全国性社组织参与脱贫攻坚，为切实发挥全国性社会组织作用，民政部采取多种措施，鼓励和支持全国性社会组织发挥优势，参与扶贫工作	—
2019年7月	全面推开行业协会商会与行政机关脱钩改革动员部署会	民政部副部长詹成付	一要抓好脱钩组织实施，二要切实加强综合监管，首先要始终将加强党建作为重中之重，其次要加强部门间的监管协同，再次是要强化协会商会诚信自律，三是要积极完善扶持服务。同时还指出各地务必要按照中央关于着力防范化解重大风险、保持经济持续健康发展和社会大局稳定的要求，切实处理好改革与稳定的关系，坚持底线思维，增强风险意识，做好风险预案，把可能的隐患消除在萌芽状态，确保脱钩改革平稳有序，绝对不允许出现因脱钩影响改革发展稳定大局的事件	—

附 录 三

“制度环境与社会组织活力”
调查问卷

尊敬的先生/女士：

您好！感谢您在百忙之中参与此次问卷调查。为了解社会组织的活力现状及影响因素，以便更好地促进社会组织发展，中南大学社会组织（NPO）研究中心组织了此次问卷调查。请根据您所了解的实际情况如实填写。问卷采用匿名形式，对您的回答我们将按照《中华人民共和国统计法》的规定，严格保密，并且只用于统计分析，请您放心作答。

衷心谢谢您的支持和参与！

中南大学社会组织（NPO）研究中心

2016 年 7 月

调查地点：______省______________市（由调查员填写）

填表人（负责人）________姓名______________职务　联系电话____________

填写说明：所有选择题无标注说明的均为单项选择题。

A　基本情况

A1. 您的组织名称是____

A2. 您的组织属于以下哪一类？____

（1）公益慈善类　　（2）城乡社区服务类

（3）其他________

A3. 您的组织成立于____年。

A4. 您的组织资产规模____________

（1）30万元以下　　（2）30万—100万元

（3）100万—500万元　　（4）500万以上元

A5. 您的组织平均每年能从政府购买公共服务项目中获得多少服务经费？______万元

A6. 您的组织每年的总收入与总支出之间的关系是？______

（1）盈余很大　（2）略有盈余　（3）基本持平　（4）亏损

A7. 除了政府拨付外，您的组织资金来源渠道还有？（可多选）________

（1）自筹资金　（2）社会捐助　（3）收取服务费

（4）其他____

A8. 您的组织共有多少员工？______人；其中全职人员______人，兼职人员______人。

在全职人员中，大学学历______人，研究生学历______人，有专业技术职称的______人（其中副高级职称及以上______人）。

A9. 您的组织中全职人员每月薪酬待遇是多少元？________

（1）2000元以下　（2）2000—3500元

（3）3500—5000元　（4）5000元以上

A10. 您的组织是否给全职人员购买“五险一金”？________

（1）购买了　（2）购买部分　（3）未购买

A11. 您的组织是否给全职人员提供培训机会？________

（1）提供　（2）不提供

若提供，平均每年____次。

A12. 您的组织中全职人员的离职状况？______

（1）频繁　（2）偶尔有　（3）没有

A13. 您的组织中全职人员离职的原因主要是什么？______

（1）薪酬待遇太低　（2）发展空间狭窄　（3）职业声望低

（4）没有正式编制 （5）其他________

A14. 您的组织中全职人员是否有畅通的级别晋升渠道？______

（1）完全没有 （2）有，但晋升制度的激励性不强

（3）有，且晋升制度完善，晋升渠道畅通

A15. 在您看来，影响社会组织人才队伍壮大的根本原因在于______

（1）薪酬制度 （2）晋升制度 （3）人事编制制度

（4）职业声望 （5）其他________

A16. 当前，您的社会组织受益于下列哪些制度？ （可多选）______

（1）登记制度 （2）备案制度 （3）孵化培育制度

（4）项目支持制度 （5）财税制度 （6）人才制度

（7）监督制度（如信息公开制度、评估制度、淘汰制度、行业自律制度等）

（8）以上制度都未受益

（9）其他____________

A17. 请对您的社会组织的活力进行评价。

（1）好 （2）一般 （3）差

B 制度环境

B1. 您的组织是否定期审视组织面临的制度环境？______

（1）是 （2）否

B2. 您的组织是否根据制度环境的变化调整组织战略、项目、人员配置等？________

（1）是 （2）否

B3. 您认为________制度环境对社会组织发展影响较大。

（1）宏观制度环境

（2）微观制度环境

（3）制度执行环境

（4）说不清

B4. 您认为当地的社会公众慈善意识与国内其他地区相比____

（1）当地更高　　（2）差不多

（3）当地更低　　（4）不太清楚

B5. 请对以下有关制度环境的判断给出您的评价，并在相应的选项下打“√”。

制度环境判断	很不赞同	不赞同	一般	赞同	非常赞同
B51 近几年来，社会组织生存与发展的制度环境逐渐优化					
B52 党和国家对社会组织的发展高度重视					
B53 党和国家支持社会组织的发展					
B54 社会主流价值观支持社会组织发展					
B55 国家关于社会组织的立法完善					
B56 政府接纳社会组织参与相关决策					
B57 各级民政部门对社会组织的监管职责和权限明晰					
B58 社会组织经常需要应对法律法规的变化					
B59 社会组织的准入制度合理					
B510 申报社会组织的审批手续简便					
B511 行业协会商会类、科技类、公益慈善类、城乡社区服务类四类社会组织直接登记政策的出台促进了这四类社会组织的发展					
B512 当地政府对社会组织的中长期发展有规划					
B513 当地政府孵化培育社会组织的体制机制完善					
B514 当地政府支持社会组织的金融、货币政策完善					
B515 双重管理体制限制了社会组织的发展					
B516 社会组织税收制度滞后于现实需要					
B517 现行减免税待遇有助于激励企业和公众捐赠					
B518 政府的公共政策和公共服务项目支持社会组织的发展					
B519 政府购买社会组织的服务的实践大大推动了当地社会组织的发展					

续表

制度环境判断	很不赞同	不赞同	一般	赞同	非常赞同
B520 政府公共服务项目招标公平公正					
B521 社会组织的年检制度合理					
B522 当地第三方评估机构机制完善					
B523 政府对社会组织的年检等监管行为不存在腐败现象					
B524 关于社会组织信息公开的规定有助于提高社会组织透明度					
B525 对社会组织违规行为的惩处机制顺畅					
B526 当地的社会人文环境有利于社会组织发展					
B527 社会组织可以预期政府会有效执行相关法律法规政策					
B528 当地政府相关部门存在不作为或错误执行法律法规政策（如腐败、厚此薄彼）的现象					
B529 与社会组织相关的政府各部门职责清晰、协作良好、效率高					
B530 社会组织很少受政府腐败、政府不作为的影响					
B531 您所在的地区社会组织有良好的人才制度（评优、晋职、流动等）环境					

C 社会组织活力

C1. 您对当下社会组织活力的整体评价如何？

（1）非常好　（2）比较好　（3）一般　（4）不好　（5）很不好

C2. 您认为当下社会公众对社会组织的活动主要持什么态度：

（1）支持，且积极参与　（2）支持，但参与较少

（3）无所谓　（4）不理解，反对

C3. 您认为当前社会组织在参与政府政策制定与执行的能力与程度方面表现如何？

（1）非常好　（2）比较好　（3）一般　（4）不好　（5）很不好

C4. 近三年来，您的组织与政府的合作形式是【可多选】____________

(1) 政府出资购买组织服务

(2) 政府为组织项目和活动提供资金

(3) 政府提供场地、人力、技术等方面支持

(4) 政府提供政策便利，如注册、免税等

(5) 联合实施项目或举办活动

(6) 其他【请说明】______

C5. 您的组织向政府提出的政策建议____________

(1) 基本上都采纳　　(2) 部分被采纳

(3) 基本上不被采纳　　(4) 没有提出过政策建议

C6. 2015 年度，您组织的专职人员流失率是多少？

(1) 10% 以下　　(2) 11%—20%　　(3) 21%—30%

(4) 31%—40%　　(5) 40% 以上

C7. 近三年您的组织收入变化情况____________

(1) 持续增长　　(2) 持续减少

(3) 略有波动，变化不大　　(4) 其他【请说明】

C8. 您的组织 2015 年度总收入：____________元。

其中：(1) 政府拨款____________元

(2) 企业赞助__________元

(3) 政府购买服务__________元

(4) 服务性收入________元

(5) 会费收入____________元

(6) 社会捐款__________元

(7) 经营收入____________元

(8) 投资性收入______元

(9) 其他【请说明】__________元

C9. 您的组织 2015 年度承接各类项目共______个，项目收入共计______万元。

C10. 您的组织 2015 年度参与公共服务共______次，参与公共服务的人数总计达______人次。

C11. 在参与的各类公共服务活动中您的组织一般是__________

（1）活动的组织者

（2）活动的合作参与者

（3）其他【请说明】

C12. 请对您的社会组织的以下方面予以评价（1—5 分，分值越高、评价越高），并在相应的选项下打“√”。

社会组织相关情况	1	2	3	4	5
C121 社会组织的合法性地位					
C122 社会组织的使命感					
C123 社会组织的公信力					
C124 社会组织的诚信度					
C125 社会组织的服务能力					
C126 社会组织工作人员的职业道德					

C13. 以下有关社会组织的评价，您是否赞同？请在相应的选项下打“√”。

社会组织评价	很不赞同	不赞同	一般	赞同	非常赞同
C131 社会组织在社会发展中的作用越来越大					
C132 社会组织与政府、企业的合作越来越多					
C133 社会组织得到了更多人的信任和理解					
C134 社会组织会被越来越多的人所接受					

C14. 您的组织 2015 年度总支出：________________元。

其中：（1）业务活动成本________________元

（2）办公经费__________元

（3）人员工资福利____________元

（4）公益性活动支出＿＿＿＿＿＿元

（5）其他【请说明】＿＿＿＿＿＿元

D　**制度期望**

D1. 从宏观制度层面来看，要激发社会组织活力，目前最需要健全和完善的制度是＿＿＿＿＿＿

（1）在《宪法》中确立社会组织的基本性质和基本的政治和法律地位，明确社会组织与政府、企业等组织之间的关系

（2）建立我国的社会组织基本法，明确规定社会组织基本的组织规范，以及在设立、运行等过程中的基本规则

（3）在已有的相关法规中，对社会组织的运行、管理等环节进行具体规范

（4）其他＿＿＿＿＿

D2. 从微观制度层面来看，要激发社会组织活力，您认为目前最需要健全和完善的制度是＿＿＿＿＿＿。（最多选出三项，并按重要程度由高到低进行排序）

（1）登记制度　　（2）备案制度　　（3）孵化培育制度

（4）项目支持制度　　（5）财税制度　　（6）人才制度

（7）监督制度（如信息公开制度、评估制度、淘汰制度、行业自律制度等）

（8）其他＿＿＿＿＿

D3. 从制度执行环境层面来看，要激发社会组织活力，目前最需要健全和完善的制度是＿＿＿＿＿

（1）确保政府部门上下级政策执行的及时性、有效性、灵活性

（2）提高政府各部门之间的配合效率

（3）增强政府各部门之间制度执行的衔接性

（4）其他＿＿＿＿＿

D4. 在您看来，要从制度层面确保社会组织工作者的职业地位，目前最需要做的是＿＿＿＿＿

（1）制定岗位职业资格标准

（2）根据岗位类别的不同确定差异性的岗位薪酬

（3）制定职级晋升制度

（4）建立人事关系由民政部门统一管理制度

（5）其他______

D5. 您认为，政府与社会组织的关系应该是：______

（1）管理者与被管理者的关系

（2）合作伙伴关系（购买者与提供者的关系）

（3）其他__________

D6. 您认为，当前最需要完善的政府购买公共服务制度是____________。（最多选出三项，并按重要程度由高到低进行排序）

（1）解决购买方式问题

（2）解决服务项目的申请标准问题

（3）解决服务价格问题

（4）解决经费拨付问题

（5）将政府购买服务的内容纳入全国和地方经济社会发展规划

（6）将购买服务的资金纳入常规财政预算，以保证购买服务资金的长期稳定

（7）其他________

D7. 您认为，政府购买公共服务项目的方式应该是________

（1）购买项目　　（2）购买岗位　　（3）其他________

D8. 您认为，要科学确定公共服务项目，就必须做到__________

（1）政府单方面提出项目

（2）政府向公益类社会组织征集项目

（3）政府向社区征集项目

（4）政府向公众征集项目

（5）其他________

D9. 您认为，要保证公共服务项目服务价格的合理性，就必须做到：________

（1）由政府单方面确定

（2）由社会组织单方面确定

（3）由政府和社会组织协商确定

（4）其他________

D10. 您认为，政府应该如何完善公共服务项目的经费拨付制度？______

（1）社会组织先提供服务，服务完成后并且经评估合格后，再拨付全部经费

（2）项目立项后，将经费一次性拨付给社会组织

（3）项目立项后，经费按阶段评估结果分期支付给社会组织

D11. 您认为社会组织较好的管理体制是__________________

（1）登记管理部门和业务主管单位共同管理

（2）登记管理部门管理，取消业务主管单位

（3）登记管理部门和税务部门共同管理

（4）其他【请说明】________________

D12. 您认为税收政策应当从哪些地方改进？（可多选）________

（1）扩大税收减免范围

（2）提高税收减免比例

（3）提高企业（个人）享受免税待遇应纳税所得额的比例

（4）其他【请说明】________________

D13. 您认为目前社会组织获得税收优惠待遇的困难有（可多选）____________

（1）政府没有形成统一、完善的社会组织税收优惠法律体系

（2）有关税收优惠政策的信息公开情况不足

（3）审定条件不清晰，程序不规范

（4）政府财政、税收、民政部门间协调性不足，随意性很大

（5）企业超过限额的公益性捐赠不能向后或向前结转扣除

（6）其他【请说明】______________

D14. 您希望政府与社会组织关系是怎样的？________

（1）政府干预组织内部事务

（2）政府在监管组织的同时给予组织一定的自主权

（3）组织独立自主，不受政府干预，但是接受其监管

（4）组织独立自主，不受政府干预，也不接受其监管

（5）其他【请说明】__________

D15. 您认为当前政府对社会组织的监管（　　　　　）

（1）整体上是好的

（2）重登记轻监管

（3）重结果监管轻过程监管

（4）其他【请说明】__________

D16. 您对第三方评估机构的看法是________

（1）推动公益评估客观公正、公开透明

（2）政府的工具，难以保证独立性

（3）难以获得所需数据资料，评估工作不够准确客观

（4）不了解第三方评估机构

（5）其他【请说明】__________

D17. 您认为社会组织在目前的发展过程中以下哪些方面需亟待加强？__________（最多选出三项，并按重要程度进行排序）

（1）宽松的政策法律环境

（2）社会组织活动资金的增加

（3）优秀人才的引进

（4）增强社会组织的独立性

（5）大力的宣传活动

（6）社会组织活动范围的扩大

（7）社会治理结构或组织结构的完善

（8）社会各界对社会组织的正确认识

D18. 您认为目前社会组织在发展方面存在的主要障碍是？__________（最多选出三项，并按重要程度进行排序）

（1）缺乏专业人才

（2）有关职能部门授权不足

（3）知识和技术不足

（4）缺乏法律或相关政策的保障

（5）缺乏社会支持，企业不配合

（6）组织缺乏活动资金

（7）活动领域有限

（8）其他【请说明】___________

调查到此结束

再次感谢您的支持与配合！

附 录 四

访谈提纲

1. 请您谈一下自己在社会组织的工作经历。

2. 请您介绍一下您所负责的社会组织的基本情况、发展历程以及当前的发展状况。

3. 在工作中，您面临的主要困难有哪些？

4. 您怎么看目前我国社会组织领域的法律法规？

5. 目前政府对社会组织采取了哪些扶持措施？您对这些措施怎么评价？

6. 请您谈谈当前政府为支持社会组织发展所实施的购买公共服务项目的情况，并加以评价。

7. 在您看来，影响社会组织活力的根本因素有哪些？您认为应该如何从制度层面激发社会组织活力？

参考文献

一 中文著作

褚松燕：《中外非政府组织管理体制比较》，国家行政学院出版社 2008 年版。

［德］迈克·希尔、［荷］彼特·休普：《执行公共政策》，黄健荣等译，商务印书馆 2011 年版。

邓国胜：《非营利组织评估》，社会科学文献出版社 2001 年版。

邓亦林：《制度环境演化与中国特色社会组织发展研究》，中国社会科学出版社 2017 年版。

邓正来：《国家与市民社会：一种社会理论的研究路径》，上海人民出版社 2006 年版。

黄晓春、张东苏：《十字路口的中国社会组织：政策选择与发展路径》，上海人民出版社 2015 年版。

贾西津：《第三次改革——中国非营利部门战略研究》，清华大学出版社 2005 年版。

金锦萍：《社会组织财税制度》，中国社会出版社 2011 年版。

康晓光等：《依附式发展的第三部门》，社会科学文献出版社 2011 年版。

李妙然：《西北民族地区环境保护非政府组织研究：基于治理理论的视角》，中国社会科学出版社 2011 年版。

林毅夫：《再论制度、技术与中国农业发展》，北京大学出版社 2000

年版。
刘春湘：《非营利组织治理结构研究》，中南大学出版社 2006 年版。
刘春湘：《社会组织运营与管理》，经济管理出版社 2016 年版。
［美］彼得·德鲁克：《非营利组织的管理》，吴振阳译，机械工业出版社 2007 年版。
［美］道格拉斯·C. 诺斯：《制度、制度变迁与经济绩效》，上海三联书店 1994 年版。
［美］凡勃伦：《有闲阶级论》，商务印书馆 1964 年版。
［美］赫兹琳杰等：《非营利组织管理》，北京新华信商业风险管理责任公司译，中国人民大学出版社 2000 年版。
［美］康芒斯：《制度经济学》，于树生译，商务印书馆 1962 年版。
［美］罗伯特·达尔：《现代政治分析》，王沪宁等译，上海译文出版社 1987 年版。
［美］罗尔斯：《正义论》，中国社会科学出版社 1988 年版。
［美］诺思：《经济史中的结构与变迁》，陈郁、罗华平译，上海三联书店，上海人民出版社 1994 年版。
［美］诺思：《制度、制度变迁与经济绩效》，上海三联书店 1994 年版。
［美］萨拉蒙：《全球公民社会：非营利部门视界》，贾西津等译，社会科学文献出版社 2007 年版。
［美］斯基勒恩、［美］奥斯汀·莱昂纳德等：《社会部门中的企业家精神》，翟启江等译，社会科学文献出版社 2011 年版。
［美］斯科特：《制度与组织：思想观念与物质利益》，姚伟、王黎芳译，中国人民大学出版社 2010 年版。
［美］沃尔特·W. 鲍威尔、［美］保罗·J. 迪马吉奥：《组织分析的新制度主义》，姚伟译，上海人民出版社 2008 年版。
［美］詹姆斯·科尔曼：《社会理论的基础》，邓方译，社会科学文献出版社 1990 年版。
［日］青木昌彦：《比较制度分析》，上海远东出版社 2001 年版。
石国亮：《慈善组织公信力研究》，人民日报出版社 2015 年版。

王名：《非营利组织管理概论（修订版）》，中国人民大学出版社 2010 年版。
王名：《中国 NGO 口述史：第一辑》，社会科学文献出版社 2012 年版。
王名：《中国社会组织（1978—2018）》，社会科学文献出版社 2018 年版。
《我们的伙伴关系》，牛津大学出版社 1995 年版。
辛鸣：《制度论：关于制度哲学的理论建构》，人民出版社 2005 年版。
许德明：《国外非政府组织运作管理》，文汇出版社 2008 年版。
杨团主编：《非营利机构评估：上海罗山市民会馆个案研究》，华夏出版社 2001 年版。
[英] 杰弗里·M. 霍奇逊：《制度经济学的演化：美国制度主义中的能动性、结构和达尔文主义》，杨虎涛译，北京大学出版社 2012 年版。
俞可平等：《中国公民社会的制度环境》，北京大学出版社 2006 年版。
俞可平：《治理与善治》，社会科学文献出版社 2000 年版。
张良：《我国社会组织转型发展的地方经验：上海的实证研究》，中国人事出版社 2014 年版。
周雪光：《组织社会学十讲》，社会科学文献出版社 2003 年版。

二　中文论文

陈成文、黄诚：《论优化制度环境与激发社会组织活力》，《贵州师范大学学报》（社会科学版）2016 年第 1 期。
陈文新：《论罗伯特·达尔的政治资源理论》，《黑龙江社会科学》2014 年第 2 期。
陈晓春、肖雪：《非营利组织的法治化监管》，《上海师范大学学报》（哲学社会科学版）2017 年第 5 期。
崔凤、牟丽娜：《我国民间组织工作人员社会保障的现状与政策建议——对青岛的个案调查》，《社会保障研究》2009 年第 3 期。
崔月琴、龚小碟：《支持性评估与社会组织治理转型——基于第三方评估机构的实践分析》,《国家行政学院学报》2017 年第 4 期。
崔月琴、袁泉:《转型期社会组织的价值诉求与迷思》,《南开学报》(哲学社会科学版)2013 年第 3 期。
邓国胜:《非营利组织评估体系研究》,《中国行政管理》2001 年第 10 期。
邓燕华:《社会建设视角下社会组织的情境合法性》,《中国社会科学》2019 年第 6 期。
范会芳:《舒茨与帕森斯社会学思想的分歧——两种不同范式的比较》,《郑州大学学报》(哲学社会科学版)2007 年第 1 期。
方晓彤:《论社会组织的三重困境》,《辽宁师范大学学报》(社会科学版)2017 年第 2 期。
高丙中:《社会团体的合法性问题》,《中国社会科学》2000 年第 2 期。
顾昕、王旭:《从国家主义到法团主义——中国市场转型过程中国家与专业团体关系的演变》,《社会学研究》2005 年第 2 期。
关信平:《当前我国增强社会组织活力的制度建构与社会政策分析》,《江苏社会科学》2014 年第 3 期。
管兵:《城市政府结构与社会组织发育》,《社会学研究》2013 年第 4 期。
管兵、岳经纶:《双重合法性和社会组织发展——以北京市 19 个小区的业主委员会为例》,《广西民族大学学报》2014 年第 5 期。
郭金来:《共治与善治:社会组织人才服务体系治理初探》,《中国非营利评论》2016 年第 2 期。
何云峰、孟祥瑞:《政府对新生社会组织的催化与公共服务社会化》,《上海师范大学学报》(哲学社会科学版)2011 年第 4 期。
何增科:《中国公民社会发展的制度环境影响评估》,《江苏行政学院学报》2006 年第 4 期。
何增科:《中国公民社会组织发展的制度性障碍分析》,《中共宁波市委党校学报》2006 年第 6 期。

贺东航、孔繁斌：《公共政策执行的中国经验》，《中国社会科学》2011 年第 5 期。
黄晓春：《当代中国社会组织的制度环境与发展》，《中国社会科学》2015 年第 9 期。
黄晓春：《非协同治理与策略性应对——社会组织自主性研究的一个理论框架》，《社会学研究》2014 年第 6 期。
黄晓春：《中国社会组织成长条件的再思考——一个总体性理论视角》，《社会学研究》2017 年第 1 期。
黄晓春、周黎安：《政府治理机制转型与社会组织发展》，《中国社会科学》2017 年第 11 期。
纪莺莺：《治理取向与制度环境：近期社会组织研究的国家中心转向》，《浙江学刊》2016 年第 3 期。
康晓光、韩恒：《分类控制：当前中国大陆国家与社会关系研究》，《社会学研究》2005 年第 6 期。
李长文：《我国社会组织人才职业化成长的现实困境与路径选择》，《中国非营利评论》2016 年第 1 期。
李承伟、陈刚：《当前我国民间组织建设中的制度瓶颈及出路》，《学习与实践》2011 年第 12 期。
李辉、任晓春：《善治视野下的协同治理研究》，《科学与管理》2010 年第 6 期。
李维安、袁庆宏：《基于知识管理的企业活力塑造：一个组织行为递进模型》，《经济管理》2002 年第 4 期。
李秀峰、李俊：《我国行业利益集团对规制政策制定过程的影响》，《中国青年政治学院学报》2007 年第 1 期。
李友梅、肖瑛、黄晓春：《当代中国社会建设的公共性困境及其超越》，《中国社会科学》2012 年第 4 期。
刘春湘，陈安妮：《社会组织制度何以变迁？——一个多元动力机制的分析》，《江淮论坛》2019 年第 6 期。
刘春湘、郭梓焱：《当前我国社会组织公信力危机及重构》，《湘潭大学学报》（哲学社会科学版）2016 年第 3 期。
刘春湘：《基于约束条件的非政府组织监管协同研究》，《湖湘论坛》2019 年第 4 期。
刘春湘、兰青、郭梓焱：《社会组织活力：经验测量及其政策意义》，《江西社会科学》2019 年第 3 期。
刘春湘、刘格良、刘媛：《非营利组织效能评估体系研究》，《中南大学学报》（社会科学版）2014 年第 1 期。
刘贵山、曹海军：《中国 NGO 的筹资困境及其现实选择》，《行政与法》2007 年第 3 期。
刘振国：《中国社会组织的治理创新——基于地方政府实践的分析》，《经济社会体制比较》2010 年第 3 期。
卢现祥、徐俊武：《制度环境评估指标体系研究——兼评湖北省的制度环境》，《中南财经政法大学学报》2004 年第 3 期。
罗兴奇、宋言奇：《社会工作职业制度体系的本土构建——基于社会治理的视角》，《内蒙古社会科学（汉文版）》2015 年第 5 期。
马庆钰：《纠正枢纽型社会组织的发展偏向》，《行政管理改革》2014 年第 9 期。
马秋莎：《比较视角下中国合作主义的发展：以经济社团为例》，《清华大学学报》（哲学社会科学版）2007 年第 2 期。
马迎贤：《组织间关系：资源依赖视角的研究综述》，《管理评论》2005 年第 2 期。
倪咸林：《社会组织跨部门合作监管与制度设计—登记制度改革情境下的实证研究》，《北京行政学院学报》2017 年第 5 期。
彭军：《完善社会组织监管机制，促进社会治理创新》，《中国民政》2015 年第 5 期。
桑玉成、鄢波：《论国家治理体系的层级结构优化》，《山东大学学报》（哲学社会科学版）2014 年第 6 期。
沈克正：《建立与完善人才评价机制》，《中国石油大学学报》（社会科学版）2016 年第 6 期。

石国亮：《中国社会组织成长困境分析及启示——基于文化、资源与制度的视角》，《社会科学研究》2011 年第 5 期。

苏曦凌：《激发社会组织活力的政府角色调整——基于国际比较的视域》，《政治学研究》2016 年第 4 期。

孙发锋：《国内社会组织行政化研究述评》，《求实》2016 年第 4 期。

孙发锋：《依附换资源：我国社会组织的策略性生存方式》，《河南社会科学》2019 年第 4 期。

孙素娟：《制度创新、社会自治与话语建构：我国社会组织的发展困境与角色定位》，《河南师范大学学报》（哲学社会科学版）2012 年第 6 期。

谭志福：《创新社会治理与新型政社关系中地方政府的多重角色》，《中国行政管理》2016 年第 3 期。

唐代盛、李敏、边慧敏：《中国社会组织人力资源管理的现实困境与制度策略》，《中国行政管理》2015 年第 1 期。

陶传进、张丛丛：《基层党组织：在社区协商制度中的融入与角色再造》，《南通大学学报》（社会科学版）2018 年第 5 期。

陶希东：《跨界治理：中国社会公共治理的战略选择》，《学术月刊》2011 年第 8 期。

田毅鹏：《东亚"新公共性"的构建及其限制》，《吉林大学社会科学学报》2005 年第 6 期。

王冰洁：《社会组织培育孵化的江西实践》，《中国社会组织》2017 年第 22 期。

王晨：《中国民间组织发展的三大不利性制度因素分析》，《社会科学》2005 年第 10 期。

王名、刘求实：《中国非政府组织发展的制度分析》，《中国非营利评论》2007 年第 1 期。

王名、孙伟林：《社会组织管理体制：内在逻辑与发展趋势》，《中国行政管理》2011 年第 7 期。

王诗宗、宋程成：《独立抑或自主：中国社会组织特征问题重思》，

《中国社会科学》2013 年第 5 期。
王诗宗、宋程成、许鹿：《中国社会组织多重特征的机制性分析》，《中国社会科学》2014 年第 12 期。
王思斌：《积极治理视角下激发社会组织活力的制度创新分析》，《贵州师范大学学报》2016 年第 1 期。
王向民：《中国社会组织的历史演变及其发生缘由》，《东岳论丛》2014 年第 10 期。
王雁红：《从双重管理到分类管理：我国社会组织管理的制度变迁与路径创造》，《江苏社会科学》2018 年第 6 期。
吴磊、俞祖成：《多重逻辑、回应式困境与政策变迁——以中国社会组织政策为例》，《江苏社会科学》2018 年第 3 期。
吴月：《嵌入式控制：对社团行政化现象的一种阐释——基于 A 机构的个案研究》，《公共行政评论》2013 年第 6 期。
谢海定：《中国民间组织的合法性困境》，《法学研究》2004 年第 2 期。
徐丹：《社会组织培育机制与发展路径研究——基于武汉市武昌区社会组织孵化基地发展现状的分析》，《长江论坛》2017 年第 4 期。
徐家良：《政府购买社会组织公共服务制度化建设若干问题研究》，《国家行政学院学报》2016 年第 1 期。
徐晓明：《社会组织强制信息披露制度构建问题研究》，《天津行政学院学报》2013 年第 3 期。
许小玲：《社会组织活力激发的新问题及政策思考——基于社会治理的视角》，《内蒙古社会科学（汉文版）》2014 年第 3 期。
闫亭豫：《国外协同治理研究及对我国的启示》，《江西社会科学》2015 年第 7 期。
闫泽涛、计雷：《关于对企业活力产生的结构性基础因素分析》，《中国管理科学》2004 年第 6 期。
严振书：《现阶段中国社会组织发展面临的机遇、挑战及促进思路》，《北京社会科学》2010 年第 1 期。
颜克高、林顺浩：《地方政府行政嵌入与社会组织发展——基于中国

220个地级市的实证研究》，《公共行政评论》2017年第5期。
易继明：《社会组织退出机制研究》，《西北政法大学学报》2012年第6期。
尹海洁、游伟婧：《非政府组织的政府化及对组织绩效的影响》，《公共管理学报》2008年第3期。
游祥斌、刘江：《从双重管理到规范发展——中国社会组织发展的制度环境分析》，《北京行政学院学报》2013年第4期。
于健慧：《实然与应然：我国社会组织活力激发之思考》，《理论探讨》2016年第6期。
俞可平等：《中国公民社会：概念、分类与制度环境》，《中国社会科学》2006年第1期。
郁建兴、任泽涛：《当代中国社会建设中的协同治理——一个分析框架》，《学术月刊》2012年第8期。
郁建兴、沈永东：《调适性合作：十八大以来中国政府与社会组织关系的策略性变革》，《政治学研究》2017年第8期。
张东苏：《重视社会组织发展的微观制度环境——以上海城市社区为例》，《探索与争鸣》2012年第7期。
张杰：《我国社会组织发展制度环境析论》，《广东社会科学》2014年第2期。
章高荣：《政治、行政与社会逻辑：政策执行的一个分析框架——以〈慈善法〉核心条款的实施为例》，《中国行政管理》2018年第9期。
赵风、李放：《社会公益组织退出机制研究》，《江海学刊》2016年第3期。
赵晓峰：《政治资源与农民合作社信用合作的生长》，《天津行政学院学报》2019年第1期。
周红云：《中国社会组织管理体制改革：基于治理与善治的视角》，《马克思主义与现实》2010年第5期。
周向红、刘宸：《多重逻辑下的城市专车治理困境研究》，《公共管理学报》2016 年第 4 期。
朱恒顺：《慈善组织分类规制的基本思路——兼论慈善法相关配套法规的修改完善》，《中国行政管理》2016 年第 10 期。

三 英文著作

Bruce. J. Dickson, *Red Capitalists in China: The Party, Private Entrepreneurs and Prospects for Political Change*, Cambridge University Press, 2003.

C. Schmitter Philippe, *Military Rule in Latin America: Functions, Consequences and Perspectives*, Beverly Hills, C. A.: Sage Publications, Inc., 1973.

Giddens Anthony, *The Constitution of Society: Outline of the theory of Structuration*, Berkeley: University of California Press, 1984.

John W. Meyer, W. Richard Scott, *Organizational Environments: Ritual and Rationality*, Beverly Hills, C. A.: Sage, 1983.

L. E. Davis, C. Douglass, *North Institutional Change and American Economic Growth*, New York: Cambridge University Press, 1971.

P. S. Goodman, J. M. Pennings, Associates (eds.), *New Perspectives on Organizational Effectiveness*, San Francisco: Jossey - Bass, 1977.

Timothy Brook and B. Michael Frolic (eds.), *Civil Society in China*, New York: M. E. Sharp, 1997.

W. Richard Scott, *Institutions and Organizations: Ideas, Interests, and Identities*, Los Angeles: Sage, 2014.

W. Richard Scott, *Institutions and Organizations.* Thousand Oaks, Calif: Sage, 1995.

四 英文期刊

A. Chan, "Revolution or Corporatism? Workers and Trade Unions in Post - Mao China", *The Australian Journal of Chinese Affairs*, Vol. 29, 1993.

C. Schmitter Philippe, "Still the Century of Corporatism", *The Review of Politics*, Vol. 36, 1974.

Ding Yijiang, "Corporatism and Civil Society in China: An Overview of the Debate in Recent Years", *China Information*, Vol. 4, 1998.

I. Atack, "Four Criteria of Development NGO Legitimacy", *World Development*, Vol. 27, 1999.

J. C. Oi, "The Role of the Local State in China's Transitional Economy", *The China Quarterly*, Vol. 44, 1995.

J. Spires Anthony, "Contingent Symbiosis and Civil Society in an Authoritarian State: Understanding the Survival of China's Grassroots NGOs", *American Journal of Sociology*, Vol. 117, 2011.

J. W. Meyer, B. Rowan, "Institutionalized Organizations: Formal Structure as Myth and Ceremony", *American Journal of Sociology*, Vol. 83, 1977.

Pual J. DiMaggio, W. Powell Walter, "The Iron Cage Revisited: Instiutional Isomorphism and Collective Rationality in Organizational Fields", *American Sociological Review*, Vol. 48, 1983.

P. J. DiMaggio, & H. K. Anheier, "The Sociology of Nonprofit Organizations and Sectors", *Annual Review of Sociology*, Vol. 16, 1990.

White Gordon, "Prospects for Civil Society in China: A Case Study of Xiaoshan City", *The Australian Journal of Chinese Affairs*, 1993, No. 29.

W. A. Martz, "Evaluating Organizational Effectiveness", *Dissertation for the Degree of Doctor of Philosophy*, Western Michigan University, 2008.

后　记

本书是我的国家社会科学基金项目“优化制度环境与激发社会组织活力研究”（14BSH099）的最终成果。我对制度环境和社会组织活力相关性的关注可以追溯到在美国佐治亚大学任高级访问学者期间。自2013年回国，开始思考如何优化制度环境以激发我国社会组织的活力。从最初的想法到获得国家社会科学基金资助，再到本书的杀青，历经八年有余。湘江之水滔滔南来，汩汩北去，时光飞逝，春去秋来，终于迎来春华秋实的收获。在本书杀青之时，颇多感慨。想当初，踌躇满志。进入角色，方知研究之路漫长而艰辛。从收集资料、调查提纲拟定、问卷设计、选点调查、专家访谈、数据整理、模型建立、模型分析到完成撰写，每前进一步都经受了前所未有的挑战，在本书写作的过程中，我曾经沮丧过、失望过，但它最终还是成型了。虽远非成熟，但毕竟是几年辛勤耕耘的成果，凝结着研究团队的汗水和智慧、专家的悉心指导和亲人的关怀。

我由衷地感谢陈晓春教授、陈成文教授、许源源教授、潘泽泉教授、谷中原教授，从研究的设计、问卷的完善到研究报告的完成，他们都给予了我无私的指导、关心和帮助。他们缜密的思维方式、严谨的治学态度和求真务实的作风，无不令我深深折服，同时也是我学习的榜样。在这里，我要特别致谢张成福教授，尽管我与张老师接触不多，但他深邃的思想、坦荡的胸襟和高尚的人格魅力，给了我莫大的启迪。

我要感谢我的研究团队的热忱奉献精神。有 10 余位硕士研究生和 3 位博士生参与了研究工作，协助完成了研究设计、问卷发放与回收、信息编码与数据库建立以及书稿的修改和校对等工作。李乐同学在前期问卷设计和预调查方面付出了巨大努力，她曾率领由研究生和本科生组成的 12 人团队在湖南多个城市开展预调查，以检验问卷的信度和效度。继预调查之后，兰青率领郭梓焱、曾芳、陈安妮、黄琪、夏贤惠、谢忆虹等同学完成了湖南、广东和青海三省的问卷调查、跟踪访问和专家访谈。姜耀辉、郭梓焱、曾芳、陈安妮、虞莎莎、韦思穗、江润渊、张浩文、杨磊等协助老师完成书稿的修改和校对工作。非常高兴能通过他们的工作看到他们对科学研究的志趣与热情，见证他们独立科研能力的成长。多位研究生选择项目相关选题开展更深入的研究，目前已获得硕士学位的学生有 7 位。

在这样一个实践性很强的研究领域开展探索，自然离不开各级社会组织登记管理部门和其他有关部门的大力支持，离不开实务界的社会组织负责人和其他从业人员的鼎力相助。如果没有他们提供便利的研究条件、坦诚地分享观点和无私奉献他们的智慧，如果没有他们积极认真地帮助改善问卷和访谈设计，并完成问卷的填写和访谈工作，那么数据的客观真实性、研究成果的取得都将成为不可能。在这里，我要感谢的人实在太多太多，不能一一提及，特别感谢湖南省民政厅社会组织管理局余跃局长、青海调查总队负责人刘文斌处长、中共广东省委办公厅王秋华处长、湘潭市义工联合会张艺辉会长以及湘潭市环保协会王国祥副理事长。

最后特别感谢我的家人。我要深深感谢我的父母，是他们的殷殷期望和谆谆教导一直鞭策着我努力学习，不断进取。是他们伟大无私的爱给了我生活的勇气和力量，尤其是已故的父亲，我时时能感受到他对我爱和期盼。深深的谢意献给我的丈夫，感谢他对我的浓浓的爱和无私的关怀、支持、呵护和理解。感谢我的儿子，他的爱以及他对研究的全程参与给了我巨大的力量。

衷心感谢所有曾经关心和帮助过我的人们，也期望我的思考和努力能起到抛砖引玉的作用。

刘春湘

2020年10月